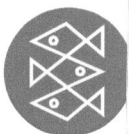 

Kontaktadresse nach EU-Produktsicherheitsverordnung:
produktsicherheit@fischerverlage.de

Wie kein anderer Autor der klassischen Moderne hat Arthur Schnitzler der Wiener Gesellschaft des Fin de Siècle den Spiegel vorgehalten. Im Mittelpunkt seines Interesses steht die subtile Entzauberung von Begriffen und Institutionen seiner Zeit wie ›Ehre‹ oder ›Treue‹, deren Macht für Schnitzler vor allem psychologisch funktioniert. Die menschliche Psyche ist daher der bevorzugte Schauplatz seiner Dramen und Erzählungen. ›Das große Lesebuch‹ enthält eine Auswahl von Schnitzlers wichtigsten Texten. Über die bekannten Dramen und Erzählungen hinaus setzt es einen besonderen Akzent auf die Betrachtungen und Aphorismen, in denen sich Schnitzler nicht nur als der zu erwartende Sprachkritiker und Kenner sozialer Beziehungen, sondern auch als politisch sensibler Zeitgenosse erweist.

Arthur Schnitzler wurde am 15. Mai 1862 in Wien geboren. Noch bevor er auf das Akademische Gymnasium kam, versuchte er, die ersten Dramen zu schreiben. Nach dem Abitur studierte er Medizin, wurde Assistenzarzt an der Poliklinik und dann praktischer Arzt, bis er sich mehr und mehr seinen literarischen Arbeiten widmete. 1891 wurde Schnitzlers erstes Theaterstück uraufgeführt, 1895 erschien Schnitzlers erstes Buch bei S. Fischer in Berlin. Schnitzler starb am 21. Oktober 1931 in Wien.

Unsere Adresse im Internet: www.fischerverlage.de

ARTHUR SCHNITZLER
Das große Lesebuch

Fischer Taschenbuch Verlag

Ausgewählt von Sascha Michel

2. Auflage

Limitierte Sonderausgabe
© 2024 S. Fischer Verlag GmbH,
Hedderichstr. 114, 60596 Frankfurt am Main
Die Nutzung unserer Werke für Text- und
Data-Mining im Sinne von § 44b UrhG
behalten wir uns explizit vor.
Quellenhinweise am Schluss des Bandes
Printed in Germany
ISBN 978-3-596-17797-4

Inhalt

Dramen

Reigen	9
Der grüne Kakadu	90

Erzählungen

Spaziergang	135
Leutnant Gustl	141
Fräulein Else	174
Ich	240

Vermischtes

»Selbstbeobachtung«	251
Beziehungen und Einsamkeiten	258
Über Krieg und Frieden	281
Zur Frage des Schlüsselromans	288
Antwort auf eine Rundfrage	291
»Jedes Wort hat sozusagen fließende Grenzen«	294
Nachweise und Anmerkungen	301

Dramen

Reigen

Zehn Dialoge

PERSONEN

Die Dirne
Der Soldat
Das Stubenmädchen
Der junge Herr
Die junge Frau
Der Ehegatte
Das süße Mädel
Der Dichter
Die Schauspielerin
Der Graf

DIE DIRNE UND DER SOLDAT

Spät abends. An der Augartenbrücke.

SOLDAT *kommt pfeifend, will nach Hause.*
DIRNE Komm, mein schöner Engel.
SOLDAT *wendet sich um und geht wieder weiter.*
DIRNE Willst du nicht mit mir kommen?
SOLDAT Ah, ich bin der schöne Engel?
DIRNE Freilich, wer denn? Geh, komm zu mir. Ich wohn' gleich in der Näh'.
SOLDAT Ich hab' keine Zeit. Ich muß in die Kasern'!
DIRNE In die Kasern' kommst immer noch zurecht. Bei mir is besser.
SOLDAT *ihr nahe* Das ist schon möglich.
DIRNE Pst. Jeden Moment kann ein Wachmann kommen.
SOLDAT Lächerlich! Wachmann! Ich hab' auch mein Seiteng'wehr!
DIRNE Geh, komm mit.
SOLDAT Laß mich in Ruh'. Geld hab' ich eh keins.
DIRNE Ich brauch' kein Geld.
SOLDAT *bleibt stehen. Sie sind bei einer Laterne* Du brauchst kein Geld? Wer bist denn du nachher?
DIRNE Zahlen tun mir die Zivilisten. So einer wie du kann's immer umsonst bei mir haben.
SOLDAT Du bist am End' die, von der mir der Huber erzählt hat.
DIRNE Ich kenn' kein' Huber nicht.
SOLDAT Du wirst schon die sein. Weißt – in dem Kaffeehaus in der Schiffgassen – von dort ist er mit dir z' Haus 'gangen.
DIRNE Von dem Kaffeehaus bin ich schon mit gar vielen z' Haus 'gangen ... oh! oh! –
SOLDAT Also gehn wir, gehn wir.
DIRNE Was, jetzt hast's eilig?

SOLDAT Na, worauf soll'n wir noch warten? Und um zehn muß ich in der Kasern' sein.
DIRNE Wie lang dienst denn schon?
SOLDAT Was geht denn das dich an? Wohnst weit?
DIRNE Zehn Minuten zum gehn.
SOLDAT Das ist mir zu weit. Gib mir ein Pussel.
DIRNE *küßt ihn* Das ist mir eh das liebste, wenn ich einen gern hab'!
SOLDAT Mir nicht. Nein, ich geh' nicht mit dir, es ist mir zu weit.
DIRNE Weißt was, komm morgen am Nachmittag.
SOLDAT Gut is. Gib mir deine Adresse.
DIRNE Aber du kommst am End' nicht.
SOLDAT Wenn ich dir's sag'!
DIRNE Du, weißt was – wenn's dir zu weit ist heut abend zu mir – da ... da ... *Weist auf die Donau.*
SOLDAT Was ist das?
DIRNE Da ist auch schön ruhig ... jetzt kommt kein Mensch.
SOLDAT Ah, das ist nicht das Rechte.
DIRNE Bei mir is immer das Rechte. Geh, bleib jetzt bei mir. Wer weiß, ob wir morgen noch 's Leben haben.
SOLDAT So komm – aber g'schwind!
DIRNE Gib Obacht, da ist so dunkel. Wennst ausrutschst, liegst in der Donau.
SOLDAT Wär' eh das beste.
DIRNE Pst, so wart nur ein bissel. Gleich kommen wir zu einer Bank.
SOLDAT Kennst dich da gut aus.
DIRNE So einen wie dich möcht' ich zum Geliebten.
SOLDAT Ich tät' dir zu viel eifern.
DIRNE Das möcht' ich dir schon abgewöhnen.
SOLDAT Ha –
DIRNE Nicht so laut. Manchmal is doch, daß sich ein Wachter her verirrt. Sollt man glauben, daß wir da mitten in der Wienerstadt sind?
SOLDAT Daher komm, daher.

DIRNE Aber was fällt dir denn ein, wenn wir da ausrutschen, liegen wir im Wasser unten.
SOLDAT *hat sie gepackt* Ah, du –
DIRNE Halt dich nur fest an.
SOLDAT Hab kein' Angst ...

DIRNE Auf der Bank wär's schon besser gewesen.
SOLDAT Da oder da ... Na, krall aufi.
DIRNE Was laufst denn so –
SOLDAT Ich muß in die Kasern', ich komm' eh schon zu spät.
DIRNE Geh, du, wie heißt denn?
SOLDAT Was interessiert dich denn das, wie ich heiß'?
DIRNE Ich heiß' Leocadia.
SOLDAT Ha! – So an' Namen hab' ich auch noch nie gehört.
DIRNE Du!
SOLDAT Na, was willst denn?
DIRNE Geh, ein Sechserl für'n Hausmeister gib mir wenigstens!
SOLDAT Ha! ... Glaubst, ich bin deine Wurzen ... Servus! Leocadia ...
DIRNE Strizzi! Fallott! –

Er ist verschwunden.

DER SOLDAT UND DAS STUBENMÄDCHEN

Prater. Sonntagabend.
Ein Weg, der vom Wurstelprater aus in die dunkeln Alleen führt. Hier hört man noch die wirre Musik aus dem Wurstelprater; auch die Klänge vom Fünfkreuzertanz, eine ordinäre Polka, von Bläsern gespielt.
Der Soldat.
Das Stubenmädchen.

STUBENMÄDCHEN Jetzt sagen S' mir aber, warum S' durchaus schon haben fortgehen müssen.
SOLDAT *lacht verlegen, dumm.*
STUBENMÄDCHEN Es ist doch so schön gewesen. Ich tanz' so gern.
SOLDAT *faßt sie um die Taille.*
STUBENMÄDCHEN *läßt's geschehen* Jetzt tanzen wir ja nimmer. Warum halten S' mich so fest?
SOLDAT Wie heißen S'? Kathi?
STUBENMÄDCHEN Ihnen ist immer eine Kathi im Kopf.
SOLDAT Ich weiß, ich weiß schon ... Marie.
STUBENMÄDCHEN Sie, da ist aber dunkel. Ich krieg' so eine Angst.
SOLDAT Wenn ich bei Ihnen bin, brauchen S' Ihnen nicht zu fürchten. Gott sei Dank, mir sein mir!
STUBENMÄDCHEN Aber wohin kommen wir denn da? Da ist ja kein Mensch mehr. Kommen S', gehn wir zurück! – Und so dunkel!
SOLDAT *zieht an seiner Virginierzigarre, daß das rote Ende leuchtet* 's wird schon lichter! Haha! Oh, du Schatzerl!
STUBENMÄDCHEN Ah, was machen S' denn? Wenn ich das gewußt hätt'!
SOLDAT Also der Teufel soll mich holen, wenn eine heut beim Swoboda mollerter gewesen ist als Sie, Fräul'n Marie.
STUBENMÄDCHEN Haben S' denn bei allen so probiert?

SOLDAT Was man so merkt, beim Tanzen. Da merkt man gar viel! Ha!

STUBENMÄDCHEN Aber mit der blonden mit dem schiefen Gesicht haben S' doch mehr 'tanzt als mit mir.

SOLDAT Das ist eine alte Bekannte von einem meinigen Freund.

STUBENMÄDCHEN Von dem Korporal mit dem auf'drehten Schnurrbart?

SOLDAT Ah nein, das ist der Zivilist gewesen, wissen S', der im Anfang am Tisch mit mir g'sessen ist, der so heis'rig red't.

STUBENMÄDCHEN Ah, ich weiß schon. Das ist ein kecker Mensch.

SOLDAT Hat er Ihnen was 'tan? Dem möcht' ich's zeigen! Was hat er Ihnen 'tan?

STUBENMÄDCHEN O nichts – ich hab nur gesehn, wie er mit die andern ist.

SOLDAT Sagen S', Fräulein Marie ...

STUBENMÄDCHEN Sie werden mich verbrennen mit Ihrer Zigarrn.

SOLDAT Pahdon! – Fräul'n Marie. Sagen wir uns Du.

STUBENMÄDCHEN Wir sein noch nicht so gute Bekannte. –

SOLDAT Es können sich gar viele nicht leiden und sagen doch Du zueinander.

STUBENMÄDCHEN 's nächstemal, wenn wir ... Aber, Herr Franz –

SOLDAT Sie haben sich meinen Namen g'merkt?

STUBENMÄDCHEN Aber, Herr Franz ...

SOLDAT Sagen S' Franz, Fräulein Marie.

STUBENMÄDCHEN So sein S' nicht so keck – aber pst, wenn wer kommen \ntät!

SOLDAT Und wenn schon einer kommen tät, man sieht ja nicht zwei Schritt weit.

STUBENMÄDCHEN Aber um Gottes willen, wohin kommen wir denn da?

SOLDAT Sehn S', da sind zwei grad wie mir.

STUBENMÄDCHEN Wo denn? Ich seh' gar nichts.

SOLDAT Da ... vor uns.

STUBENMÄDCHEN Warum sagen S' denn: zwei wie mir? –

SOLDAT Na, ich mein' halt, die haben sich auch gern.
STUBENMÄDCHEN Aber geben S' doch acht, was ist denn da, jetzt wär' ich beinah g'fallen.
SOLDAT Ah, das ist das Gatter von der Wiesen.
STUBENMÄDCHEN Stoßen S' doch nicht so, ich fall' ja um.
SOLDAT Pst, nicht so laut.
STUBENMÄDCHEN Sie, jetzt schrei' ich aber wirklich. – Aber was machen S' denn ... aber –
SOLDAT Da ist jetzt weit und breit keine Seel'.
STUBENMÄDCHEN So gehn wir zurück, wo Leut' sein.
SOLDAT Wir brauchen keine Leut', was, Marie, wir brauchen ... dazu ... haha.
STUBENMÄDCHEN Aber, Herr Franz, bitt' Sie, um Gottes willen, schaun S', wenn ich das ... gewußt ... oh ... oh ... komm!

SOLDAT *selig* Herrgott noch einmal ... ah ...
STUBENMÄDCHEN ... Ich kann dein G'sicht gar nicht sehn.
SOLDAT A was – G'sicht ...

SOLDAT Ja, Sie, Fräul'n Marie, da im Gras können S' nicht liegen bleiben.
STUBENMÄDCHEN Geh, Franz, hilf mir.
SOLDAT Na, komm zugi.
STUBENMÄDCHEN O Gott, Franz.
SOLDAT Na ja, was ist denn mit dem Franz?
STUBENMÄDCHEN Du bist ein schlechter Mensch, Franz.
SOLDAT Ja, ja. Geh, wart ein bissel.
STUBENMÄDCHEN Was laßt mich denn aus?
SOLDAT Na, die Virginier werd' ich mir doch anzünden dürfen.
STUBENMÄDCHEN Es ist so dunkel.
SOLDAT Morgen früh ist schon wieder licht.
STUBENMÄDCHEN Sag wenigstens, hast mich gern?
SOLDAT Na, das mußt doch g'spürt haben, Fräul'n Marie, ha!
STUBENMÄDCHEN Wohin gehn wir denn?

SOLDAT Na, zurück.
STUBENMÄDCHEN Geh, bitt' dich, nicht so schnell!
SOLDAT Na, was ist denn? Ich geh' nicht gern in der finstern.
STUBENMÄDCHEN Sag, Franz, hast mich gern?
SOLDAT Aber grad hab' ich's g'sagt, daß ich dich gern hab'!
STUBENMÄDCHEN Geh, willst mir nicht ein Pussel geben?
SOLDAT *gnädig* Da ... Hörst – jetzt kann man schon wieder die Musik hören.
STUBENMÄDCHEN Du möcht'st am End' gar wieder tanzen gehn?
SOLDAT Na freilich, was denn?
STUBENMÄDCHEN Ja, Franz, schau, ich muß zu Haus gehn. Sie werden eh schon schimpfen, mei' Frau ist so eine ... die möcht' am liebsten, man ging' gar nicht fort.
SOLDAT Na ja, geh halt zu Haus.
STUBENMÄDCHEN Ich hab' halt 'dacht, Herr Franz, Sie werden mich z' Haus führen.
SOLDAT Z' Haus führen? Ah!
STUBENMÄDCHEN Gehn S', es ist so traurig, allein z' Haus gehn.
SOLDAT Wo wohnen S' denn?
STUBENMÄDCHEN Es ist gar nicht so weit – in der Porzellangasse.
SOLDAT So? Ja, da haben wir ja einen Weg ... aber jetzt ist's mir zu früh ... jetzt wird noch 'draht, heut hab' ich über Zeit ... Vor zwölf brauch' ich nicht in der Kasern' zu sein. I' geh' noch tanzen.
STUBENMÄDCHEN Freilich, ich weiß schon, jetzt kommt die Blonde mit dem schiefen Gesicht dran!
SOLDAT Ha! – Der ihr G'sicht ist gar nicht so schief.
STUBENMÄDCHEN O Gott, sein die Männer schlecht. Was, Sie machen's sicher mit einer jeden so.
SOLDAT Das wär' z'viel! –
STUBENMÄDCHEN Franz, bitt' schön, heut nimmer, – heut bleiben S' mit mir, schaun S' –
SOLDAT Ja, ja, ist schon gut. Aber tanzen werd' ich doch noch dürfen.
STUBENMÄDCHEN Ich tanz' heut mit kein' mehr!
SOLDAT Da ist er ja schon ...

STUBENMÄDCHEN Wer denn?
SOLDAT Der Swoboda! Wie schnell wir wieder da sein. Noch immer spielen s' das ... tadarada tadarada *Singt mit* ... Also wannst auf mich warten willst, so führ' ich dich z' Haus ... wenn nicht ... Servas –
STUBENMÄDCHEN Ja, ich werd' warten.
Sie treten in den Tanzsaal ein.
SOLDAT Wissen S', Fräul'n Marie, ein Glas Bier lassen's Ihnen geben. *Zu einer Blonden sich wendend, die eben mit einem Burschen vorbeitanzt, sehr hochdeutsch* Mein Fräulein, darf ich bitten?

DAS STUBENMÄDCHEN UND DER JUNGE HERR

Heißer Sommernachmittag. – Die Eltern sind schon auf dem Lande. – Die Köchin hat Ausgang. – Das Stubenmädchen schreibt in der Küche einen Brief an den Soldaten, der ihr Geliebter ist. Es klingelt aus dem Zimmer des jungen Herrn. Sie steht auf und geht ins Zimmer des jungen Herrn.
Der junge Herr liegt auf dem Diwan, raucht und liest einen französischen Roman.

DAS STUBENMÄDCHEN Bitt' schön, junger Herr?
DER JUNGE HERR Ah ja, Marie, ah ja, ich hab' geläutet, ja ... was hab' ich nur ... ja richtig, die Rouletten lassen S' herunter, Marie ... Es ist kühler, wenn die Rouletten unten sind ... ja ...

Das Stubenmädchen geht zum Fenster und läßt die Rouletten herunter.

DER JUNGE HERR *liest weiter* Was machen S' denn, Marie? Ah ja. Jetzt sieht man aber gar nichts zum Lesen.
DAS STUBENMÄDCHEN Der junge Herr ist halt immer so fleißig.
DER JUNGE HERR *überhört das vornehm* So, ist gut.
Marie geht.
DER JUNGE HERR *versucht weiter zu lesen; läßt bald das Buch fallen, klingelt wieder.*
DAS STUBENMÄDCHEN *erscheint.*
DER JUNGE HERR Sie, Marie ... ja, was ich habe sagen wollen ... ja ... ist vielleicht ein Cognac zu Haus?
DAS STUBENMÄDCHEN Ja, der wird eingesperrt sein.
DER JUNGE HERR Na, wer hat denn die Schlüssel?
DAS STUBENMÄDCHEN Die Schlüssel hat die Lini.
DER JUNGE HERR Wer ist die Lini?
DAS STUBENMÄDCHEN Die Köchin, Herr Alfred.
DER JUNGE HERR Na, so sagen S' es halt der Lini.

DAS STUBENMÄDCHEN Ja, die Lini hat heut Ausgang.

DER JUNGE HERR So ...

DAS STUBENMÄDCHEN Soll ich dem jungen Herrn vielleicht aus dem Kaffeehaus ...

DER JUNGE HERR Ah nein ... es ist so heiß genug. Ich brauch' keinen Cognac. Wissen S', Marie, bringen Sie mir ein Glas Wasser. Pst, Marie – aber laufen lassen, daß es recht kalt ist. –

Das Stubenmädchen ab.

DER JUNGE HERR *sieht ihr nach, bei der Tür wendet sich das Stubenmädchen nach ihm um; der junge Herr schaut in die Luft. – Das Stubenmädchen dreht den Hahn der Wasserleitung auf, läßt das Wasser laufen. Währenddem geht sie in ihr kleines Kabinett, wäscht sich die Hände, richtet vor dem Spiegel ihre Schneckerln. Dann bringt sie dem jungen Herrn das Glas Wasser. Sie tritt zum Diwan.*

DER JUNGE HERR *richtet sich zur Hälfte auf, das Stubenmädchen gibt ihm das Glas in die Hand, ihre Finger berühren sich.*

DER JUNGE HERR So, danke. – Na, was ist denn? – Geben Sie acht; stellen Sie das Glas wieder auf die Tasse ... *Er legt sich hin und streckt sich aus* Wie spät ist's denn? –

DAS STUBENMÄDCHEN Fünf Uhr, junger Herr.

DER JUNGE HERR So, fünf Uhr. – Ist gut. –

DAS STUBENMÄDCHEN *geht; bei der Tür wendet sie sich um; der junge Herr hat ihr nachgeschaut; sie merkt es und lächelt.*

DER JUNGE HERR *bleibt eine Weile liegen, dann steht er plötzlich auf. Er geht bis zur Tür, wieder zurück, legt sich auf den Diwan. Er versucht wieder zu lesen. Nach ein paar Minuten klingelt er wieder.*

DAS STUBENMÄDCHEN *erscheint mit einem Lächeln, das sie nicht zu verbergen sucht.*

DER JUNGE HERR Sie, Marie, was ich Sie hab' fragen wollen. War heut vormittag nicht der Doktor Schüller da?

DAS STUBENMÄDCHEN Nein, heut vormittag war niemand da.

DER JUNGE HERR So, das ist merkwürdig. Also der Doktor Schüller war nicht da? Kennen Sie überhaupt den Doktor Schüller?

DAS STUBENMÄDCHEN Freilich. Das ist der große Herr mit dem schwarzen Vollbart.

DER JUNGE HERR Ja. War er vielleicht doch da?

DAS STUBENMÄDCHEN Nein, es war niemand da, junger Herr.

DER JUNGE HERR *entschlossen* Kommen Sie her, Marie.

DAS STUBENMÄDCHEN *tritt etwas näher* Bitt' schön.

DER JUNGE HERR Näher ... so ... ah ... ich hab' nur geglaubt ...

DAS STUBENMÄDCHEN Was haben der junge Herr?

DER JUNGE HERR Geglaubt ... geglaubt hab' ich – Nur wegen Ihrer Blusen ... Was ist das für eine ... Na, kommen S' nur näher. Ich beiß' Sie ja nicht.

DAS STUBENMÄDCHEN *kommt zu ihm* Was ist mit meiner Blusen? G'fallt sie dem jungen Herrn nicht?

DER JUNGE HERR *faßt die Bluse an, wobei er das Stubenmädchen zu sich herabzieht* Blau? Das ist ganz ein schönes Blau. *Einfach* Sie sind sehr nett angezogen, Marie.

DAS STUBENMÄDCHEN Aber junger Herr ...

DER JUNGE HERR Na, was ist denn? ... *Er hat ihre Bluse geöffnet. Sachlich* Sie haben eine schöne weiße Haut, Marie.

DAS STUBENMÄDCHEN Der junge Herr tut mir schmeicheln.

DER JUNGE HERR *küßt sie auf die Brust* Das kann doch nicht weh tun.

DAS STUBENMÄDCHEN O nein.

DER JUNGE HERR Weil Sie so seufzen! Warum seufzen Sie denn?

DAS STUBENMÄDCHEN Oh, Herr Alfred ...

DER JUNGE HERR Und was Sie für nette Pantoffeln haben ...

DAS STUBENMÄDCHEN ... Aber ... junger Herr ... wenn's draußen läut' –

DER JUNGE HERR Wer wird denn jetzt läuten?

DAS STUBENMÄDCHEN Aber junger Herr ... schaun S' ... es ist so licht ...

DER JUNGE HERR Vor mir brauchen Sie sich nicht zu genieren. Sie brauchen sich überhaupt vor niemandem ... wenn man so hübsch ist. Ja, meiner Seel'; Marie, Sie sind ... Wissen Sie, Ihre Haare riechen sogar angenehm.

DAS STUBENMÄDCHEN Herr Alfred ...

DER JUNGE HERR Machen Sie keine solchen Geschichten, Marie ... ich hab' Sie schon anders auch geseh'n. Wie ich neulich in der Nacht nach Haus gekommen bin und mir Wasser geholt hab'; da ist die Tür zu Ihrem Zimmer offen gewesen ... na ...

DAS STUBENMÄDCHEN *verbirgt ihr Gesicht* O Gott, aber das hab' ich gar nicht gewußt, daß der Herr Alfred so schlimm sein kann.

DER JUNGE HERR Da hab' ich sehr viel gesehen ... das ... und das ... und das ... und –

DAS STUBENMÄDCHEN Aber, Herr Alfred!

DER JUNGE HERR Komm, komm ... daher ... so, ja so ...

DAS STUBENMÄDCHEN Aber wenn jetzt wer läutet –

DER JUNGE HERR Jetzt hören Sie schon einmal auf ... macht man höchstens nicht auf ...

Es klingelt.

DER JUNGE HERR Donnerwetter ... Und was der Kerl für einen Lärm macht. – Am End' hat der schon früher geläutet, und wir haben's nicht gemerkt.

DAS STUBENMÄDCHEN Oh, ich hab' alleweil aufgepaßt.

DER JUNGE HERR Na, so schaun S' endlich nach – durchs Guckerl.

DAS STUBENMÄDCHEN Herr Alfred ... Sie sind aber ... nein ... so schlimm.

DER JUNGE HERR Bitt' Sie, schaun S' jetzt nach ...

DAS STUBENMÄDCHEN *geht ab.*

DER JUNGE HERR *öffnet rasch die Rouleaux.*

DAS STUBENMÄDCHEN *erscheint wieder* Der ist jedenfalls schon wieder weggangen. Jetzt ist niemand mehr da. Vielleicht ist es der Doktor Schüller gewesen.

DER JUNGE HERR *ist unangenehm berührt* Es ist gut.

DAS STUBENMÄDCHEN *nähert sich ihm.*

DER JUNGE HERR *entzieht sich ihr* – Sie, Marie, – ich geh' jetzt ins Kaffeehaus.

DAS STUBENMÄDCHEN *zärtlich* Schon ... Herr Alfred.

DER JUNGE HERR *streng* Ich geh' jetzt ins Kaffeehaus. Wenn der Doktor Schüller kommen sollte ...

DAS STUBENMÄDCHEN Der kommt heut nimmer.

DER JUNGE HERR *noch strenger* Wenn der Doktor Schüller kommen sollte, ich, ich ... ich bin – im Kaffeehaus. – *Geht ins andere Zimmer.*

Das Stubenmädchen nimmt eine Zigarre vom Rauchtisch, steckt sie ein und geht ab.

DER JUNGE HERR UND DIE JUNGE FRAU

Abend. – Ein mit banaler Eleganz möblierter Salon in einem Hause der Schwindgasse.
Der junge Herr ist eben eingetreten, zündet, während er noch den Hut auf dem Kopf und den Überzieher anhat, die Kerzen an. Dann öffnet er die Tür zum Nebenzimmer und wirft einen Blick hinein. Von den Kerzen des Salons geht der Lichtschein über das Parkett bis zu einem Himmelbett, das an der abschließenden Wand steht. Von dem Kamin in einer Ecke des Schlafzimmers verbreitet sich ein rötlicher Lichtschein auf die Vorhänge des Bettes. – Der junge Herr besichtigt auch das Schlafzimmer. Von dem Trumeau nimmt er einen Sprayapparat und bespritzt die Bettpolster mit feinen Strahlen von Veilchenparfüm. Dann geht er mit dem Sprayapparat durch beide Zimmer und drückt unaufhörlich auf den kleinen Ballon, so daß es bald überall nach Veilchen riecht. Dann legt er Überzieher und Hut ab. Er setzt sich auf den blausamtenen Fauteuil, zündet sich eine Zigarette an und raucht. Nach einer kleinen Weile erhebt er sich wieder und vergewissert sich, daß die grünen Jalousien geschlossen sind. Plötzlich geht er wieder ins Schlafzimmer, öffnet die Lade des Nachtkästchens. Er fühlt hinein und findet eine Schildkrothaarnadel. Er sucht nach einem Ort, sie zu verstecken, gibt sie endlich in die Tasche seines Überziehers. Dann öffnet er einen Schrank, der im Salon steht, nimmt eine silberne Tasse mit einer Flasche Cognac und zwei Likörgläschen heraus, stellt alles auf den Tisch. Er geht wieder zu seinem Überzieher, aus dem er jetzt ein kleines weißes Päckchen nimmt. Er öffnet es und legt es zum Cognac; geht wieder zum Schrank, nimmt zwei kleine Teller und Eßbestecke heraus. Er entnimmt dem kleinen Paket eine glasierte Kastanie und ißt sie. Dann schenkt er sich ein Glas Cognac ein und trinkt es rasch aus. Dann sieht er auf seine Uhr. Er geht im Zimmer auf und ab. – Vor dem großen Wandspiegel bleibt er eine Weile stehen, richtet mit seinem Taschenkamm das Haar und den kleinen Schnurrbart. – Er geht nun zur Vorzimmertür und horcht. Nichts regt sich. Dann zieht er die blauen Portieren, die vor der Schlafzim-

mertür angebracht sind, zusammen. Es klingelt. Der junge Herr fährt leicht zusammen. Dann setzt er sich auf den Fauteuil und erhebt sich erst, als die Tür geöffnet wird und die junge Frau eintritt. –

DIE JUNGE FRAU *dicht verschleiert, schließt die Tür hinter sich, bleibt einen Augenblick stehen, indem sie die linke Hand aufs Herz legt, als müsse sie eine gewaltige Erregung bemeistern.*
DER JUNGE HERR *tritt auf sie zu, nimmt ihre linke Hand und drückt auf den weißen, schwarz tamburierten Handschuh einen Kuß. Er sagt leise* Ich danke Ihnen.
DIE JUNGE FRAU Alfred – Alfred!
DER JUNGE HERR Kommen Sie, gnädige Frau ... Kommen Sie, Frau Emma ...
DIE JUNGE FRAU Lassen Sie mich noch eine Weile – bitte ... o bitte sehr, Alfred! *Sie steht noch immer an der Tür.*
DER JUNGE HERR *steht vor ihr, hält ihre Hand.*
DIE JUNGE FRAU Wo bin ich denn eigentlich?
DER JUNGE HERR Bei mir.
DIE JUNGE FRAU Dieses Haus ist schrecklich, Alfred.
DER JUNGE HERR Warum denn? Es ist ein sehr vornehmes Haus.
DIE JUNGE FRAU Ich bin zwei Herren auf der Stiege begegnet.
DER JUNGE HERR Bekannte?
DIE JUNGE FRAU Ich weiß nicht. Es ist möglich.
DER JUNGE HERR Pardon, gnädige Frau – aber Sie kennen doch Ihre Bekannten.
DIE JUNGE FRAU Ich habe ja gar nichts gesehen.
DER JUNGE HERR Aber wenn es selbst Ihre besten Freunde waren – sie können ja Sie nicht erkannt haben. Ich selbst ... wenn ich nicht wüßte, daß Sie es sind ... dieser Schleier –.
DIE JUNGE FRAU Es sind zwei.
DER JUNGE HERR Wollen Sie nicht ein bißchen näher? ... Und Ihren Hut legen Sie doch wenigstens ab!
DIE JUNGE FRAU Was fällt Ihnen ein, Alfred? Ich habe Ihnen gesagt: Fünf Minuten ... Nein, länger nicht ... ich schwöre Ihnen –

DER JUNGE HERR Also den Schleier –
DIE JUNGE FRAU Es sind zwei.
DER JUNGE HERR Nun ja, beide Schleier – ich werde Sie doch wenigstens sehen dürfen.
DIE JUNGE FRAU Haben Sie mich denn lieb, Alfred?
DER JUNGE HERR *tief verletzt* Emma – Sie fragen mich ...
DIE JUNGE FRAU Es ist hier so heiß.
DER JUNGE HERR Aber Sie haben ja Ihre Pelzmantille an – Sie werden sich wahrhaftig verkühlen.
DIE JUNGE FRAU *tritt endlich ins Zimmer, wirft sich auf den Fauteuil* Ich bin totmüd'.
DER JUNGE HERR Erlauben Sie. *Er nimmt ihr die Schleier ab; nimmt die Nadel aus ihrem Hut, legt Hut, Nadel, Schleier beiseite.*
DIE JUNGE FRAU *läßt es geschehen.*
DER JUNGE HERR *steht vor ihr, schüttelt den Kopf.*
DIE JUNGE FRAU Was haben Sie?
DER JUNGE HERR So schön waren Sie noch nie.
DIE JUNGE FRAU Wieso?
DER JUNGE HERR Allein ... allein mit Ihnen – Emma –

Er läßt sich neben ihrem Fauteuil nieder, auf ein Knie, nimmt ihre beiden Hände und bedeckt sie mit Küssen.

DIE JUNGE FRAU Und jetzt ... lassen Sie mich wieder gehen. Was Sie von mir verlangt haben, hab' ich getan.
DER JUNGE HERR *läßt seinen Kopf auf ihren Schoß sinken.*
DIE JUNGE FRAU Sie haben mir versprochen, brav zu sein.
DER JUNGE HERR Ja.
DIE JUNGE FRAU Man erstickt in diesem Zimmer.
DER JUNGE HERR *steht auf* Noch haben Sie Ihre Mantille an.
DIE JUNGE FRAU Legen Sie sie zu meinem Hut.
DER JUNGE HERR *nimmt Ihr die Mantille ab und legt sie gleichfalls auf den Diwan.*
DIE JUNGE FRAU Und jetzt – adieu –
DER JUNGE HERR Emma –! – Emma! –

DIE JUNGE FRAU Die fünf Minuten sind längst vorbei.
DER JUNGE HERR Noch nicht eine!
DIE JUNGE FRAU Alfred, sagen Sie mir einmal ganz genau, wie spät es ist.
DER JUNGE HERR Es ist Punkt Viertel sieben.
DIE JUNGE FRAU Jetzt sollte ich längst bei meiner Schwester sein.
DER JUNGE HERR Ihre Schwester können Sie oft sehen ...
DIE JUNGE FRAU O Gott, Alfred, warum haben Sie mich dazu verleitet.
DER JUNGE HERR Weil ich Sie ... anbete, Emma.
DIE JUNGE FRAU Wie vielen haben Sie das schon gesagt?
DER JUNGE HERR Seit ich Sie gesehen, niemandem.
DIE JUNGE FRAU Was bin ich für eine leichtsinnige Person! Wer mir das vorausgesagt hätte ... noch vor acht Tagen ... noch gestern ...
DER JUNGE HERR Und vorgestern haben Sie mir ja schon versprochen ...
DIE JUNGE FRAU Sie haben mich so gequält. Aber ich habe es nicht tun wollen. Gott ist mein Zeuge – ich habe es nicht tun wollen ... Gestern war ich fest entschlossen ... Wissen Sie, daß ich Ihnen gestern abend sogar einen langen Brief geschrieben habe?
DER JUNGE HERR Ich habe keinen bekommen.
DIE JUNGE FRAU Ich habe ihn wieder zerrissen. Oh, ich hätte Ihnen lieber diesen Brief schicken sollen.
DER JUNGE HERR Es ist doch besser so.
DIE JUNGE FRAU O nein, es ist schändlich ... von mir. Ich begreife mich selber nicht. Adieu, Alfred, lassen Sie mich.
DER JUNGE HERR *umfaßt sie und bedeckt ihr Gesicht mit heißen Küssen.*
DIE JUNGE FRAU So ... halten Sie Ihr Wort ...
DER JUNGE HERR Noch einen Kuß – noch einen.
DIE JUNGE FRAU Den letzten. *Er küßt sie; sie erwidert den Kuß; ihre Lippen bleiben lange aneinandergeschlossen.*
DER JUNGE HERR Soll ich Ihnen etwas sagen, Emma? Ich weiß jetzt erst, was Glück ist.
DIE JUNGE FRAU *sinkt in einen Fauteuil zurück.*

DER JUNGE HERR *setzt sich auf die Lehne, schlingt einen Arm leicht um ihren Nacken* ... oder vielmehr, ich weiß jetzt erst, was Glück sein könnte.

DIE JUNGE FRAU *seufzt tief auf.*

DER JUNGE HERR *küßt sie wieder.*

DIE JUNGE FRAU Alfred, Alfred, was machen Sie aus mir!

DER JUNGE HERR Nicht wahr – es ist hier gar nicht so ungemütlich ... Und wir sind ja hier so sicher! Es ist doch tausendmal schöner als diese Rendezvous im Freien ...

DIE JUNGE FRAU Oh, erinnern Sie mich nur nicht daran.

DER JUNGE HERR Ich werde auch daran immer mit tausend Freuden denken. Für mich ist jede Minute, die ich an Ihrer Seite verbringen durfte, eine süße Erinnerung.

DIE JUNGE FRAU Erinnern Sie sich noch an den Industriellenball?

DER JUNGE HERR Ob ich mich daran erinnere ...? Da bin ich ja während des Soupers neben Ihnen gesessen, ganz nahe neben Ihnen. Ihr Mann hat Champagner ...

DIE JUNGE FRAU *sieht ihn klagend an.*

DER JUNGE HERR Ich wollte nur vom Champagner reden. Sagen Sie, Emma, wollen Sie nicht ein Glas Cognac trinken?

DIE JUNGE FRAU Einen Tropfen, aber geben Sie mir vorher ein Glas Wasser.

DER JUNGE HERR Ja ... Wo ist denn nur – ach ja ... *Er schlägt die Portiere zurück und geht ins Schlafzimmer.*

DIE JUNGE FRAU *sieht ihm nach.*

DER JUNGE HERR *kommt zurück mit einer Karaffe Wasser und zwei Trinkgläsern.*

DIE JUNGE FRAU Wo waren Sie denn?

DER JUNGE HERR Im ... Nebenzimmer. *Schenkt ein Glas Wasser ein.*

DIE JUNGE FRAU Jetzt werde ich Sie etwas fragen, Alfred – und schwören Sie mir, daß Sie mir die Wahrheit sagen werden.

DER JUNGE HERR Ich schwöre. –

DIE JUNGE FRAU War in diesen Räumen schon jemals eine andere Frau?

DER JUNGE HERR Aber Emma – dieses Haus steht schon zwanzig Jahre!

DIE JUNGE FRAU Sie wissen, was ich meine, Alfred ... Mit Ihnen! Bei Ihnen!

DER JUNGE HERR Mit mir – hier – Emma! – Es ist nicht schön, daß Sie an so etwas denken können.

DIE JUNGE FRAU Also Sie haben ... wie soll ich ... Aber nein, ich will Sie lieber nicht fragen. Es ist besser, wenn ich nicht frage. Ich bin ja selbst schuld. Alles rächt sich.

DER JUNGE HERR Ja, was haben Sie denn? Was ist Ihnen denn? Was rächt sich?

DIE JUNGE FRAU Nein, nein nein, ich darf nicht zum Bewußtsein kommen ... Sonst müßte ich vor Scham in die Erde sinken.

DER JUNGE HERR *mit der Karaffe Wasser in der Hand, schüttelt traurig den Kopf* Emma, wenn Sie ahnen könnten, wie weh Sie mir tun.

DIE JUNGE FRAU *schenkt sich ein Glas Cognac ein.*

DER JUNGE HERR Ich will Ihnen etwas sagen, Emma. Wenn Sie sich schämen, hier zu sein – wenn ich Ihnen also gleichgültig bin – wenn Sie nicht fühlen, daß Sie für mich alle Seligkeit der Welt bedeuten – – so gehn Sie lieber. –

DIE JUNGE FRAU Ja, das werd' ich auch tun.

DER JUNGE HERR *sie bei der Hand fassend* Wenn Sie aber ahnen, daß ich ohne Sie nicht leben kann, daß ein Kuß auf Ihre Hand für mich mehr bedeutet als alle Zärtlichkeiten, die alle Frauen auf der ganzen Welt ... Emma, ich bin nicht wie die anderen jungen Leute, die den Hof machen können – ich bin vielleicht zu naiv ... ich ...

DIE JUNGE FRAU Wenn Sie aber doch sind wie die anderen jungen Leute?

DER JUNGE HERR Dann wären Sie heute nicht da – denn Sie sind nicht wie die anderen Frauen.

DIE JUNGE FRAU Woher wissen Sie das?

DER JUNGE HERR *hat sie zum Diwan gezogen, sich nahe neben sie gesetzt* Ich habe viel über Sie nachgedacht. Ich weiß, Sie sind unglücklich.

DIE JUNGE FRAU *erfreut* Ja.

DER JUNGE HERR Das Leben ist so leer, so nichtig – und dann, – so kurz – so entsetzlich kurz! Es gibt nur ein Glück ... einen Menschen finden, von dem man geliebt wird –

DIE JUNGE FRAU *hat eine kandierte Birne vom Tisch genommen, nimmt sie in den Mund.*

DER JUNGE HERR Mir die Hälfte! *Sie reicht sie ihm mit den Lippen.*

DIE JUNGE FRAU *faßt die Hände des jungen Herrn, die sich zu verirren drohen* Was tun Sie denn, Alfred ... Ist das Ihr Versprechen?

DER JUNGE HERR *die Birne verschluckend, dann kühner* Das Leben ist so kurz.

DIE JUNGE FRAU *schwach* Aber das ist ja kein Grund –

DER JUNGE HERR *mechanisch* O ja.

DIE JUNGE FRAU *schwächer* Schauen Sie, Alfred, und Sie haben doch versprochen, brav ... Und es ist so hell ...

DER JUNGE HERR Komm, komm, du einzige, einzige ... *Er hebt sie vom Diwan empor.*

DIE JUNGE FRAU Was machen Sie denn?

DER JUNGE HERR Da drin ist es gar nicht hell.

DIE JUNGE FRAU Ist denn da noch ein Zimmer?

DER JUNGE HERR *zieht sie mit* Ein schönes ... und ganz dunkel.

DIE JUNGE FRAU Bleiben wir doch lieber hier.

DER JUNGE HERR *bereits mit ihr hinter der Portiere, im Schlafzimmer, nestelt ihr die Taille auf.*

DIE JUNGE FRAU Sie sind so ... o Gott, was machen Sie aus mir! – Alfred!

DER JUNGE HERR Ich bete dich an, Emma!

DIE JUNGE FRAU So wart doch, wart doch wenigstens ... *Schwach* Geh ... ich ruf' dich dann.

DER JUNGE HERR Laß mir dich – laß dir mich *Er verspricht sich* ... laß ... mich – dir – helfen.

DIE JUNGE FRAU Du zerreißt mir ja alles.

DER JUNGE HERR Du hast kein Mieder an?

DIE JUNGE FRAU Ich trag' nie ein Mieder. Die Odilon trägt auch keines. Aber die Schuh' kannst du mir aufknöpfeln.

DER JUNGE HERR *knöpfelt die Schuhe auf, küßt ihre Füße.*
DIE JUNGE FRAU *ist ins Bett geschlüpft* Oh, mir ist kalt.
DER JUNGE HERR Gleich wird's warm werden.
DIE JUNGE FRAU *leise lachend* Glaubst du?
DER JUNGE HERR *unangenehm berührt, für sich* Das hätte sie nicht sagen sollen. *Entkleidet sich im Dunkel.*
DIE JUNGE FRAU *zärtlich* Komm, komm, komm!
DER JUNGE HERR *dadurch wieder in besserer Stimmung* Gleich – –
DIE JUNGE FRAU Es riecht hier so nach Veilchen.
DER JUNGE HERR Das bist du selbst ... Ja *Zu ihr* du selbst.
DIE JUNGE FRAU Alfred ... Alfred!!!!
DER JUNGE HERR Emma ...

DER JUNGE HERR Ich habe dich offenbar zu lieb ... ja ... ich bin wie von Sinnen.
DIE JUNGE FRAU ...
DER JUNGE HERR Die ganzen Tage über bin ich schon wie verrückt. Ich hab' es geahnt.
DIE JUNGE FRAU Mach dir nichts draus.
DER JUNGE HERR O gewiß nicht. Es ist ja geradezu selbstverständlich, wenn man ...
DIE JUNGE FRAU Nicht ... nicht ... Du bist nervös. Beruhige dich nur ...
DER JUNGE HERR Kennst du Stendhal?
DIE JUNGE FRAU Stendhal?
DER JUNGE HERR Die ›Psychologie de l'amour‹.
DIE JUNGE FRAU Nein, warum fragst du mich?
DER JUNGE HERR Da kommt eine Geschichte drin vor, die sehr bezeichnend ist.
DIE JUNGE FRAU Was ist das für eine Geschichte?
DER JUNGE HERR Das ist eine ganze Gesellschaft von Kavallerieoffizieren zusammen –
DIE JUNGE FRAU So.
DER JUNGE HERR Und die erzählen von ihren Liebesabenteuern. Und

jeder berichtet, daß ihm bei der Frau, die er am meisten, weißt du, am leidenschaftlichsten geliebt hat ... daß ihn die, daß er die – also kurz und gut, daß es jedem bei dieser Frau so gegangen ist wie jetzt mir.

DIE JUNGE FRAU Ja.

DER JUNGE HERR Das ist sehr charakteristisch.

DIE JUNGE FRAU Ja.

DER JUNGE HERR Es ist noch nicht aus. Ein einziger behauptet ... es sei ihm in seinem ganzen Leben noch nicht passiert, aber, setzt Stendhal hinzu – das war ein berüchtigter Bramarbas.

DIE JUNGE FRAU So. –

DER JUNGE HERR Und doch verstimmt es einen, das ist das Dumme, so gleichgültig es eigentlich ist.

DIE JUNGE FRAU Freilich. Überhaupt weißt du ... du hast mir ja versprochen, brav zu sein.

DER JUNGE HERR Geh, nicht lachen, das bessert die Sache nicht.

DIE JUNGE FRAU Aber nein, ich lache ja nicht. Das von Stendhal ist wirklich interessant. Ich habe immer gedacht, daß nur bei älteren ... oder bei sehr ... weißt du, bei Leuten, die viel gelebt haben ...

DER JUNGE HERR Was fällt dir ein. Das hat damit gar nichts zu tun. Ich habe übrigens die hübscheste Geschichte aus dem Stendhal ganz vergessen. Da ist einer von den Kavallerieoffizieren, der erzählt sogar, daß er drei Nächte oder gar sechs ... ich weiß nicht mehr, mit der Frau zusammen war, die er durch Wochen hindurch verlangt hat – desirée – verstehst du –, und die haben alle diese Nächte hindurch nichts getan als vor Glück geweint ... beide ...

DIE JUNGE FRAU Beide?

DER JUNGE HERR Ja. Wundert dich das? Ich find' das so begreiflich – gerade wenn man sich liebt.

DIE JUNGE FRAU Aber es gibt gewiß viele, die nicht weinen.

DER JUNGE HERR *nervös* Gewiß ... das ist ja auch ein exceptioneller Fall.

DIE JUNGE FRAU Ah – ich dachte, Stendhal sagte, alle Kavallerieoffiziere weinen bei dieser Gelegenheit.

DER JUNGE HERR Siehst du, jetzt machst du dich doch lustig.
DIE JUNGE FRAU Aber was fällt dir ein! Sei doch nicht kindisch, Alfred!
DER JUNGE HERR Es macht nun einmal nervös ... Dabei habe ich die Empfindung, daß du ununterbrochen daran denkst. Das geniert mich erst recht.
DIE JUNGE FRAU Ich denke absolut nicht daran.
DER JUNGE HERR O ja. Wenn ich nur überzeugt wäre, daß du mich liebst.
DIE JUNGE FRAU Verlangst du noch mehr Beweise?
DER JUNGE HERR Siehst du ... immer machst du dich lustig.
DIE JUNGE FRAU Wieso denn? Komm, gib mir dein süßes Kopferl.
DER JUNGE HERR Ach, das tut wohl.
DIE JUNGE FRAU Hast du mich lieb?
DER JUNGE HERR Oh, Ich bin ja so glücklich.
DIE JUNGE FRAU Aber du brauchst nicht auch noch zu weinen.
DER JUNGE HERR *sich von ihr entfernend, höchst irritiert* Wieder, wieder. Ich hab' dich ja so gebeten ...
DIE JUNGE FRAU Wenn ich dir sage, daß du nicht weinen sollst ...
DER JUNGE HERR Du hast gesagt: Auch noch zu weinen.
DIE JUNGE FRAU Du bist nervös, mein Schatz.
DER JUNGE HERR Das weiß ich.
DIE JUNGE FRAU Aber du sollst es nicht sein. Es ist mir sogar lieb, daß es ... daß wir sozusagen als gute Kameraden ...
DER JUNGE HERR Schon wieder fangst du an.
DIE JUNGE FRAU Erinnerst du dich denn nicht! Das war eines unserer ersten Gespräche. Gute Kameraden haben wir sein wollen; nichts weiter. Oh, das war schön ... das war bei meiner Schwester, im Jänner auf dem großen Ball, während der Quadrille ... Um Gottes willen, ich sollte ja längst fort sein ... meine Schwester erwartet mich ja – was werd' ich ihr denn sagen ... Adieu, Alfred –
DER JUNGE HERR Emma –! So willst du mich verlassen!
DIE JUNGE FRAU Ja – so! –
DER JUNGE HERR Noch fünf Minuten ...

DIE JUNGE FRAU Gut. Noch fünf Minuten. Aber du mußt mir versprechen ... dich nicht zu rühren? ... Ja? ... Ich will dir noch einen Kuß zum Abschied geben ... Pst ... ruhig ... nicht rühren, hab' ich gesagt, sonst steh' ich gleich auf, du mein süßer ... süßer ...
DER JUNGE HERR Emma ... meine ange...

DIE JUNGE FRAU Mein Alfred –
DER JUNGE HERR Ah, bei dir ist der Himmel.
DIE JUNGE FRAU Aber jetzt muß ich wirklich fort.
DER JUNGE HERR Ach, laß deine Schwester warten.
DIE JUNGE FRAU Nach Haus muß ich. Für meine Schwester ist's längst zu spät. Wieviel Uhr ist es denn eigentlich?
DER JUNGE HERR Ja, wie soll ich das eruieren?
DIE JUNGE FRAU Du mußt eben auf die Uhr sehen.
DER JUNGE HERR Meine Uhr ist in meinem Gilet.
DIE JUNGE FRAU So hol sie.
DER JUNGE HERR *steht mit einem mächtigen Ruck auf* Acht.
DIE JUNGE FRAU *erhebt sich rasch* Um Gottes willen ... Rasch, Alfred, gib mir meine Strümpfe. Was soll ich denn nur sagen? Zu Hause wird man sicher schon auf mich warten ... acht Uhr ...
DER JUNGE HERR Wann seh' ich dich denn wieder?
DIE JUNGE FRAU Nie.
DER JUNGE HERR Emma! Hast du mich denn nicht mehr lieb?
DIE JUNGE FRAU Eben darum. Gib mir meine Schuhe.
DER JUNGE HERR Niemals wieder? Hier sind die Schuhe.
DIE JUNGE FRAU In meinem Sack ist ein Schuhknöpfler. Ich bitt' dich, rasch ...
DER JUNGE HERR Hier ist der Knöpfler.
DIE JUNGE FRAU Alfred, das kann uns beide den Hals kosten.
DER JUNGE HERR *höchst unangenehm berührt* Wieso?
DIE JUNGE FRAU Ja, was soll ich denn sagen, wenn er mich fragt: Woher kommst du?
DER JUNGE HERR Von der Schwester.
DIE JUNGE FRAU Ja, wenn ich lügen könnte.

DER JUNGE HERR Na, du mußt es eben tun.

DIE JUNGE FRAU Alles für so einen Menschen. Ach, komm her ... laß dich noch einmal küssen. *Sie umarmt ihn* – Und jetzt – – laß mich allein, geh ins andere Zimmer. Ich kann mich nicht anziehen, wenn du dabei bist.

DER JUNGE HERR *geht in den Salon, wo er sich ankleidet. Er ißt etwas von der Bäckerei, trinkt ein Glas Cognac.*

DIE JUNGE FRAU *ruft nach einer Weile* Alfred!

DER JUNGE HERR Mein Schatz.

DIE JUNGE FRAU Es ist doch besser, daß wir nicht geweint haben.

DER JUNGE HERR *nicht ohne Stolz lächelnd* Wie kann man so frivol reden?

DIE JUNGE FRAU Wie wird das jetzt nur sein – wenn wir uns zufällig wieder einmal in Gesellschaft begegnen?

DER JUNGE HERR Zufällig – einmal ... Du bist ja morgen sicher auch bei Lobheimers?

DIE JUNGE FRAU Ja. Du auch?

DER JUNGE HERR Freilich. Darf ich dich um den Kotillon bitten?

DIE JUNGE FRAU Oh, ich werde nicht hinkommen. Was glaubst du denn? – Ich würde ja ... *Sie tritt völlig angekleidet in den Salon, nimmt eine Schokoladebäckerei* in die Erde sinken.

DER JUNGE HERR Also morgen bei Lobheimer, das ist schön.

DIE JUNGE FRAU Nein, nein ... ich sage ab; bestimmt –

DER JUNGE HERR Also übermorgen ... hier.

DIE JUNGE FRAU Was fällt dir ein?

DER JUNGE HERR Um sechs ...

DIE JUNGE FRAU Hier an der Ecke stehen Wagen, nicht wahr? –

DER JUNGE HERR Ja, so viel du willst. Also übermorgen hier um sechs. So sag doch ja, mein geliebter Schatz.

DIE JUNGE FRAU ... Das besprechen wir morgen beim Kotillon.

DER JUNGE HERR *umarmt sie* Mein Engel.

DIE JUNGE FRAU Nicht wieder meine Frisur ruinieren.

DER JUNGE HERR Also morgen bei Lobheimers und übermorgen in meinen Armen.

DIE JUNGE FRAU Leb wohl ...

DER JUNGE HERR *plötzlich wieder besorgt* Und was wirst du – i h m heut sagen?

DIE JUNGE FRAU Frag nicht ... frag nicht ... es ist zu schrecklich. – Warum hab' ich dich so lieb! – Adieu. – Wenn ich wieder Menschen auf der Stiege begegne, trifft mich der Schlag. – Pah! –

DER JUNGE HERR *küßt ihr noch einmal die Hand.*

DIE JUNGE FRAU *geht.*

DER JUNGE HERR *bleibt allein zurück. Dann setzt er sich auf den Diwan. Er lächelt vor sich hin und sagt zu sich selbst* Also jetzt hab' ich ein Verhältnis mit einer anständigen Frau.

DIE JUNGE FRAU UND DER EHEMANN

Ein behagliches Schlafgemach.
Es ist halb elf Uhr nachts. Die Frau liegt zu Bette und liest. Der Gatte tritt eben, im Schlafrock, ins Zimmer.

DIE JUNGE FRAU *ohne aufzuschauen* Du arbeitest nicht mehr?
DER GATTE Nein. Ich bin zu müde. Und außerdem ...
DIE JUNGE FRAU Nun? –
DER GATTE Ich hab' mich an meinem Schreibtisch plötzlich so einsam gefühlt. Ich habe Sehnsucht nach dir bekommen.
DIE JUNGE FRAU *schaut auf* Wirklich?
DER GATTE *setzt sich zu ihr aufs Bett* Lies heute nicht mehr. Du wirst dir die Augen verderben.
DIE JUNGE FRAU *schlägt das Buch zu* Was hast du denn?
DER GATTE Nichts, mein Kind. Verliebt bin ich in dich! Das weißt du ja!
DIE JUNGE FRAU Man könnte es manchmal fast vergessen.
DER GATTE Man muß es sogar manchmal vergessen.
DIE JUNGE FRAU Warum?
DER GATTE Weil die Ehe sonst etwas Unvollkommenes wäre. Sie würde ... wie soll ich nur sagen ... sie würde ihre Heiligkeit verlieren.
DIE JUNGE FRAU Oh ...
DER GATTE Glaube mir – es ist so ... Hätten wir in den fünf Jahren, die wir jetzt miteinander verheiratet sind, nicht manchmal vergessen, daß wir ineinander verliebt sind – wir wären es wohl gar nicht mehr.
DIE JUNGE FRAU Das ist mir zu hoch.
DER GATTE Die Sache ist einfach die: wir haben vielleicht schon zehn oder zwölf Liebschaften miteinander gehabt ... Kommt es dir nicht auch so vor?
DIE JUNGE FRAU Ich hab' nicht gezählt! –

DER GATTE Hätten wir gleich die erste bis zum Ende durchgekostet, hätte ich mich von Anfang an meiner Leidenschaft für dich willenlos hingegeben, es wäre uns gegangen wie den Millionen von anderen Liebespaaren. Wir wären fertig miteinander.

DIE JUNGE FRAU Ah ... so meinst du das?

DER GATTE Glaube mir – Emma – in den ersten Tagen unserer Ehe hatte ich Angst, daß es so kommen würde.

DIE JUNGE FRAU Ich auch.

DER GATTE Siehst du? Hab' ich nicht recht gehabt? Darum ist es gut, immer wieder für einige Zeit nur in guter Freundschaft miteinander hinzuleben.

DIE JUNGE FRAU Ach so.

DER GATTE Und so kommt es, daß wir immer wieder neue Flitterwochen miteinander durchleben können, da ich es nie drauf ankommen lasse, die Flitterwochen ...

DIE JUNGE FRAU Zu Monaten auszudehnen.

DER GATTE Richtig.

DIE JUNGE FRAU Und jetzt ... scheint also wieder eine Freundschaftsperiode abgelaufen zu sein –?

DER GATTE sie *zärtlich an sich drückend* Es dürfte so sein.

DIE JUNGE FRAU Wenn es aber ... bei mir anders wäre.

DER GATTE Es ist bei dir nicht anders. Du bist ja das klügste und entzückendste Wesen, das es gibt. Ich bin sehr glücklich, daß ich dich gefunden habe.

DIE JUNGE FRAU Das ist aber nett, wie du den Hof machen kannst – von Zeit zu Zeit.

DER GATTE *hat sich auch zu Bett begeben* Für einen Mann, der sich ein bißchen in der Welt umgesehen hat – geh, leg den Kopf an meine Schulter – der sich in der Welt umgesehen hat, bedeutet die Ehe eigentlich etwas viel Geheimnisvolleres als für euch junge Mädchen aus guter Familie. Ihr tretet uns rein und ... wenigstens bis zu einem gewissen Grad unwissend entgegen, und darum habt ihr eigentlich einen viel klareren Blick für das Wesen der Liebe als wir.

DIE JUNGE FRAU *lachend* Oh!

DER GATTE Gewiß. Denn wir sind ganz verwirrt und unsicher geworden durch die vielfachen Erlebnisse, die wir notgedrungen vor der Ehe durchzumachen haben. Ihr hört ja viel und wißt zu viel und lest ja wohl eigentlich auch zu viel, aber einen rechten Begriff von dem, was wir Männer in der Tat erleben, habt ihr ja doch nicht. Uns wird das, was man so gemeinhin die Liebe nennt, recht gründlich widerwärtig gemacht; denn was sind das schließlich für Geschöpfe, auf die wir angewiesen sind!

DIE JUNGE FRAU Ja, was sind das für Geschöpfe?

DER GATTE *küßt sie auf die Stirn* Sei froh, mein Kind, daß du nie einen Einblick in diese Verhältnisse erhalten hast. Es sind übrigens meist recht bedauernswerte Wesen – werfen wir keinen Stein auf sie.

DIE JUNGE FRAU Bitt' dich – dieses Mitleid – Das kommt mir da gar nicht recht angebracht vor.

DER GATTE *mit schöner Milde* Sie verdienen es. Ihr, die ihr junge Mädchen aus guter Familie wart, die ruhig unter Obhut euerer Eltern auf den Ehrenmann warten konntet, der euch zur Ehe begehrt; – ihr kennt ja das Elend nicht, das die meisten von diesen armen Geschöpfen der Sünde in die Arme treibt.

DIE JUNGE FRAU So verkaufen sich denn alle?

DER GATTE Das möchte ich nicht sagen. Ich mein' ja auch nicht nur das materielle Elend. Aber es gibt auch – ich möchte sagen – ein sittliches Elend; eine mangelhafte Auffassung für das, was erlaubt, und insbesondere für das, was edel ist.

DIE JUNGE FRAU Aber warum sind die zu bedauern? – Denen geht's ja ganz gut?

DER GATTE Du hast sonderbare Ansichten, mein Kind. Du darfst nicht vergessen, daß solche Wesen von Natur aus bestimmt sind, immer tiefer und tiefer zu fallen. Da gibt es kein Aufhalten.

DIE JUNGE FRAU *sich an ihn schmiegend* Offenbar fällt es sich ganz angenehm.

DER GATTE *peinlich berührt* Wie kannst du so reden, Emma. Ich denke doch, daß es gerade für euch, anständige Frauen, nichts Widerwärtigeres geben kann als alle diejenigen, die es nicht sind.

DIE JUNGE FRAU Freilich, Karl, freilich. Ich hab's ja auch nur so gesagt. Geh, erzähl weiter. Es ist so nett, wenn du so red'st. Erzähl mir was.

DER GATTE Was denn? –

DIE JUNGE FRAU Nun – von diesen Geschöpfen.

DER GATTE Was fällt dir denn ein?

DIE JUNGE FRAU Schau, ich hab' dich schon früher, weißt du, ganz am Anfang hab' ich dich immer gebeten, du sollst mir aus deiner Jugend was erzählen.

DER GATTE Warum interessiert dich denn das?

DIE JUNGE FRAU Bist du denn nicht mein Mann? Und ist das nicht geradezu eine Ungerechtigkeit, daß ich von deiner Vergangenheit eigentlich gar nichts weiß?

DER GATTE Du wirst mich doch nicht für so geschmacklos halten, daß ich – Genug, Emma ... das ist ja wie eine Entweihung.

DIE JUNGE FRAU Und doch hast du ... wer weiß wie viel andere Frauen gerade so in den Armen gehalten wie jetzt mich.

DER GATTE Sag doch nicht »Frauen«. Frau bist du.

DIE JUNGE FRAU Aber eine Frage mußt du mir beantworten ... sonst ... sonst ... ist's nichts mit den Flitterwochen.

DER GATTE Du hast eine Art, zu reden ... denk doch, daß du Mutter bist ... daß unser Mäderl da drin liegt ...

DIE JUNGE FRAU *an ihn sich schmiegend* Aber ich möcht' auch einen Buben.

DER GATTE Emma!

DIE JUNGE FRAU Geh, sei nicht so ... freilich bin ich deine Frau ... aber ich möchte auch ein bissel ... deine Geliebte sein.

DER GATTE Möchtest du? ...

DIE JUNGE FRAU Also – zuerst meine Frage.

DER GATTE *gefügig* Nun?

DIE JUNGE FRAU War ... eine verheiratete Frau – unter ihnen?

DER GATTE Wieso? – Wie meinst du das?

DIE JUNGE FRAU Du weißt schon.

DER GATTE *leicht beunruhigt* Wie kommst du auf diese Frage?

DIE JUNGE FRAU Ich möchte wissen, ob es ... das heißt – es gibt solche Frauen ... das weiß ich. Aber ob du ...

DER GATTE *ernst* Kennst du eine solche Frau?

DIE JUNGE FRAU Ja, ich weiß das selber nicht.

DER GATTE Ist unter deinen Freundinnen vielleicht eine solche Frau?

DIE JUNGE FRAU Ja, wie kann ich das mit Bestimmtheit behaupten – oder verneinen?

DER GATTE Hat dir vielleicht einmal eine deiner Freundinnen ... Man spricht über gar manches, wenn man so – die Frauen unter sich – hat dir eine gestanden –?

DIE JUNGE FRAU *unsicher* Nein.

DER GATTE Hast du bei irgendeiner deiner Freundinnen den Verdacht, daß sie ...

DIE JUNGE FRAU Verdacht ... oh ... Verdacht.

DER GATTE Es scheint.

DIE JUNGE FRAU Gewiß nicht Karl, sicher nicht. Wenn ich mir's so überlege – ich trau' es doch keiner zu.

DER GATTE Keiner?

DIE JUNGE FRAU Von meinen Freundinnen keiner.

DER GATTE Versprich mir etwas, Emma.

DIE JUNGE FRAU Nun.

DER GATTE Daß du nie mit einer Frau verkehren wirst, bei der du auch den leisesten Verdacht hast, daß sie ... kein ganz tadelloses Leben führt.

DIE JUNGE FRAU Das muß ich dir erst versprechen?

DER GATTE Ich weiß ja, daß du den Verkehr mit solchen Frauen nicht suchen wirst. Aber der Zufall könnte es fügen, daß du ... Ja, es ist sogar sehr häufig, daß gerade solche Frauen, deren Ruf nicht der beste ist, die Gesellschaft von anständigen Frauen suchen, teils um sich ein Relief zu geben, teils aus einem gewissen ... wie soll ich sagen ... aus einem gewissen Heimweh nach der Tugend.

DIE JUNGE FRAU So.

DER GATTE Ja. Ich glaube, daß das sehr richtig ist, was ich da gesagt habe. Heimweh nach der Tugend. Denn daß diese Frauen alle eigentlich sehr unglücklich sind, das kannst du mir glauben.

DIE JUNGE FRAU Warum?

DER GATTE Du fragst, Emma? – Wie kannst du denn nur fragen? – Stell dir doch vor, was diese Frauen für eine Existenz führen! Voll Lüge, Tücke, Gemeinheit und voll Gefahren.

DIE JUNGE FRAU Ja freilich. Da hast du schon recht.

DER GATTE Wahrhaftig – sie bezahlen das bißchen Glück ... das bißchen ...

DIE JUNGE FRAU Vergnügen.

DER GATTE Warum Vergnügen? Wie kommst du darauf, das Vergnügen zu nennen?

DIE JUNGE FRAU Nun – etwas muß es doch sein –! Sonst täten sie's ja nicht.

DER GATTE Nichts ist es ... ein Rausch.

DIE JUNGE FRAU *nachdenklich* Ein Rausch.

DER GATTE Nein, es ist nicht einmal ein Rausch. Wie immer – teuer bezahlt, das ist gewiß!

DIE JUNGE FRAU Also ... du hast das einmal mitgemacht – nicht wahr?

DER GATTE Ja, Emma. – Es ist meine traurigste Erinnerung.

DIE JUNGE FRAU Wer ist's? Sag! Kenn' ich sie?

DER GATTE Was fällt dir denn ein?

DIE JUNGE FRAU Ist's lange her? War es sehr lang, bevor du mich geheiratet hast?

DER GATTE Frag nicht. Ich bitt' dich, frag nicht.

DIE JUNGE FRAU Aber Karl!

DER GATTE Sie ist tot.

DIE JUNGE FRAU Im Ernst?

DER GATTE ja ... es klingt fast lächerlich, aber ich habe die Empfindung, daß alle diese Frauen jung sterben.

DIE JUNGE FRAU Hast du sie sehr geliebt?

DER GATTE Lügnerinnen liebt man nicht.

DIE JUNGE FRAU Also warum ...

DER GATTE Ein Rausch ...

DIE JUNGE FRAU Also doch?

DER GATTE Sprich nicht mehr davon, ich bitt' dich. Alles das ist lang vorbei. Geliebt hab' ich nur eine – das bist du. Man liebt nur, wo Reinheit und Wahrheit ist.

DIE JUNGE FRAU Karl!

DER GATTE Oh, wie sicher, wie wohl fühlt man sich in solchen Armen. Warum hab' ich dich nicht schon als Kind gekannt? Ich glaube, dann hätt' ich andere Frauen überhaupt nicht angesehen.

DIE JUNGE FRAU Karl!

DER GATTE Und schön bist du! ... Schön! ... O komm ... *Er löscht das Licht aus.*

- -

DIE JUNGE FRAU Weißt du, woran ich heute denken muß?

DER GATTE Woran, mein Schatz?

DIE JUNGE FRAU An ... an ... an Venedig.

DER GATTE Die erste Nacht ...

DIE JUNGE FRAU Ja ... so ...

DER GATTE Was denn –? So sag's doch!

DIE JUNGE FRAU So lieb hast du mich heut.

DER GATTE Ja, so lieb.

DIE JUNGE FRAU Ah ... Wenn du immer ...

DER GATTE *in ihren Armen* Wie?

DIE JUNGE FRAU Mein Karl!

DER GATTE Was meintest du? Wenn ich immer ...

DIE JUNGE FRAU Nun ja.

DER GATTE Nun, was wär' denn, wenn ich immer ...?

DIE JUNGE FRAU Dann wüßt' ich eben immer, daß du mich lieb hast.

DER GATTE Ja. Du mußt es aber auch so wissen. Man ist nicht immer der liebende Mann, man muß auch zuweilen hinaus ins feindliche Leben, muß kämpfen und streben! Das vergiß nie, mein Kind! Alles hat seine Zeit in der Ehe – das ist eben das Schöne. Es gibt nicht viele, die sich noch nach fünf Jahren an – ihr Venedig erinnern.

DIE JUNGE FRAU Freilich!

DER GATTE Und jetzt ... gute Nacht, mein Kind.

DIE JUNGE FRAU Gute Nacht!

DER GATTE UND DAS SÜSSE MÄDEL

Ein Cabinet particulier im Riedhof. Behagliche, mäßige Eleganz. Der Gasofen brennt. –
Der Gatte. Das süße Mädel.
Auf dem Tisch sind die Reste einer Mahlzeit zu sehen; Obersschaumbaisers, Obst, Käse. In den Weingläsern ein ungarischer weißer Wein.

DER GATTE *raucht eine Havannazigarre, er lehnt in der Ecke des Diwans.*
DAS SÜSSE MÄDEL *sitzt neben ihm auf dem Sessel und löffelt aus einem Baiser den Obersschaum heraus, den sie mit Behagen schlürft.*
DER GATTE Schmeckt's?
DAS SÜSSE MÄDEL *läßt sich nicht stören* Oh!
DER GATTE Willst du noch eins?
DAS SÜSSE MÄDEL Nein, ich hab' so schon zu viel gegessen.
DER GATTE Du hast keinen Wein mehr. *Er schenkt ein.*
DAS SÜSSE MÄDEL Nein ... aber schaun S', ich lass' ihn ja eh stehen.
DER GATTE Schon wieder sagst du Sie.
DAS SÜSSE MÄDEL So? – Ja wissen S', man gewöhnt sich halt so schwer.
DER GATTE Weißt du.
DAS SÜSSE MÄDEL Was denn?
DER GATTE Weißt du, sollst du sagen; nicht wissen S'. – Komm, setz dich zu mir.
DAS SÜSSE MÄDEL Gleich ... bin noch nicht fertig.
DER GATTE *steht auf, stellt sich hinter den Sessel und umarmt das süße Mädel, indem er ihren Kopf zu sich wendet.*
DAS SÜSSE MÄDEL Na, was ist denn?
DER GATTE Einen Kuß möcht' ich haben.
DAS SÜSSE MÄDEL *gibt ihm einen Kuß* Sie sind ... o pardon, du bist ein kecker Mensch.

DER GATTE Jetzt fällt dir das ein?

DAS SÜSSE MÄDEL Ah nein, eingefallen ist es mir schon früher ... schon auf der Gassen. – Sie müssen –

DER GATTE Du mußt.

DAS SÜSSE MÄDEL Du mußt dir eigentlich was Schönes von mir denken.

DER GATTE Warum denn?

DAS SÜSSE MÄDEL Daß ich gleich so mit Ihnen ins chambre separée gegangen bin.

DER GATTE Na, gleich kann man doch nicht sagen.

DAS SÜSSE MÄDEL Aber Sie können halt so schön bitten.

DER GATTE Findest du?

DAS SÜSSE MÄDEL Und schließlich, was ist denn dabei?

DER GATTE Freilich.

DAS SÜSSE MÄDEL Ob man spazierengeht oder –

DER GATTE Zum Spazierengehen ist es auch viel zu kalt.

DAS SÜSSE MÄDEL Natürlich ist zu kalt gewesen.

DER GATTE Aber da ist es angenehm warm; was? *Er hat sich wieder niedergesetzt, umschlingt das süße Mädel und zieht sie an seine Seite.*

DAS SÜSSE MÄDEL *schwach* Na.

DER GATTE Jetzt sag einmal ... Du hast mich schon früher bemerkt gehabt, was?

DAS SÜSSE MÄDEL Natürlich. Schon in der Singerstraßen.

DER GATTE Nicht heut, mein' ich. Auch vorgestern und vorvorgestern, wie ich dir nachgegangen bin.

DAS SÜSSE MÄDEL Mir gehn gar viele nach.

DER GATTE Das kann ich mir denken. Aber ob du mich bemerkt hast.

DAS SÜSSE MÄDEL Wissen S' ... ah ... weißt, was mir neulich passiert ist? Da ist mir der Mann von meiner Cousine nachg'stiegen in der Dunkeln und hat mich nicht 'kennt.

DER GATTE Hat er dich angesprochen?

DAS SÜSSE MÄDEL Aber was glaubst denn? Meinst, es ist jeder so keck wie du?

DER GATTE Aber es kommt doch vor.

DAS SÜSSE MÄDEL Natürlich kommt's vor.
DER GATTE Na, was machst du da?
DAS SÜSSE MÄDEL Na, nichts – Keine Antwort geb' ich halt.
DER GATTE Hm ... mir hast du aber eine Antwort gegeben.
DAS SÜSSE MÄDEL Na, sind S' vielleicht bös'?
DER GATTE *küßt sie heftig* Deine Lippen schmecken nach dem Obersschaum.
DAS SÜSSE MÄDEL Oh, die sind von Natur aus süß.
DER GATTE Das haben dir schon viele gesagt?
DAS SÜSSE MÄDEL Viele!! Was du dir wieder einbildest!
DER GATTE Na, sei einmal ehrlich. Wie viele haben den Mund da schon geküßt?
DAS SÜSSE MÄDEL Was fragst mich denn? Du möcht'st mir's ja doch nicht glauben, wenn ich dir's sag'!
DER GATTE Warum denn nicht?
DAS SÜSSE MÄDEL Rat einmal.
DER GATTE Na, sagen wir – aber du darfst nicht bös' sein?
DAS SÜSSE MÄDEL Warum sollt' ich denn bös' sein?
DER GATTE Also ich schätze ... zwanzig.
DAS SÜSSE MÄDEL *sich von ihm losmachend* Na – warum nicht gleich hundert?
DER GATTE Ja, ich hab' eben geraten.
DAS SÜSSE MÄDEL Da hast du aber nicht gut geraten.
DER GATTE Also zehn.
DAS SÜSSE MÄDEL *beleidigt* Freilich. Eine, die sich auf der Gassen anreden läßt und gleich mitgeht ins chambre separée!
DER GATTE Sei doch nicht so kindisch. Ob man auf der Straßen herumläuft oder in einem Zimmer sitzt ... Wir sind doch da in einem Gasthaus. Jeden Moment kann der Kellner hereinkommen – da ist doch wirklich gar nichts dran ...
DAS SÜSSE MÄDEL Das hab' ich mir eben auch gedacht.
DER GATTE Warst du schon einmal in einem chambre separée?
DAS SÜSSE MÄDEL Also, wenn ich die Wahrheit sagen soll: ja.
DER GATTE Siehst du, das g'fallt mir, daß du doch wenigstens aufrichtig bist.

DAS SÜSSE MÄDEL Aber nicht so – wie du dir's wieder denkst. Mit einer Freundin und ihrem Bräutigam bin ich im chambre separée gewesen, heuer im Fasching einmal.

DER GATTE Es wär' ja auch kein Malheur, wenn du einmal – mit deinem Geliebten –

DAS SÜSSE MÄDEL Natürlich wär's kein Malheur. Aber ich hab' kein' Geliebten.

DER GATTE Na geh.

DAS SÜSSE MÄDEL Meiner Seel', ich hab' keinen.

DER GATTE Aber du wirst mir doch nicht einreden wollen, daß ich ...

DAS SÜSSE MÄDEL Was denn? ... Ich hab' halt keinen – schon seit mehr als einem halben Jahr.

DER GATTE Ah so ... Aber vorher? Wer war's denn?

DAS SÜSSE MÄDEL Was sind S' denn gar so neugierig?

DER GATTE Ich bin neugierig, weil ich dich lieb hab'.

DAS SÜSSE MÄDEL Is wahr?

DER GATTE Freilich. Das mußt du doch merken. Erzähl mir also. *Drückt sie fest an sich.*

DAS SÜSSE MÄDEL Was soll ich dir denn erzählen?

DER GATTE So laß dich doch nicht so lang bitten. Wer's gewesen ist, möcht' ich wissen.

DAS SÜSSE MÄDEL *lachend* Na ein Mann halt.

DER GATTE Also – also – wer war's?

DAS SÜSSE MÄDEL Ein bissel ähnlich hat er dir gesehen.

DER GATTE So.

DAS SÜSSE MÄDEL Wenn du ihm nicht so ähnlich schauen tät'st –

DER GATTE Was wär' dann?

DAS SÜSSE MÄDEL Na also frag nicht, wennst schon siehst, daß ...

DER GATTE *versteht* Also darum hast du dich von mir anreden lassen.

DAS SÜSSE MÄDEL Na also ja.

DER GATTE Jetzt weiß ich wirklich nicht, soll ich mich freuen oder soll ich mich ärgern.

DAS SÜSSE MÄDEL Na, ich an deiner Stell' tät' mich freuen.

DER GATTE Na ja.

DAS SÜSSE MÄDEL Und auch im Reden erinnerst du mich so an ihn ... und wie du einen anschaust ...

DER GATTE Was ist er denn gewesen?

DAS SÜSSE MÄDEL Nein, die Augen –

DER GATTE Wie hat er denn geheißen?

DAS SÜSSE MÄDEL Nein, schau mich nicht so an, ich bitt' dich.

DER GATTE *umfängt sie. Langer, heißer Kuß.*

DAS SÜSSE MÄDEL *schüttelt sich, will aufstehen.*

DER GATTE Warum gehst du fort von mir?

DAS SÜSSE MÄDEL Es wird Zeit zum z' Haus Gehn.

DER GATTE Später.

DAS SÜSSE MÄDEL Nein, ich muß wirklich schon z' Haus gehen. Was glaubst denn, was die Mutter sagen wird.

DER GATTE Du wohnst bei deiner Mutter?

DAS SÜSSE MÄDEL Natürlich wohn' ich bei meiner Mutter. Was hast denn geglaubt?

DER GATTE So – bei der Mutter. Wohnst du allein mit ihr?

DAS SÜSSE MÄDEL Ja freilich allein! Fünf sind wir! Zwei Buben und noch zwei Mädeln.

DER GATTE So setz dich doch nicht so weit fort von mir. Bist du die älteste?

DAS SÜSSE MÄDEL Nein, ich bin die zweite. Zuerst kommt die Kathi; die ist im G'schäft, in einer Blumenhandlung, dann komm' ich.

DER GATTE Wo bist du?

DAS SÜSSE MÄDEL Na, ich bin z' Haus.

DER GATTE Immer?

DAS SÜSSE MÄDEL Es muß doch eine z' Haus sein.

DER GATTE Freilich. Ja – und was sagst du denn eigentlich deiner Mutter, wenn du – so spät nach Haus kommst?

DAS SÜSSE MÄDEL Das ist ja so eine Seltenheit.

DER GATTE Also heut zum Beispiel. Deine Mutter fragt dich doch?

DAS SÜSSE MÄDEL Natürlich fragt s' mich. Da kann ich Obacht geben, so viel ich will – wenn ich nach Haus komm', wacht s' auf.

DER GATTE Also was sagst du ihr da?

DAS SÜSSE MÄDEL Na, im Theater werd' ich halt gewesen sein.
DER GATTE Und glaubt sie das?
DAS SÜSSE MÄDEL Na, warum soll s' mir denn nicht glauben? Ich geh' ja oft ins Theater. Erst am Sonntag war ich in der Oper mit meiner Freundin und ihrem Bräutigam und mein' älter'n Bruder.
DER GATTE Woher habt ihr denn da die Karten?
DAS SÜSSE MÄDEL Aber, mein Bruder ist ja Friseur.
DER GATTE Ja, die Friseure ... ah, wahrscheinlich Theaterfriseur.
DAS SÜSSE MÄDEL Was fragst mich denn so aus?
DER GATTE Es interessiert mich halt. Und was ist denn der andere Bruder?
DAS SÜSSE MÄDEL Der geht noch in die Schul'. Der will ein Lehrer werden. Nein ... so was!
DER GATTE Und dann hast du noch eine kleine Schwester?
DAS SÜSSE MÄDEL Ja, die ist noch ein Fratz, aber auf die muß man schon heut so aufpassen. Hast du denn eine Idee, wie die Mädeln in der Schule verdorben werden! Was glaubst! Neulich hab' ich sie bei einem Rendezvous erwischt.
DER GATTE Was?
DAS SÜSSE MÄDEL Ja! Mit einem Buben von der Schul' vis-à-vis ist sie abends um halber acht in der Strozzigasse spazierengegangen. So ein Fratz!
DER GATTE Und, was hast du da gemacht?
DAS SÜSSE MÄDEL Na, Schläg' hat s' kriegt!
DER GATTE So streng bist du?
DAS SÜSSE MÄDEL Na, wer soll's denn sein? Die ältere ist im G'schäft, die Mutter tut nichts als raunzen; – kommt immer alles auf mich.
DER GATTE Herrgott, bist du lieb! *Küßt sie und wird zärtlicher* Du erinnerst mich auch an wen.
DAS SÜSSE MÄDEL So – an wen denn?
DER GATTE An keine bestimmte ... an die Zeit ... na, halt an meine Jugend. Geh, trink, mein Kind!
DAS SÜSSE MÄDEL Ja, wie alt bist du denn? ... Du ... ja ... ich weiß ja nicht einmal, wie du heißt.

DER GATTE Karl.

DAS SÜSSE MÄDEL Ist's möglich! Karl heißt du?

DER GATTE Er hat auch Karl geheißen?

DAS SÜSSE MÄDEL Nein, das ist aber schon das reine Wunder ... das ist ja – nein, die Augen ... Das G'schau ... *Schüttelt den Kopf.*

DER GATTE Und wer er war – hast du mir noch immer nicht gesagt.

DAS SÜSSE MÄDEL Ein schlechter Mensch ist er gewesen – das ist g'wiß, sonst hätt' er mich nicht sitzenlassen.

DER GATTE Hast ihn sehr gern g'habt?

DAS SÜSSE MÄDEL Freilich hab' ich ihn gern g'habt!

DER GATTE Ich weiß, was er war, Lieutenant.

DAS SÜSSE MÄDEL Nein, bei Militär war er nicht. Sie haben ihn nicht genommen. Sein Vater hat ein Haus in der ... aber was brauchst du das zu wissen?

DER GATTE *küßt sie* Du hast eigentlich graue Augen, anfangs hab' ich gemeint, sie sind schwarz.

DAS SÜSSE MÄDEL Na sind s' dir vielleicht nicht schön genug?

DER GATTE *küßt ihre Augen.*

DAS SÜSSE MÄDEL Nein, nein – das vertrag' ich schon gar nicht ... o bitt' dich – o Gott ... nein, laß mich aufstehn ... nur für einen Moment ... bitt' dich.

DER GATTE *immer zärtlicher* O nein.

DAS SÜSSE MÄDEL Aber ich bitt' dich, Karl ...

DER GATTE Wie alt bist du? Achtzehn, was?

DAS SÜSSE MÄDEL Neunzehn vorbei.

DER GATTE Neunzehn ... und ich –

DAS SÜSSE MÄDEL Du bist dreißig ...

DER GATTE Und einige drüber. – Reden wir nicht davon.

DAS SÜSSE MÄDEL Er war auch schon zweiunddreißig, wie ich ihn kennengelernt hab'.

DER GATTE Wie lang ist das her?

DAS SÜSSE MÄDEL Ich weiß nimmer ... Du, in dem Wein muß was drin gewesen sein.

DER GATTE Ja, warum denn?

DAS SÜSSE MÄDEL Ich bin ganz ... weißt – mir dreht sich alles.
DER GATTE So halt dich fest an mich. So ... *Er drückt sie an sich und wird immer zärtlicher, sie wehrt kaum ab* Ich werd' dir was sagen, mein Schatz, wir könnten jetzt wirklich gehn.
DAS SÜSSE MÄDEL Ja ... nach Haus.
DER GATTE Nicht grad nach Haus ...
DAS SÜSSE MÄDEL Was meinst denn? ... O nein, o nein ... ich geh' nirgends hin, was fällt dir denn ein –
DER GATTE Also hör mich nur an, mein Kind, das nächste Mal, wenn wir uns treffen, weißt du, da richten wir uns das so ein, daß ... *Er ist zu Boden gesunken, hat seinen Kopf in ihrem Schoß* Das ist angenehm, oh, das ist angenehm.
DAS SÜSSE MÄDEL Was machst denn? *Sie küßt seine Haare* ... Du, in dem Wein muß was drin gewesen sein – so schläfrig ... du, was g'schieht denn, wenn ich nimmer aufstehn kann? Aber, aber, schau, aber Karl ... und wenn wer hereinkommt ... ich bitt' dich ... der Kellner.
DER GATTE Da ... kommt sein Lebtag ... kein Kellner ... herein ...

DAS SÜSSE MÄDEL *lehnt mit geschlossenen Augen in der Diwanecke.*
DER GATTE *geht in dem kleinen Raum auf und ab, nachdem er sich eine Zigarette angezündet. Längeres Schweigen.*
DER GATTE *betrachtet das süße Mädel lange, für sich* Wer weiß, was das eigentlich für eine Person ist – Donnerwetter ... So schnell ... War nicht sehr vorsichtig von mir ... Hm ...
DAS SÜSSE MÄDEL *ohne die Augen zu öffnen* In dem Wein muß was drin gewesen sein.
DER GATTE Ja, warum denn?
DAS SÜSSE MÄDEL Sonst ...
DER GATTE Warum schiebst du denn alles auf den Wein? ...
DAS SÜSSE MÄDEL Wo bist denn? Warum bist denn so weit? Komm doch zu mir.
DER GATTE *zu ihr hin, setzt sich.*
DAS SÜSSE MÄDEL Jetzt sag mir, ob du mich wirklich gern hast.

DER GATTE Das weißt du doch ... *Er unterbricht sich rasch* Freilich.
DAS SÜSSE MÄDEL Weißt ... es ist doch ... Geh, sag mir die Wahrheit, was war in dem Wein?
DER GATTE Ja, glaubst du, ich bin ein ... ich bin ein Giftmischer?
DAS SÜSSE MÄDEL Ja, schau, ich versteh's halt nicht. Ich bin doch nicht so ... Wir kennen uns doch erst seit ... Du, ich bin nicht so ... meiner Seel' und Gott, – wenn du das von mir glauben tät'st –
DER GATTE Ja – was machst du dir denn da für Sorgen. Ich glaub' gar nichts Schlechtes von dir. Ich glaub' halt, daß du mich liebhast.
DAS SÜSSE MÄDEL Ja ...
DER GATTE Schließlich, wenn zwei junge Leut' allein in einem Zimmer sind, und nachtmahlen und trinken Wein ... es braucht gar nichts drin zu sein in dem Wein.
DAS SÜSSE MÄDEL Ich hab's ja auch nur so g'sagt.
DER GATTE Ja, warum denn?
DAS SÜSSE MÄDEL *eher trotzig* Ich hab' mich halt g'schämt.
DER GATTE Das ist lächerlich. Dazu liegt gar kein Grund vor. Um so mehr als ich dich an deinen ersten Geliebten erinnere.
DAS SÜSSE MÄDEL Ja.
DER GATTE An den ersten.
DAS SÜSSE MÄDEL Na ja ...
DER GATTE Jetzt möcht' es mich interessieren, wer die anderen waren.
DAS SÜSSE MÄDEL Niemand.
DER GATTE Das ist ja nicht wahr, das kann ja nicht wahr sein.
DAS SÜSSE MÄDEL Geh, bitt' dich, sekkier mich nicht. –
DER GATTE Willst eine Zigarette?
DAS SÜSSE MÄDEL Nein, ich dank' schön.
DER GATTE Weißt du, wie spät es ist?
DAS SÜSSE MÄDEL Na?
DER GATTE Halb zwölf.
DAS SÜSSE MÄDEL So!
DER GATTE Na ... und die Mutter? Die ist es gewöhnt, was?
DAS SÜSSE MÄDEL Willst mich wirklich schon z' Haus schicken?

DER GATTE Ja, du hast doch früher selbst –
DAS SÜSSE MÄDEL Geh, du bist aber wie ausgewechselt. Was hab' ich dir denn getan?
DER GATTE Aber Kind, was hast du denn, was fällt dir denn ein?
DAS SÜSSE MÄDEL Und es ist nur dein G'schau gewesen, meiner Seel', sonst hätt'st du lang ... haben mich schon viele gebeten, ich soll mit ihnen ins chambre separée gehen.
DER GATTE Na, willst du ... bald wieder mit mir hieher ... oder auch woanders –
DAS SÜSSE MÄDEL Weiß nicht.
DER GATTE Was heißt das wieder: Du weißt nicht.
DAS SÜSSE MÄDEL Na, wenn du mich erst fragst?
DER GATTE Also wann? Ich möcht' dich nur vor allem aufklären, daß ich nicht in Wien lebe. Ich komm' nur von Zeit zu Zeit auf ein paar Tage her.
DAS SÜSSE MÄDEL Ah geh, du bist kein Wiener?
DER GATTE Wiener bin ich schon. Aber ich lebe jetzt in der Nähe ...
DAS SÜSSE MÄDEL Wo denn?
DER GATTE Ach Gott, das ist ja egal.
DAS SÜSSE MÄDEL Na, fürcht dich nicht, ich komm' nicht hin.
DER GATTE O Gott, wenn es dir Spaß macht, kannst du auch hinkommen. Ich lebe in Graz.
DAS SÜSSE MÄDEL Im Ernst?
DER GATTE Na ja, was wundert dich denn daran?
DAS SÜSSE MÄDEL Du bist verheiratet, wie?
DER GATTE *höchst erstaunt* Ja, wie kommst du darauf?
DAS SÜSSE MÄDEL Mir ist halt so vorgekommen.
DER GATTE Und das würde dich gar nicht genieren?
DAS SÜSSE MÄDEL Na, lieber ist mir schon, du bist ledig. – Aber du bist ja doch verheiratet! –
DER GATTE Ja, sag mir nur, wie kommst du denn da darauf?
DAS SÜSSE MÄDEL Wenn einer sagt, er lebt nicht in Wien und hat nicht immer Zeit –
DER GATTE Das ist doch nicht so unwahrscheinlich.

DAS SÜSSE MÄDEL Ich glaub's nicht.

DER GATTE Und da möchtest du dir gar kein Gewissen machen, daß du einen Ehemann zur Untreue verführst?

DAS SÜSSE MÄDEL Ah was, deine Frau macht's sicher nicht anders als du.

DER GATTE *sehr empört* Du, das verbiet' ich mir. Solche Bemerkungen –

DAS SÜSSE MÄDEL Du hast ja keine Frau, hab' ich geglaubt.

DER GATTE Ob ich eine hab' oder nicht – man macht keine solche Bemerkungen. *Er ist aufgestanden.*

DAS SÜSSE MÄDEL Karl, na Karl, was ist denn? Bist bös'? Schau, ich hab's ja wirklich nicht gewußt, daß du verheiratet bist. Ich hab' ja nur so g'redt. Geh, komm und sei wieder gut.

DER GATTE *kommt nach ein paar Sekunden zu ihr* Ihr seid wirklich sonderbare Geschöpfe, ihr ... Weiber. *Er wird wieder zärtlich an ihrer Seite.*

DAS SÜSSE MÄDEL Geh ... nicht ... es ist auch schon so spät. –

DER GATTE Also jetzt hör mir einmal zu. Reden wir einmal im Ernst miteinander. Ich möcht' dich wiedersehen, öfter Wiedersehen.

DAS SÜSSE MÄDEL Is wahr?

DER GATTE Aber dazu ist notwendig ... also verlassen muß ich mich auf dich können. Aufpassen kann ich nicht auf dich.

DAS SÜSSE MÄDEL Ah, ich pass' schon selber auf mich auf.

DER GATTE Du bist ... na also, unerfahren kann man ja nicht sagen – aber jung bist du – und – die Männer sind im allgemeinen ein gewissenloses Volk.

DAS SÜSSE MÄDEL O jeh!

DER GATTE Ich mein' das nicht nur in moralischer Hinsicht. – Na, du verstehst mich sicher. –

DAS SÜSSE MÄDEL Ja, sag mir, was glaubst du denn eigentlich von mir?

DER GATTE Also – wenn du mich liebhaben willst – nur mich – so können wir's uns schon einrichten – wenn ich auch für gewöhnlich in Graz wohne. Da, wo jeden Moment wer hereinkommen kann, ist es ja doch nicht das Rechte.

DAS SÜSSE MÄDEL *schmiegt sich an ihn.*

DER GATTE Das nächste Mal ... werden wir woanders zusammensein, ja?

DAS SÜSSE MÄDEL Ja.

DER GATTE Wo wir ganz ungestört sind.

DAS SÜSSE MÄDEL Ja.

DER GATTE *umfängt sie heiß* Das andere besprechen wir im Nachhausfahren. *Steht auf, öffnet die Tür* Kellner ... die Rechnung!

DAS SÜSSE MÄDEL UND DER DICHTER

Ein kleines Zimmer, mit behaglichem Geschmack eingerichtet. Vorhänge, welche das Zimmer halbdunkel machen. Rote Stores. Großer Schreibtisch, auf dem Papiere und Bücher herumliegen. Ein Pianino an der Wand.
Das süße Mädel. Der Dichter.
Sie kommen eben zusammen herein. Der Dichter schließt zu.

DER DICHTER So, mein Schatz. *Küßt sie.*
DAS SÜSSE MÄDEL *mit Hut und Mantille* Ah! Da ist aber schön! Nur sehen tut man nichts!
DER DICHTER Deine Augen müssen sich an das Halbdunkel gewöhnen. – Diese süßen Augen. *Küßt sie auf die Augen.*
DAS SÜSSE MÄDEL Dazu werden die süßen Augen aber nicht Zeit genug haben.
DER DICHTER Warum denn?
DAS SÜSSE MÄDEL Weil ich nur eine Minuten dableib'.
DER DICHTER Den Hut leg ab, ja?
DAS SÜSSE MÄDEL Wegen der einen Minuten?
DER DICHTER *nimmt die Nadel aus ihrem Hut und legt den Hut fort* Und die Mantille –
DAS SÜSSE MÄDEL Was willst denn? – Ich muß ja gleich wieder fortgehen.
DER DICHTER Aber du mußt dich doch ausruhn! Wir sind ja drei Stunden gegangen.
DAS SÜSSE MÄDEL Wir sind gefahren.
DER DICHTER Ja, nach Haus – aber in Weidling am Bach sind wir doch drei volle Stunden herumgelaufen. Also setz dich nur schön nieder, mein Kind ... wohin du willst; – hier an den Schreibtisch; – aber nein, das ist nicht bequem. Setz dich auf den Diwan. – So. *Er drückt sie nieder* Bist du sehr müd', so kannst du dich auch hinlegen. So. *Er legt sie auf den Diwan* Da das Kopferl auf den Polster.

DAS SÜSSE MÄDEL *lachend* Aber ich bin ja gar nicht müd'!

DER DICHTER Das glaubst du nur. So – und wenn du schläfrig bist, kannst du auch schlafen. Ich werde ganz still sein. Übrigens kann ich dir ein Schlummerlied vorspielen ... von mir ... *Geht zum Pianino.*

DAS SÜSSE MÄDEL Von dir?

DER DICHTER Ja.

DAS SÜSSE MÄDEL Ich hab' 'glaubt, Robert, du bist ein Doktor.

DER DICHTER Wieso? Ich hab' dir doch gesagt, daß ich Schriftsteller bin.

DAS SÜSSE MÄDEL Die Schriftsteller sind doch alle Doktors.

DER DICHTER Nein; nicht alle. Ich z. B. nicht. Aber wie kommst du jetzt darauf.

DAS SÜSSE MÄDEL Na, weil du sagst, das Stück, was du da spielen tust, ist von dir.

DER DICHTER Ja ... vielleicht ist es auch nicht von mir. Das ist ja ganz egal. Was? Überhaupt wer's gemacht hat, das ist immer egal. Nur schön muß es sein – nicht wahr?

DAS SÜSSE MÄDEL Freilich ... schön muß es sein – das ist die Hauptsach'! –

DER DICHTER Weißt du, wie ich das gemeint hab'?

DAS SÜSSE MÄDEL Was denn?

DER DICHTER Na, was ich eben gesagt hab'.

DAS SÜSSE MÄDEL *schläfrig* Na freilich.

DER DICHTER *steht auf; zu ihr, ihr das Haar streichelnd* Kein Wort hast du verstanden.

DAS SÜSSE MÄDEL Geh, ich bin doch nicht so dumm.

DER DICHTER Freilich bist du so dumm. Aber gerade darum hab' ich dich lieb. Ah, das ist so schön, wenn ihr dumm seid. Ich mein' in der Art wie du.

DAS SÜSSE MÄDEL Geh, was schimpfst denn?

DER DICHTER Engel, kleiner. Nicht wahr, es liegt sich gut auf dem weichen, persischen Teppich?

DAS SÜSSE MÄDEL O ja. Geh, willst nicht weiter Klavier spielen?

DER DICHTER Nein, ich bin schon lieber da bei dir. *Streichelt sie.*
DAS SÜSSE MÄDEL Geh, willst nicht lieber Licht machen?
DER DICHTER O nein ... Diese Dämmerung tut ja so wohl. Wir waren heute den ganzen Tag wie in Sonnenstrahlen gebadet. Jetzt sind wir sozusagen aus dem Bad gestiegen und schlagen ... die Dämmerung wie einen Badmantel *Lacht* ah nein – das muß anders gesagt werden ... Findest du nicht?
DAS SÜSSE MÄDEL Weiß nicht.
DER DICHTER *sich leicht von ihr entfernend* Göttlich, diese Dummheit! *Nimmt ein Notizbuch und schreibt ein paar Worte hinein.*
DAS SÜSSE MÄDEL Was machst denn? *Sich nach ihm umwendend* Was schreibst dir denn auf?
DER DICHTER *leise* Sonne, Bad, Dämmerung, Mantel ... so ... *Steckt das Notizbuch ein. Laut* Nichts ... Jetzt sag einmal, mein Schatz, möchtest du nicht etwas essen oder trinken?
DAS SÜSSE MÄDEL Durst hab' ich eigentlich keinen. Aber Appetit.
DER DICHTER Hm ... mir wär' lieber, du hättest Durst. Cognac hab' ich nämlich zu Haus, aber Essen müßte ich erst holen.
DAS SÜSSE MÄDEL Kannst nichts holen lassen?
DER DICHTER Das ist schwer, meine Bedienerin ist jetzt nicht mehr da – na wart – ich geh' schon selber ... was magst du denn?
DAS SÜSSE MÄDEL Aber es zahlt sich ja wirklich nimmer aus, ich muß ja sowieso zu Haus.
DER DICHTER Kind, davon ist keine Rede. Aber ich werd' dir was sagen: wenn wir weggehn, gehn wir zusammen wohin nachtmahlen.
DAS SÜSSE MÄDEL O nein. Dazu hab' ich keine Zeit. Und dann, wohin sollen wir denn? Es könnt' uns ja wer Bekannter sehn.
DER DICHTER Hast du denn gar so viel Bekannte?
DAS SÜSSE MÄDEL Es braucht uns ja nur einer zu sehn, ist's Malheur schon fertig.
DER DICHTER Was ist denn das für ein Malheur?
DAS SÜSSE MÄDEL Na, was glaubst, wenn die Mutter was hört ...
DER DICHTER Wir können ja doch irgendwohin gehen, wo uns niemand sieht, es gibt ja Gasthäuser mit einzelnen Zimmern.

DAS SÜSSE MÄDEL *singend* Ja, beim Souper im chambre separée!

DER DICHTER Warst du schon einmal in einem chambre separée?

DAS SÜSSE MÄDEL Wenn ich die Wahrheit sagen soll – Ja.

DER DICHTER Wer war der Glückliche?

DAS SÜSSE MÄDEL Oh, das ist nicht, wie du meinst ... ich war mit meiner Freundin und ihrem Bräutigam. Die haben mich mitgenommen.

DER DICHTER So. Und das soll ich dir am End' glauben?

DAS SÜSSE MÄDEL Brauchst mir ja nicht zu glauben!

DER DICHTER *nah bei ihr* Bist du jetzt rot geworden? Man sieht nichts mehr! Ich kann deine Züge nicht mehr ausnehmen. *Mit seiner Hand berührt er ihre Wangen* Aber auch so erkenn' ich dich.

DAS SÜSSE MÄDEL Na, paß nur auf, daß du mich mit keiner andern verwechselst.

DER DICHTER Es ist seltsam, ich kann mich nicht mehr erinnern, wie du aussiehst.

DAS SÜSSE MÄDEL Dank' schön!

DER DICHTER *ernst* Du, das ist beinah unheimlich, ich kann mir dich nicht vorstellen – In einem gewissen Sinne hab' ich dich schon vergessen – Wenn ich mich auch nicht mehr an den Klang deiner Stimme erinnern könnte ... was wärst du da eigentlich? – Nah und fern zugleich ... unheimlich.

DAS SÜSSE MÄDEL Geh, was red'st denn –?

DER DICHTER Nichts, mein Engel, nichts. Wo sind deine Lippen ... *Er küßt sie.*

DAS SÜSSE MÄDEL Willst nicht lieber Licht machen?

DER DICHTER Nein ... *Er wird sehr zärtlich* Sag, ob du mich liebhast.

DAS SÜSSE MÄDEL Sehr ... o sehr!

DER DICHTER Hast du schon irgendwen so lieb gehabt wie mich?

DAS SÜSSE MÄDEL Ich hab' dir ja schon gesagt, nein.

DER DICHTER Aber ... *Er seufzt.*

DAS SÜSSE MÄDEL Das ist ja mein Bräutigam gewesen.

DER DICHTER Es wär' mir lieber, du würdest jetzt nicht an ihn denken.

DAS SÜSSE MÄDEL Geh ... was machst denn ... schau ...

DER DICHTER Wir können uns jetzt auch vorstellen, daß wir in einem Schloß in Indien sind.

DAS SÜSSE MÄDEL Dort sind s' gewiß nicht so schlimm wie du.

DER DICHTER Wie blöd! Göttlich – Ah, wenn du ahntest, was du für mich bist ...

DAS SÜSSE MÄDEL Na?

DER DICHTER Stoß mich doch nicht immer weg; ich tu' dir ja nichts – vorläufig.

DAS SÜSSE MÄDEL Du, das Mieder tut mir weh.

DER DICHTER *einfach* Zieh's aus.

DAS SÜSSE MÄDEL Ja. Aber du darfst deswegen nicht schlimm werden.

DER DICHTER Nein.

DAS SÜSSE MÄDEL *hat sich erhoben und zieht in der Dunkelheit ihr Mieder aus.*

DER DICHTER *der währenddessen auf dem Diwan sitzt* Sag, interessiert's dich denn gar nicht, wie ich mit dem Zunamen heiß'?

DAS SÜSSE MÄDEL Ja, wie heißt du denn?

DER DICHTER Ich werd' dir lieber nicht sagen, wie ich heiß', sondern wie ich mich nenne.

DAS SÜSSE MÄDEL Was ist denn da für ein Unterschied?

DER DICHTER Na, wie ich mich als Schriftsteller nenne.

DAS SÜSSE MÄDEL Ah, du schreibst nicht unter deinem wirklichen Namen?

DER DICHTER *nah zu ihr.*

DAS SÜSSE MÄDEL Ah ... geh! ... Nicht.

DER DICHTER Was einem da für ein Duft entgegensteigt. Wie süß. *Er küßt ihren Busen.*

DAS SÜSSE MÄDEL Du zerreißt ja mein Hemd.

DER DICHTER Weg ... weg ... alles das ist überflüssig.

DAS SÜSSE MÄDEL Aber Robert!

DER DICHTER Und jetzt komm in unser indisches Schloß.

DAS SÜSSE MÄDEL Sag mir zuerst, ob du mich wirklich liebhast.

DER DICHTER Aber ich bete dich ja an. *Küßt sie heiß* Ich bete dich ja an, mein Schatz, mein Frühling ... mein ...

DAS SÜSSE MÄDEL Robert ... Robert ...

DER DICHTER Das war überirdische Seligkeit ... Ich nenne mich ...
DAS SÜSSE MÄDEL Robert, o mein Robert!
DER DICHTER Ich nenne mich Biebitz.
DAS SÜSSE MÄDEL Warum nennst du dich Biebitz?
DER DICHTER Ich heiße nicht Biebitz – ich nenne mich so ... nun, kennst du den Namen vielleicht nicht?
DAS SÜSSE MÄDEL Nein.
DER DICHTER Du kennst den Namen Biebitz nicht? Ah – göttlich! Wirklich? Du sagst es nur, daß du ihn nicht kennst, nicht wahr?
DAS SÜSSE MÄDEL Meiner Seel', ich hab' ihn nie gehört!
DER DICHTER Gehst du denn nie ins Theater?
DAS SÜSSE MÄDEL O ja – ich war erst neulich mit einem – weißt, mit dem Onkel von meiner Freundin und meiner Freundin sind wir in der Oper gewesen bei der ›Cavalleria‹.
DER DICHTER Hm, also ins Burgtheater gehst du nie.
DAS SÜSSE MÄDEL Da krieg' ich nie Karten geschenkt.
DER DICHTER Ich werde dir nächstens eine Karte schicken.
DAS SÜSSE MÄDEL O ja! Aber nicht vergessen! Zu was Lustigem aber.
DER DICHTER Ja ... lustig ... zu was Traurigem willst du nicht gehn?
DAS SÜSSE MÄDEL Nicht gern.
DER DICHTER Auch wenn's ein Stück von mir ist?
DAS SÜSSE MÄDEL Geh – ein Stück von dir? Du schreibst fürs Theater?
DER DICHTER Erlaube, ich will nur Licht machen. Ich habe dich noch nicht gesehen, seit du meine Geliebte bist. – Engel! *Er zündet eine Kerze an.*
DAS SÜSSE MÄDEL Geh, ich schäm' mich ja. Gib mir wenigstens eine Decke.
DER DICHTER Später! *Er kommt mit dem Licht zu ihr, betrachtet sie lang.*
DAS SÜSSE MÄDEL *bedeckt ihr Gesicht mit den Händen* Geh, Robert!
DER DICHTER Du bist schön, du bist die Schönheit, du bist vielleicht sogar die Natur, du bist die heilige Einfalt.

DAS SÜSSE MÄDEL O weh, du tropfst mich ja an! Schau, was gibst denn nicht acht!

DER DICHTER *stellt die Kerze weg* Du bist das, was ich seit langem gesucht habe. Du liebst nur mich, du würdest mich auch lieben, wenn ich Schnittwarencommis wäre. Das tut wohl. Ich will dir gestehen, daß ich einen gewissen Verdacht bis zu diesem Moment nicht losgeworden bin. Sag ehrlich, hast du nicht geahnt, daß ich Biebitz bin?

DAS SÜSSE MÄDEL Aber geh, ich weiß gar nicht, was du von mir willst. Ich kenn' ja gar kein' Biebitz.

DER DICHTER Was ist der Ruhm! Nein, vergiß, was ich gesagt habe, vergiß sogar den Namen, den ich dir gesagt hab'. Robert bin ich und will ich für dich bleiben. Ich hab' auch nur gescherzt. *Leicht* Ich bin ja nicht Schriftsteller, ich bin Commis, und am Abend spiel' ich bei Volkssängern Klavier.

DAS SÜSSE MÄDEL Ja, jetzt kenn' ich mich aber nicht mehr aus ... nein, und wie du einen nur anschaust. Ja, was ist denn, ja was hast denn?

DER DICHTER Es ist sehr sonderbar – was mir beinah noch nie passiert ist, mein Schatz, mir sind die Tränen nah. Du ergreifst mich tief. Wir wollen zusammenbleiben, ja? Wir werden einander sehr lieb haben.

DAS SÜSSE MÄDEL Du, ist das wahr mit den Volkssängern?

DER DICHTER Ja, aber frag nicht weiter. Wenn du mich liebhast, frag überhaupt nichts. Sag, kannst du dich auf ein paar Wochen ganz frei machen?

DAS SÜSSE MÄDEL Wieso ganz frei?

DER DICHTER Nun, vom Hause weg?

DAS SÜSSE MÄDEL Aber!! Wie kann ich das! Was möcht' die Mutter sagen? Und dann, ohne mich ging' ja alles schief zu Haus.

DER DICHTER Ich hatte es mir schön vorgestellt, mit dir zusammen, allein mit dir, irgendwo in der Einsamkeit draußen, im Wald, in der Natur ein paar Wochen zu leben. Natur ... in der Natur. Und dann, eines Tages adieu – voneinandergehen, ohne zu wissen, wohin.

DAS SÜSSE MÄDEL Jetzt red'st schon vom Adieusagen! Und ich hab' gemeint, daß du mich so gern hast.

DER DICHTER Gerade darum – *Beugt sich zu ihr und küßt sie auf die Stirn* Du süßes Geschöpf!

DAS SÜSSE MÄDEL Geh, halt mich fest, mir ist so kalt.

DER DICHTER Es wird Zeit sein, daß du dich ankleidest. Warte, ich zünde dir noch ein paar Kerzen an.

DAS SÜSSE MÄDEL *erhebt sich* Nicht herschauen.

DER DICHTER Nein. *Am Fenster* Sag mir, mein Kind, bist du glücklich?

DAS SÜSSE MÄDEL Wie meinst das?

DER DICHTER Ich mein' im allgemeinen, ob du glücklich bist?

DAS SÜSSE MÄDEL Es könnt' schon besser gehen.

DER DICHTER Du mißverstehst mich. Von deinen häuslichen Verhältnissen hast du mir ja schon genug erzählt. Ich weiß, daß du keine Prinzessin bist. Ich mein', wenn du von alledem absiehst, wenn du dich einfach leben spürst. Spürst du dich überhaupt leben?

DAS SÜSSE MÄDEL Geh, hast kein' Kamm?

DER DICHTER *geht zum Toilettetisch, gibt ihr den Kamm, betrachtet das süße Mädel* Herrgott, siehst du so entzückend aus!

DAS SÜSSE MÄDEL Na ... nicht!

DER DICHTER Geh, bleib noch da, bleib da, ich hol' was zum Nachtmahl und ...

DAS SÜSSE MÄDEL Aber es ist ja schon viel zu spät.

DER DICHTER Es ist noch nicht neun.

DAS SÜSSE MÄDEL Na, sei so gut, da muß ich mich aber tummeln.

DER DICHTER Wann werden wir uns denn wiedersehen?

DAS SÜSSE MÄDEL Na, wann willst mich denn wiedersehen?

DER DICHTER Morgen.

DAS SÜSSE MÄDEL Was ist denn morgen für ein Tag?

DER DICHTER Samstag.

DAS SÜSSE MÄDEL Oh, da kann ich nicht, da muß ich mit meiner kleinen Schwester zum Vormund.

DER DICHTER Also Sonntag ... hm ... Sonntag ... am Sonntag ... jetzt werd' ich dir was erklären. – Ich bin nicht Biebitz, aber Biebitz ist mein Freund. Ich werd' dir ihn einmal vorstellen. Aber Sonntag ist das Stück von Biebitz; ich werd' dir eine Karte schicken und werde dich dann vom Theater abholen. Du wirst mir sagen, wie dir das Stück gefallen hat; ja?

DAS SÜSSE MÄDEL Jetzt, die G'schicht' mit dem Biebitz – da bin ich schon ganz blöd'.

DER DICHTER Völlig werd' ich dich erst kennen, wenn ich weiß, was du bei diesem Stück empfunden hast.

DAS SÜSSE MÄDEL So ... Ich bin fertig.

DER DICHTER Komm, mein Schatz!

Sie gehen.

DER DICHTER UND DIE SCHAUSPIELERIN

Ein Zimmer in einem Gasthof auf dem Land.
Es ist ein Frühlingsabend; über den Wiesen und Hügeln liegt der Mond; die Fenster stehen offen.
Große Stille.
Der Dichter und die Schauspielerin treten ein; wie sie hereintreten, verlöscht das Licht, das der Dichter in der Hand hält.

DICHTER Oh ...
SCHAUSPIELERIN Was ist denn?
DICHTER Das Licht. – Aber wir brauchen keins. Schau, es ist ganz hell. Wunderbar!
SCHAUSPIELERIN *sinkt am Fenster plötzlich nieder, mit gefalteten Händen.*
DICHTER Was hast du denn?
SCHAUSPIELERIN *schweigt.*
DICHTER *zu ihr hin* Was machst du denn?
SCHAUSPIELERIN *empört* Siehst du nicht, daß ich bete? –
DICHTER Glaubst du an Gott?
SCHAUSPIELERIN Gewiß, ich bin ja kein blasser Schurke.
DICHTER Ach so!
SCHAUSPIELERIN Komm doch zu mir, knie dich neben mich hin. Kannst wirklich auch einmal beten. Wird dir keine Perle aus der Krone fallen.
DICHTER *kniet neben sie hin und umfaßt sie.*
SCHAUSPIELERIN Wüstling! – *Erhebt sich* Und weißt du auch, zu wem ich gebetet habe?
DICHTER Zu Gott, nehm' ich an.
SCHAUSPIELERIN *Großer Hohn* Jawohl! Zu dir hab' ich gebetet.
DICHTER Warum hast du denn da zum Fenster hinausgeschaut?

SCHAUSPIELERIN Sag mir lieber, wo du mich da hingeschleppt hast, Verführer!

DICHTER Aber Kind, das war ja deine Idee. Du wolltest ja aufs Land – und gerade hieher.

SCHAUSPIELERIN Nun, hab' ich nicht recht gehabt?

DICHTER Gewiß; es ist ja entzückend hier. Wenn man bedenkt, zwei Stunden von Wien – und die völlige Einsamkeit. Und was für eine Gegend!

SCHAUSPIELERIN Was? Da könntest du wohl mancherlei dichten, wenn du zufällig Talent hättest.

DICHTER Warst du hier schon einmal?

SCHAUSPIELERIN Ob ich hier schon war? Ha! Hier hab' ich jahrelang gelebt!

DICHTER Mit wem?

SCHAUSPIELERIN Nun, mit Fritz natürlich.

DICHTER Ach so!

SCHAUSPIELERIN Den Mann hab' ich wohl angebetet! –

DICHTER Das hast du mir bereits erzählt.

SCHAUSPIELERIN Ich bitte – ich kann auch wieder gehen, wenn ich dich langweile!

DICHTER Du mich langweilen? ... Du ahnst ja gar nicht, was du für mich bedeutest ... Du bist eine Welt für sich ... Du bist das Göttliche, du bist das Genie ... Du bist ... Du bist eigentlich die heilige Einfalt ... Ja, du ... Aber du solltest jetzt nicht von Fritz reden.

SCHAUSPIELERIN Das war wohl eine Verirrung! Na! –

DICHTER Es ist schön, daß du das einsiehst.

SCHAUSPIELERIN Komm her, gib mir einen Kuß!

DICHTER *küßt sie.*

SCHAUSPIELERIN Jetzt wollen wir uns aber eine gute Nacht sagen! Leb wohl, mein Schatz!

DICHTER Wie meinst du das?

SCHAUSPIELERIN Nun, ich werde mich schlafen legen!

DICHTER Ja – das schon, aber was das gute Nacht Sagen anbelangt ... Wo soll denn ich übernachten?

SCHAUSPIELERIN Es gibt gewiß noch viele Zimmer in diesem Haus.
DICHTER Die anderen haben aber keinen Reiz für mich. Jetzt werd' ich übrigens Licht machen, meinst du nicht?
SCHAUSPIELERIN Ja.
DICHTER *zündet das Licht an, das auf dem Nachtkästchen steht* Was für ein hübsches Zimmer ... und fromm sind die Leute hier. Lauter Heiligenbilder ... Es wäre interessant, eine Zeit unter diesen Menschen zu verbringen ... doch eine andre Welt. Wir wissen eigentlich so wenig von den andern.
SCHAUSPIELERIN Rede keinen Stiefel und reiche mir lieber diese Tasche vom Tisch herüber.
DICHTER Hier, meine Einzige!
SCHAUSPIELERIN *nimmt aus dem Täschchen ein kleines, gerahmtes Bildchen, stellt es auf das Nachtkästchen.*
DICHTER Was ist das?
SCHAUSPIELERIN Das ist die Madonna.
DICHTER Die hast du immer mit?
SCHAUSPIELERIN Die ist doch mein Talisman. Und jetzt geh, Robert!
DICHTER Aber was sind das für Scherze? Soll ich dir nicht helfen?
SCHAUSPIELERIN Nein, du sollst jetzt gehn.
DICHTER Und wann soll ich wiederkommen?
SCHAUSPIELERIN In zehn Minuten.
DICHTER *küßt sie* Auf Wiedersehen!
SCHAUSPIELERIN Wo willst du denn hin?
DICHTER Ich werde vor dem Fenster auf und ab gehen. Ich liebe es sehr, nachts im Freien herumzuspazieren. Meine besten Gedanken kommen mir so. Und gar in deiner Nähe, von deiner Sehnsucht sozusagen umhaucht ... in deiner Kunst webend.
SCHAUSPIELERIN Du redest wie ein Idiot ...
DICHTER *schmerzlich* Es gibt Frauen, welche vielleicht sagen würden ... wie ein Dichter.
SCHAUSPIELERIN Nun geh endlich. Aber fang mir kein Verhältnis mit der Kellnerin an. –
DICHTER *geht.*

SCHAUSPIELERIN *kleidet sich aus. Sie hört, wie der Dichter über die Holztreppe hinuntergeht, und hört jetzt seine Schritte unter dem Fenster. Sie geht, sobald sie ausgekleidet ist, zum Fenster, sieht hinunter, er steht da; sie ruft flüsternd hinunter* Komm!

DICHTER *kommt rasch herauf; stürzt zu ihr, die sich unterdessen ins Bett gelegt und das Licht ausgelöscht hat; er sperrt ab.*

SCHAUSPIELERIN So, jetzt kannst du dich zu mir setzen und mir was erzählen.

DICHTER *setzt sich zu ihr aufs Bett* Soll ich nicht das Fenster schließen? Ist dir nicht kalt?

SCHAUSPIELERIN O nein!

DICHTER Was soll ich dir denn erzählen?

SCHAUSPIELERIN Nun, wem bist du in diesem Moment untreu?

DICHTER Ich bin es ja leider noch nicht.

SCHAUSPIELERIN Nun, tröste dich, ich betrüge auch jemanden.

DICHTER Das kann ich mir denken.

SCHAUSPIELERIN Und was glaubst du, wen?

DICHTER Ja, Kind, davon kann ich keine Ahnung haben.

SCHAUSPIELERIN Nun, rate.

DICHTER Warte ... Na, deinen Direktor.

SCHAUSPIELERIN Mein Lieber, ich bin keine Choristin.

DICHTER Nun, ich dachte nur.

SCHAUSPIELERIN Rate noch einmal.

DICHTER Also du betrügst deinen Kollegen ... Benno –

SCHAUSPIELERIN Ha! Der Mann liebt ja überhaupt keine Frauen ... weißt du das nicht? Der Mann hat ja ein Verhältnis mit seinem Briefträger!

DICHTER Ist das möglich! –

SCHAUSPIELERIN So gib mir lieber einen Kuß!

DICHTER *umschlingt sie.*

SCHAUSPIELERIN Aber was tust du denn?

DICHTER So quäl mich doch nicht so.

SCHAUSPIELERIN Höre, Robert, ich werde dir einen Vorschlag machen. Leg dich zu mir ins Bett.

DICHTER Angenommen!
SCHAUSPIELERIN Komm schnell, komm schnell!
DICHTER Ja ... wenn es nach mir gegangen wäre, wär' ich schon längst ... Hörst du ...
SCHAUSPIELERIN Was denn?
DICHTER Draußen zirpen die Grillen.
SCHAUSPIELERIN Du bist wohl wahnsinnig, mein Kind, hier gibt es ja keine Grillen.
DICHTER Aber du hörst sie doch.
SCHAUSPIELERIN Nun, so komm, endlich!
DICHTER Da bin ich. *Zu ihr.*
SCHAUSPIELERIN So, jetzt bleib schön ruhig liegen ... Pst ... nicht rühren.
DICHTER Ja, was fällt dir denn ein?
SCHAUSPIELERIN Du möchtest wohl gerne ein Verhältnis mit mir haben?
DICHTER Das dürfte dir doch bereits klar sein.
SCHAUSPIELERIN Nun, das möchte wohl mancher ...
DICHTER Es ist aber doch nicht zu bezweifeln, daß in diesem Moment ich die meisten Chancen habe.
SCHAUSPIELERIN So komm, meine Grille! Ich werde dich von nun an Grille nennen.
DICHTER Schön ...
SCHAUSPIELERIN Nun, wen betrüg' ich?
DICHTER Wen? ... Vielleicht mich ...
SCHAUSPIELERIN Mein Kind, du bist schwer gehirnleidend.
DICHTER Oder einen ... den du selbst nie gesehen ... einen, den du nicht kennst, einen – der für dich bestimmt ist und den du nie finden kannst ...
SCHAUSPIELERIN Ich bitte dich, rede nicht so märchenhaft blöd.
DICHTER ... Ist es nicht sonderbar .... auch du – und man sollte doch glauben. – Aber nein, es hieße dir dein Bestes rauben, wollte man dir ... komm, komm – – komm –

SCHAUSPIELERIN Das ist doch schöner, als in blödsinnigen Stücken spielen ... was meinst du?

DICHTER Nun, ich mein', es ist gut, daß du doch zuweilen in vernünftigen zu spielen hast.

SCHAUSPIELERIN Du arroganter Hund meinst gewiß wieder das deine?

DICHTER Jawohl!

SCHAUSPIELERIN *ernst* Das ist wohl ein herrliches Stück!

DICHTER Nun also!

SCHAUSPIELERIN Ja, du bist ein großes Genie, Robert!

DICHTER Bei dieser Gelegenheit könntest du mir übrigens sagen, warum du vorgestern abgesagt hast. Es hat dir doch absolut gar nichts gefehlt.

SCHAUSPIELERIN Nun, ich wollte dich ärgern.

DICHTER Ja, warum denn? Was hab' ich dir denn getan?

SCHAUSPIELERIN Arrogant bist du gewesen.

DICHTER Wieso?

SCHAUSPIELERIN Alle im Theater finden es.

DICHTER So.

SCHAUSPIELERIN Aber ich hab' ihnen gesagt: Der Mann hat wohl ein Recht, arrogant zu sein.

DICHTER Und was haben die anderen geantwortet?

SCHAUSPIELERIN Was sollen mir denn die Leute antworten? Ich rede ja mit keinem.

DICHTER Ach so.

SCHAUSPIELERIN Sie möchten mich am liebsten alle vergiften. Aber das wird ihnen nicht gelingen.

DICHTER Denke jetzt nicht an die anderen Menschen. Freue dich lieber, daß wir hier sind, und sage mir, daß du mich liebhast.

SCHAUSPIELERIN Verlangst du noch weitere Beweise?

DICHTER Bewiesen kann das überhaupt nicht werden.

SCHAUSPIELERIN Das ist aber großartig! Was willst du denn noch?

DICHTER Wie vielen hast du es schon auf diese Art beweisen wollen ... hast du alle geliebt?

SCHAUSPIELERIN O nein. Geliebt hab' ich nur einen.
DICHTER *umarmt sie* Mein ...
SCHAUSPIELERIN Fritz.
DICHTER Ich heiße Robert. Was bin denn ich für dich, wenn du jetzt an Fritz denkst?
SCHAUSPIELERIN Du bist eine Laune.
DICHTER Gut, daß ich es weiß.
SCHAUSPIELERIN Nun sag, bist du nicht stolz?
DICHTER Ja, weshalb soll ich denn stolz sein?
SCHAUSPIELERIN Ich denke, daß du wohl einen Grund dazu hast.
DICHTER Ach deswegen.
SCHAUSPIELERIN Jawohl, deswegen, meine blasse Grille! – Nun, wie ist das mit dem Zirpen? Zirpen sie noch?
DICHTER Ununterbrochen. Hörst du's denn nicht?
SCHAUSPIELERIN Freilich hör' ich. Aber das sind Frösche, mein Kind.
DICHTER Du irrst dich; die quaken.
SCHAUSPIELERIN Gewiß quaken sie.
DICHTER Aber nicht hier, mein Kind, hier wird gezirpt.
SCHAUSPIELERIN Du bist wohl das Eigensinnigste, was mir je untergekommen ist. Gib mir einen Kuß, mein Frosch!
DICHTER Bitte sehr, nenn mich nicht so. Das macht mich direkt nervös.
SCHAUSPIELERIN Nun, wie soll ich dich nennen?
DICHTER Ich hab' doch einen Namen: Robert.
SCHAUSPIELERIN Ach, das ist zu dumm.
DICHTER Ich bitte dich aber, mich einfach so zu nennen, wie ich heiße.
SCHAUSPIELERIN Also Robert, gib mir einen Kuß ... Ah! *Sie küßt ihn* Bist du jetzt zufrieden, Frosch? Hahahaha.
DICHTER Würdest du mir erlauben, mir eine Zigarette anzuzünden?
SCHAUSPIELERIN Gib mir auch eine.

Er nimmt die Zigarettentasche vom Nachtkästchen, entnimmt ihr zwei Zigaretten, zündet beide an, gibt ihr eine.

SCHAUSPIELERIN Du hast mir übrigens noch kein Wort über meine gestrige Leistung gesagt.

DICHTER Über welche Leistung?

SCHAUSPIELERIN Nun.

DICHTER Ach so. Ich war nicht im Theater.

SCHAUSPIELERIN Du beliebst wohl zu scherzen.

DICHTER Durchaus nicht. Nachdem du vorgestern abgesagt hast, habe ich angenommen, daß du auch gestern noch nicht im Vollbesitze deiner Kräfte sein würdest, und da hab' ich lieber verzichtet.

SCHAUSPIELERIN Du hast wohl viel versäumt.

DICHTER So.

SCHAUSPIELERIN Es war sensationell. Die Menschen sind blaß geworden.

DICHTER Hast du das deutlich bemerkt?

SCHAUSPIELERIN Benno sagte: Kind, du hast gespielt wie eine Göttin.

DICHTER Hm! ... Und vorgestern noch so krank.

SCHAUSPIELERIN Jawohl; ich war es auch. Und weißt du warum? Vor Sehnsucht nach dir.

DICHTER Früher hast du mir erzählt, du wolltest mich ärgern, und hast darum abgesagt.

SCHAUSPIELERIN Aber was weißt du von meiner Liebe zu dir. Dich läßt das ja alles kalt. Und ich bin schon nächtelang im Fieber gelegen. Vierzig Grad!

DICHTER Für eine Laune ist das ziemlich hoch.

SCHAUSPIELERIN Laune nennst du das? Ich sterbe vor Liebe zu dir, und du nennst es Laune –?!

DICHTER Und Fritz ...?

SCHAUSPIELERIN Fritz? ... Rede mir nicht von diesem Galeerensträfling! –

Die Schauspielerin und der Graf

Das Schlafzimmer der Schauspielerin. Sehr üppig eingerichtet. Es ist zwölf Uhr mittags; die Rouleaux sind noch heruntergelassen; auf dem Nachtkästchen brennt eine Kerze, die Schauspielerin liegt noch in ihrem Himmelbett. Auf der Decke liegen zahlreiche Zeitungen.
Der Graf tritt ein in der Uniform eines Dragonerrittmeisters. Er bleibt an der Tür stehen. –

SCHAUSPIELERIN Ah, Herr Graf.
GRAF Die Frau Mama hat mir erlaubt, sonst wär' ich nicht –
SCHAUSPIELERIN Bitte, treten Sie nur näher.
GRAF Küss' die Hand. Pardon – wenn man von der Straßen hereinkommt ... ich seh' nämlich noch rein gar nichts. So ... da wären wir ja *Am Bett*. Küss' die Hand.
SCHAUSPIELERIN Nehmen Sie Platz, Herr Graf.
GRAF Frau Mama sagte mir, Fräulein sind unpäßlich ... Wird doch hoffentlich nichts Ernstes sein.
SCHAUSPIELERIN Nichts Ernstes? Ich bin dem Tode nahe gewesen!
GRAF Um Gottes willen, wie ist denn das möglich?
SCHAUSPIELERIN Es ist jedenfalls sehr freundlich, daß Sie sich zu mir bemühen.
GRAF Dem Tode nahe! Und gestern abend haben Sie noch gespielt wie eine Göttin.
SCHAUSPIELERIN Es war wohl ein großer Triumph.
GRAF Kolossal! ... Die Leute waren auch alle hingerissen. Und von mir will ich gar nicht reden.
SCHAUSPIELERIN Ich danke für die schönen Blumen.
GRAF Aber bitt' Sie, Fräulein.
SCHAUSPIELERIN *mit den Augen auf einen großen Blumenkorb weisend, der auf einem kleinen Tischchen am Fenster steht* Hier stehen sie.

GRAF Sie sind gestern förmlich überschüttet worden mit Blumen und Kränzen.

SCHAUSPIELERIN Das liegt noch alles in meiner Garderobe. Nur Ihren Korb habe ich mit nach Hause gebracht.

GRAF *küßt ihr die Hand* Das ist lieb von Ihnen.

SCHAUSPIELERIN *nimmt die seine plötzlich und küßt sie.*

GRAF Aber Fräulein.

SCHAUSPIELERIN Erschrecken Sie nicht, Herr Graf, das verpflichtet Sie zu gar nichts.

GRAF Sie sind ein sonderbares Wesen ... rätselhaft könnte man fast sagen. – *Pause.*

SCHAUSPIELERIN Das Fräulein Birken ist wohl leichter aufzulösen.

GRAF Ja, die kleine Birken ist kein Problem, obzwar ... ich kenne sie ja auch nur oberflächlich.

SCHAUSPIELERIN Ha!

GRAF Sie können mir's glauben. Aber Sie sind ein Problem. Danach hab' ich immer Sehnsucht gehabt. Es ist mir eigentlich ein großer Genuß entgangen, dadurch, daß ich Sie gestern ... das erste Mal spielen gesehen habe.

SCHAUSPIELERIN Ist das möglich?

GRAF Ja. Schauen Sie, Fräulein, es ist so schwer mit dem Theater. Ich bin gewöhnt, spät zu dinieren ... also wenn man dann hinkommt, ist's Beste vorbei. Ist's nicht wahr?

SCHAUSPIELERIN So werden Sie eben von jetzt an früher essen.

GRAF Ja, ich hab' auch schon daran gedacht. Oder gar nicht. Es ist ja wirklich kein Vergnügen, das Dinieren.

SCHAUSPIELERIN Was kennen Sie jugendlicher Greis eigentlich noch für ein Vergnügen?

GRAF Das frag' ich mich selber manchmal! Aber ein Greis bin ich nicht. Es muß einen anderen Grund haben.

SCHAUSPIELERIN Glauben Sie?

GRAF Ja. Der Lulu sagt beispielsweise, ich bin ein Philosoph. Wissen Sie, Fräulein, er meint, ich denk' zu viel nach.

SCHAUSPIELERIN Ja ... denken, das ist das Unglück.

GRAF Ich hab' zu viel Zeit, drum denk' ich nach. Bitt' Sie, Fräulein, schauen S', ich hab' mir gedacht, wenn s' mich nach Wien transferieren, wird's besser. Da gibt's Zerstreuung, Anregung. Aber es ist im Grund doch nicht anders als da oben.

SCHAUSPIELERIN Wo ist denn das da oben?

GRAF Na, da unten, wissen S', Fräulein, in Ungarn, in die Nester, wo ich meistens in Garnison war.

SCHAUSPIELERIN Ja, was haben Sie denn in Ungarn gemacht?

GRAF Na, wie ich sag', Fräulein, Dienst.

SCHAUSPIELERIN Ja, warum sind Sie denn so lang in Ungarn geblieben?

GRAF Ja, das kommt so.

SCHAUSPIELERIN Da muß man ja wahnsinnig werden.

GRAF Warum denn? Zu tun hat man eigentlich mehr wie da. Wissen S', Fräulein, Rekruten ausbilden, Remonten reiten ... und dann ist's nicht so arg mit der Gegend, wie man sagt. Es ist schon ganz was Schönes, die Tiefebene – und so ein Sonnenuntergang, es ist schade, daß ich kein Maler bin, ich hab' mir manchmal gedacht, wenn ich ein Maler wär', tät' ich's malen. Einen haben wir gehabt beim Regiment, einen jungen Splany, der hat's können. – Aber was erzähl' ich Ihnen da für fade G'schichten, Fräulein.

SCHAUSPIELERIN O bitte, ich amüsiere mich königlich.

GRAF Wissen S', Fräulein, mit Ihnen kann man plaudern, das hat mir der Lulu schon g'sagt, und das ist's, was man selten find't.

SCHAUSPIELERIN Nun freilich, in Ungarn.

GRAF Aber in Wien grad so! Die Menschen sind überall dieselben; da wo mehr sind, ist halt das Gedräng' größer, das ist der ganze Unterschied. Sagen S', Fräulein, haben Sie die Menschen eigentlich gern?

SCHAUSPIELERIN Gern –?? Ich hasse sie! Ich kann keine sehn! Ich seh' auch nie jemanden. Ich bin immer allein, dieses Haus betritt niemand.

GRAF Sehn S', das hab' ich mir gedacht, daß Sie eigentlich eine Menschenfeindin sind. Bei der Kunst muß das oft vorkommen. Wenn man so in den höheren Regionen ... na, Sie haben 's gut, Sie wissen doch wenigstens, warum Sie leben!

SCHAUSPIELERIN Wer sagt Ihnen das? Ich habe keine Ahnung, wozu ich lebe!

GRAF Ich bitt' Sie, Fräulein – berühmt – gefeiert –

SCHAUSPIELERIN Ist das vielleicht ein Glück?

GRAF Glück? Bitt' Sie, Fräulein, Glück gibt's nicht. Überhaupt gerade die Sachen, von denen am meisten g'red't wird, gibt's nicht ... z. B. Liebe. Das ist auch so was.

SCHAUSPIELERIN Da haben Sie wohl recht.

GRAF Genuß ... Rausch ... also gut, da läßt sich nichts sagen ... das ist was Sicheres. Jetzt genieße ich ... gut, weiß ich, ich genieß'. Oder ich bin berauscht, schön. Das ist auch sicher. Und ist's vorbei, so ist es halt vorbei.

SCHAUSPIELERIN *groß* Es ist vorbei!

GRAF Aber sobald man sich nicht, wie soll ich mich denn ausdrücken, sobald man sich nicht dem Moment hingibt, also an später denkt oder an früher ... na, ist es doch gleich aus. Später ... ist traurig ... früher ist ungewiß ... mit einem Wort ... man wird nur konfus. Hab' ich nicht recht?

SCHAUSPIELERIN *nickt mit großen Augen* Sie haben wohl den Sinn erfaßt.

GRAF Und sehen S', Fräulein, wenn einem das einmal klar geworden ist, ist's ganz egal, ob man in Wien lebt oder in der Pußta oder in Steinamanger. Schaun S' zum Beispiel ... wo darf ich denn die Kappen hinlegen? So, ich dank' schön ... wovon haben wir denn nur gesprochen?

SCHAUSPIELERIN Von Steinamanger.

GRAF Richtig. Also wie ich sag', der Unterschied ist nicht groß. Ob ich am Abend im Kasino sitz' oder im Klub, ist doch alles eins.

SCHAUSPIELERIN Und wie verhält sich denn das mit der Liebe?

GRAF Wenn man dran glaubt, ist immer eine da, die einen gern hat.

SCHAUSPIELERIN Zum Beispiel das Fräulein Birken.

GRAF Ich weiß wirklich nicht, Fräulein, warum Sie immer auf die kleine Birken zu reden kommen.
SCHAUSPIELERIN Das ist doch Ihre Geliebte.
GRAF Wer sagt denn das?
SCHAUSPIELERIN Jeder Mensch weiß das.
GRAF Nur ich nicht, es ist merkwürdig.
SCHAUSPIELERIN Sie haben doch ihretwegen ein Duell gehabt!
GRAF Vielleicht bin ich sogar totgeschossen worden und hab's gar nicht bemerkt.
SCHAUSPIELERIN Nun, Herr Graf, Sie sind ein Ehrenmann. Setzen Sie sich näher.
GRAF Bin so frei.
SCHAUSPIELERIN Hierher. *Sie zieht ihn an sich, fährt ihm mit der Hand durch die Haare* Ich hab' gewußt, daß Sie heute kommen werden!
GRAF Wieso denn?
SCHAUSPIELERIN Ich hab' es bereits gestern im Theater gewußt.
GRAF Haben Sie mich denn von der Bühne aus gesehen?
SCHAUSPIELERIN Aber Mann! Haben Sie denn nicht bemerkt, daß ich nur für Sie spiele?
GRAF Wie ist das denn möglich?
SCHAUSPIELERIN Ich bin ja so geflogen, wie ich Sie in der ersten Reihe sitzen sah!
GRAF Geflogen? Meinetwegen? Ich hab' keine Ahnung gehabt, daß Sie mich bemerken!
SCHAUSPIELERIN Sie können einen auch mit Ihrer Vornehmheit zur Verzweiflung bringen.
GRAF Ja, Fräulein ...
SCHAUSPIELERIN »Ja, Fräulein«! ... So schnallen Sie doch wenigstens Ihren Säbel ab!
GRAF Wenn es erlaubt ist. *Schnallt ihn ab, lehnt ihn ans Bett.*
SCHAUSPIELERIN Und gib mir endlich einen Kuß.
GRAF *küßt sie, sie läßt ihn nicht los.*
SCHAUSPIELERIN Dich hätte ich auch lieber nie erblicken sollen.
GRAF Es ist doch besser so –

SCHAUSPIELERIN Herr Graf, Sie sind ein Poseur!
GRAF Ich – warum denn?
SCHAUSPIELERIN Was glauben Sie, wie glücklich wär' mancher, wenn er an Ihrer Stelle sein dürfte!
GRAF Ich bin sehr glücklich.
SCHAUSPIELERIN Nun, ich dachte, es gibt kein Glück. Wie schaust du mich denn an? Ich glaube, Sie haben Angst vor mir, Herr Graf!
GRAF Ich sag's ja, Fräulein, Sie sind ein Problem.
SCHAUSPIELERIN Ach, laß du mich in Frieden mit der Philosophie ... komm zu mir. Und jetzt bitt' mich um irgendwas ... du kannst alles haben, was du willst. Du bist zu schön.
GRAF Also, ich bitte um die Erlaubnis, *Ihre Hand küssend* daß ich heute abends wiederkommen darf.
SCHAUSPIELERIN Heut abend ... ich spiele ja.
GRAF Nach dem Theater.
SCHAUSPIELERIN Um was anderes bittest du nicht?
GRAF Um alles andere werde ich nach dem Theater bitten.
SCHAUSPIELERIN *verletzt* Da kannst du lange bitten, du elender Poseur.
GRAF Ja, schauen Sie, oder schau, wir sind doch bis jetzt so aufrichtig miteinander gewesen ... Ich fände das alles viel schöner am Abend nach dem Theater ... gemütlicher als jetzt, wo ... ich hab' immer so die Empfindung, als könnte die Tür aufgehn ...
SCHAUSPIELERIN Die geht nicht von außen auf.
GRAF Schau, ich find', man soll sich nicht leichtsinnig von vornherein was verderben, was möglicherweise sehr schön sein könnte.
SCHAUSPIELERIN Möglicherweise! ...
GRAF In der Früh, wenn ich die Wahrheit sagen soll, find' ich die Liebe gräßlich.
SCHAUSPIELERIN Nun – du bist wohl das Irrsinnigste, was mir je vorgekommen ist!
GRAF Ich red' ja nicht von beliebigen Frauenzimmern ... schließlich im allgemeinen ist's ja egal. Aber Frauen wie du ... nein, du kannst mich hundertmal einen Narren heißen. Aber Frauen wie du ...

nimmt man nicht vor dem Frühstück zu sich. Und so ... weißt ... so ...

SCHAUSPIELERIN Gott, was bist du süß!

GRAF Siehst du das ein, was ich g'sagt hab', nicht wahr. Ich stell' mir das so vor –

SCHAUSPIELERIN Nun, wie stellst du dir das vor?

GRAF Ich denk' mir ... ich wart' nach dem Theater auf dich in ein' Wagen, dann fahren wir zusammen also irgendwohin soupieren –

SCHAUSPIELERIN Ich bin nicht das Fräulein Birken.

GRAF Das hab' ich ja nicht gesagt. Ich find' nur, zu allem g'hört Stimmung. Ich komm' immer erst beim Souper in Stimmung. Das ist dann das Schönste, wenn man so vom Souper zusamm' nach Haus fahrt, dann ...

SCHAUSPIELERIN Was ist dann?

GRAF Also dann ... liegt das in der Entwicklung der Dinge.

SCHAUSPIELERIN Setz dich doch näher. Näher.

GRAF *sich aufs Bett setzend* Ich muß schon sagen, aus den Polstern kommt so ein ... Reseda ist das – nicht?

SCHAUSPIELERIN Es ist sehr heiß hier, findest du nicht?

GRAF *neigt sich und küßt ihren Hals.*

SCHAUSPIELERIN Oh, Herr Graf, das ist ja gegen Ihr Programm.

GRAF Wer sagt denn das? Ich hab' kein Programm.

SCHAUSPIELERIN *zieht ihn an sich.*

GRAF Es ist wirklich heiß.

SCHAUSPIELERIN Findest du? Und so dunkel, wie wenn's Abend wär' ... *Reißt ihn an sich* Es ist Abend ... es ist Nacht ... Mach die Augen zu, wenn's dir zu licht ist. Komm! ... Komm! ...

GRAF *wehrt sich nicht mehr.*

SCHAUSPIELERIN Nun, wie ist das jetzt mit der Stimmung, du Poseur?

GRAF Du bist ein kleiner Teufel.

SCHAUSPIELERIN Was ist das für ein Ausdruck?

GRAF Na, also ein Engel.

SCHAUSPIELERIN Und du hättest Schauspieler werden sollen! Wahrhaftig! Du kennst die Frauen! Und weißt du, was ich jetzt tun werde?
GRAF Nun?
SCHAUSPIELERIN Ich werde dir sagen, daß ich dich nie wiedersehen will.
GRAF Warum denn?
SCHAUSPIELERIN Nein, nein. Du bist mir zu gefährlich! Du machst ja ein Weib toll. Jetzt stehst du plötzlich vor mir, als wär' nichts geschehn.
GRAF Aber ...
SCHAUSPIELERIN Ich bitte sich zu erinnern, Herr Graf, ich bin soeben Ihre Geliebte gewesen.
GRAF Ich werd's nie vergessen!
SCHAUSPIELERIN Und wie ist das mit heute abend?
GRAF Wie meinst du das?
SCHAUSPIELERIN Nun – du wolltest mich ja nach dem Theater erwarten?
GRAF Ja, also gut, zum Beispiel übermorgen.
SCHAUSPIELERIN Was heißt das, übermorgen? Es war doch von heute die Rede.
GRAF Das hätte keinen rechten Sinn.
SCHAUSPIELERIN Du Greis!
GRAF Du verstehst mich nicht recht. Ich mein' das mehr, was, wie soll ich mich ausdrücken, was die Seele anbelangt.
SCHAUSPIELERIN Was geht mich deine Seele an?
GRAF Glaub mir, sie gehört mit dazu. Ich halte das für eine falsche Ansicht, daß man das so voneinander trennen kann.
SCHAUSPIELERIN Laß mich mit deiner Philosophie in Frieden. Wenn ich das haben will, lese ich Bücher.
GRAF Aus Büchern lernt man ja doch nie.
SCHAUSPIELERIN Das ist wohl wahr! Drum sollst du mich heut abend erwarten. Wegen der Seele werden wir uns schon einigen, du Schurke!

GRAF Also wenn du erlaubst, so werde ich mit meinem Wagen ...
SCHAUSPIELERIN Hier in meiner Wohnung wirst du mich erwarten –
GRAF ... Nach dem Theater.
SCHAUSPIELERIN Natürlich.
Er schnallt den Säbel um.
SCHAUSPIELERIN Was machst du denn da?
GRAF Ich denke, es ist Zeit, daß ich geh'. Für einen Anstandsbesuch bin ich doch eigentlich schon ein bissel lang geblieben.
SCHAUSPIELERIN Nun, heut abend soll es kein Anstandsbesuch werden.
GRAF Glaubst du?
SCHAUSPIELERIN Dafür laß nur mich sorgen. Und jetzt gib mir noch einen Kuß, mein kleiner Philosoph. So, du Verführer, du ... süßes Kind, du Seelenverkäufer, du Iltis ... du ... *Nachdem sie ihn ein paarmal heftig geküßt, stößt sie ihn heftig von sich* Herr Graf, es war mir eine große Ehre!
GRAF Ich küss' die Hand, Fräulein! *Bei der Tür* Auf Wiederschaun.
SCHAUSPIELERIN Adieu, Steinamanger!

DER GRAF UND DIE DIRNE

Morgen, gegen sechs Uhr.
Ein ärmliches Zimmer; einfenstrig, die gelblich-schmutzigen Rouletten sind heruntergelassen. Verschlissene grünliche Vorhänge. Eine Kommode, auf der ein paar Photographien stehen und ein auffallend geschmackloser, billiger Damenhut liegt. Hinter dem Spiegel billige japanische Fächer. Auf dem Tisch, der mit einem rötlichen Schutztuch überzogen ist, steht eine Petroleumlampe, die schwach brenzlich brennt; papierener, gelber Lampenschirm, daneben ein Krug, in dem ein Rest von Bier ist, und ein halbgeleertes Glas. Auf dem Boden neben dem Bett liegen unordentlich Frauenkleider, als wenn sie eben rasch abgeworfen worden wären. Im Bett liegt schlafend die Dirne; sie atmet ruhig.
– Auf dem Diwan, völlig angekleidet, liegt der Graf, im Drapp-Überzieher; der Hut liegt zu Häupten des Diwans auf dem Boden.

GRAF *bewegt sich, reibt die Augen, erhebt sich rasch, bleibt sitzen, schaut um sich* Ja, wie bin ich denn ... Ah so ... Also bin ich richtig mit dem Frauenzimmer nach Haus ... *Er steht rasch auf, sieht ihr Bett* Da liegt s' ja ... Was einem noch alles in meinem Alter passieren kann. Ich hab' keine Idee, haben s' mich da heraufgetragen? Nein ... ich hab' ja gesehn – ich komm in das Zimmer ... ja ... da bin ich noch wach gewesen oder wach 'worden ... oder ... oder ist vielleicht nur, daß mich das Zimmer an was erinnert? ... Meiner Seel', na ja ... gestern hab' ich's halt g'sehn ... *Sieht auf die Uhr* was! gestern, vor ein paar Stunden – Aber ich hab's g'wußt, daß was passieren muß ... ich hab's g'spürt ... wie ich ang'fangen hab' zu trinken gestern, hab' ich's g'spürt, daß ... Und was ist denn passiert? ... Also nichts ... Oder ist was ...? Meiner Seel ... seit ... also seit zehn Jahren ist mir so was nicht vor'kommen, daß ich nicht weiß ... Also kurz und gut, ich war halt b'soffen. Wenn ich nur wüßt', von wann an ... Also, das weiß ich noch ganz genau, wie ich in das Hurenkaffeehaus hinein bin mit dem Lulu und ... nein, nein ... vom Sacher sind wir ja noch weg'gangen ... und dann auf dem Weg ist schon ... Ja richtig, ich bin ja in meinem Wagen g'fahren mit'm Lulu ... Was zerbrich ich mir denn viel den Kopf. Ist ja egal. Schaun wir, daß wir weiterkommen. *Steht auf. Die Lampe wackelt* Oh! *Sieht auf die Schlafende* Die hat halt einen g'sunden Schlaf. Ich weiß zwar von gar nix – aber ich werd' ihr 's Geld aufs Nachtkastel legen ... und Servus ... *Er steht vor ihr, sieht sie lange an* Wenn man nicht wüßt', was sie ist! *Betrachtet sie lang* Ich hab' viel 'kennt, die haben nicht einmal im Schlafen so tugendhaft ausg'sehn. Meiner Seel' ... also der Lulu möcht' wieder sagen, ich philosophier', aber es ist wahr, der Schlaf macht auch schon gleich, kommt mir vor; – wie der Herr Bruder, also der Tod ... Hm, ich möcht' nur wissen, ob ... Nein, daran müßt' ich mich ja erinnern ... Nein, nein, ich bin gleich da auf den Diwan herg'fallen ... und nichts is g'schehn ... Es ist unglaublich, wie sich manchmal alle Weiber ähnlich schauen ... Na gehn wir. *Er will gehen* Ja richtig. *Er nimmt die Brieftasche und ist eben daran eine Banknote herauszunehmen.*

DIRNE *wacht auf* Na ... wer ist denn in aller Früh –? *Erkennt ihn* Servus, Bubi!

GRAF Guten Morgen. Hast gut g'schlafen?

DIRNE *reckt sich* Ah, komm her. Pussi geben.

GRAF *beugt sich zu ihr herab, besinnt sich, wieder fort* Ich hab' grad fortgehen wollen ...

DIRNE Fortgehn?

GRAF Es ist wirklich die höchste Zeit.

DIRNE So willst du fortgehn?

GRAF *fast verlegen* So ...

DIRNE Na, Servus; kommst halt ein anderes Mal.

GRAF Ja, grüß' dich Gott. Na, willst nicht das Handerl geben?

DIRNE *gibt die Hand aus der Decke hervor.*

GRAF *nimmt die Hand und küßt sie mechanisch, bemerkt es, lacht* Wie einer Prinzessin. Übrigens, wenn man nur ...

DIRNE Was schaust mich denn so an?

GRAF Wenn man nur das Kopferl sieht, wie jetzt ... beim Aufwachen sieht doch eine jede unschuldig aus ... meiner Seel', alles mögliche könnt' man sich einbilden, wenn's nicht so nach Petroleum stinken möcht' ...

DIRNE Ja, mit der Lampen ist immer ein G'frett.

GRAF Wie alt bist denn eigentlich?

DIRNE Na, was glaubst?

GRAF Vierundzwanzig.

DIRNE Ja freilich.

GRAF Bist schon älter?

DIRNE Ins zwanzigste geh' i.

GRAF Und wie lang bist du schon ...

DIRNE Bei dem G'schäft bin i ein Jahr!

GRAF Da hast du aber früh ang'fangen.

DIRNE Besser zu früh als zu spät.

GRAF *setzt sich aufs Bett* Sag mir einmal, bist du eigentlich glücklich?

DIRNE Was?

GRAF Also ich mein', geht's dir gut?

DIRNE Oh, mir geht's alleweil gut.

GRAF So ... Sag, ist dir noch nie eing'fallen, daß du was anderes werden könntest?

DIRNE Was soll i denn werden?

GRAF Also ... Du bist doch wirklich ein hübsches Mädel. Du könntest doch z. B. einen Geliebten haben.

DIRNE Meinst vielleicht, ich hab' kein?

GRAF Ja, das weiß ich – ich mein' aber einen, weißt einen, der dich aushalt, daß du nicht mit einem jeden zu gehn brauchst.

DIRNE I geh' auch nicht mit ein' jeden. Gott sei Dank, das hab' i net notwendig, ich such' mir s' schon aus.

GRAF *sieht sich im Zimmer um.*

DIRNE *bemerkt das* Im nächsten Monat ziehn wir in die Stadt, in die Spiegelgasse.

GRAF Wir? Wer denn?

DIRNE Na, die Frau, und die paar anderen Mädeln, die noch da wohnen.

GRAF Da wohnen noch solche –

DIRNE Da daneben ... hörst net ... das ist die Milli, die auch im Kaffeehaus g'wesen ist.

GRAF Da schnarcht wer.

DIRNE Das ist schon die Milli, die schnarcht jetzt weiter 'n ganzen Tag bis um zehn auf d' Nacht. Dann steht s' auf und geht ins Kaffeehaus.

GRAF Das ist doch ein schauderhaftes Leben.

DIRNE Freilich. Die Frau gift' sich auch genug. Ich bin schon um zwölfe Mittag immer auf der Gassen.

GRAF Was machst denn um zwölf auf der Gassen?

DIRNE Was werd' ich denn machen? Auf den Strich geh' ich halt.

GRAF Ah so ... natürlich ... *Steht auf, nimmt die Brieftasche heraus, legt ihr eine Banknote auf das Nachtkastel* Adieu!

DIRNE Gehst schon ... Servus ... Komm bald wieder. *Legt sich auf die Seite.*

GRAF *bleibt wieder stehen* Du, sag einmal, dir ist schon alles egal – was?

DIRNE Was?

GRAF Ich mein', dir macht's gar keine Freud' mehr.

DIRNE *gähnt* Ein' Schlaf hab' ich.

GRAF Dir ist alles eins, ob einer jung ist oder alt, oder ob einer ...

DIRNE Was fragst denn?

GRAF ... Also *Plötzlich auf etwas kommend* meiner Seel', jetzt weiß ich, an wen du mich erinnerst, das ist ...

DIRNE Schau i wem gleich?

GRAF Unglaublich, unglaublich, jetzt bitt' ich dich aber sehr, red gar nichts, eine Minute wenigstens ... *Schaut sie an* ganz dasselbe G'sicht, ganz dasselbe G'sicht. *Er küßt sie plötzlich auf die Augen.*

DIRNE Na ...

GRAF Meiner Seel', es ist schad', daß du ... nichts andres bist ... Du könnt'st ja dein Glück machen!

DIRNE Du bist grad wie der Franz.

GRAF Wer ist Franz?

DIRNE Na, der Kellner von unserm Kaffeehaus ...

GRAF Wieso bin ich grad so wie der Franz?
DIRNE Der sagt auch alleweil, ich könnt' mein Glück machen, und ich soll ihn heiraten.
GRAF Warum tust du's nicht?
DIRNE Ich dank' schön ... ich möcht' nicht heiraten, nein, um keinen Preis. Später einmal vielleicht.
GRAF Die Augen ... ganz die Augen ... Der Lulu möcht' sicher sagen, ich bin ein Narr – aber ich will dir noch einmal die Augen küssen ... so ... und jetzt grüß' dich Gott, jetzt geh' ich.
DIRNE Servus ...
GRAF *bei der Tür* Du ... sag ... wundert dich das gar nicht ...
DIRNE Was denn?
GRAF Daß ich nichts von dir will.
DIRNE Es gibt viel Männer, die in der Früh nicht aufgelegt sind.
GRAF Na ja ... *Für sich* Zu dumm, daß ich will, sie soll sich wundern ... Also Servus ... *Er ist bei der Tür* Eigentlich ärger' ich mich. Ich weiß doch, daß es solchen Frauenzimmern nur aufs Geld ankommt ... was sag' ich – solchen ... es ist schön ... daß sie sich wenigstens nicht verstellt, das sollte einen eher freuen ... Du – weißt, ich komm nächstens wieder zu dir.
DIRNE *mit geschlossenen Augen* Gut.
GRAF Wann bist du immer zu Haus?
DIRNE Ich bin immer zu Haus. Brauchst nur nach der Leocadia zu fragen.
GRAF Leocadia ... Schön – Also grüß' dich Gott. *Bei der Tür* Ich hab' doch noch immer den Wein im Kopf. Also das ist doch das Höchste ... ich bin bei so einer und hab' nichts getan, als ihr die Augen geküßt, weil sie mich an wen erinnert hat ... *Wendet sich zu ihr* Du, Leocadie, passiert dir das öfter, daß man so weggeht von dir?
DIRNE Wie denn?
GRAF So wie ich?
DIRNE In der Früh?
GRAF Nein ... ob schon manchmal wer bei dir war – und nichts von dir wollen hat?

DIRNE Nein, das ist mir noch nie g'schehn.
GRAF Also, was meinst denn? Glaubst, du g'fallst mir nicht?
DIRNE Warum soll ich dir denn nicht g'fallen? Bei der Nacht hab' ich dir schon g'fallen.
GRAF Du g'fallst mir auch jetzt.
DIRNE Aber bei der Nacht hab' ich dir besser g'fallen.
GRAF Warum glaubst du das?
DIRNE Na, was fragst denn so dumm?
GRAF Bei der Nacht ... Ja, sag, bin ich denn nicht gleich am Diwan hing'fallen?
DIRNE Na freilich ... mit mir zusammen.
GRAF Mit dir?
DIRNE Ja, weißt denn du das nimmer?
GRAF Ich hab' ... wir sind zusammen ... ja ...
DIRNE Aber gleich bist eing'schlafen.
GRAF Gleich bin ich ... So ... Also so war das! ...
DIRNE Ja, Bubi. Du mußt aber ein' ordentlichen Rausch g'habt haben, daß dich nimmer erinnerst.
GRAF So ... – Und doch ... es ist eine entfernte Ähnlichkeit ... Servus ... *Lauscht* Was ist denn los?
DIRNE Das Stubenmäd'l ist schon auf. Geh, gib ihr was beim Hinausgehn. Das Tor ist auch offen, ersparst den Hausmeister.
GRAF Ja. *Im Vorzimmer* Also ... Es wär' doch schön gewesen, wenn ich sie nur auf die Augen geküßt hätt'. Das wäre beinahe ein Abenteuer gewesen ... Es war mir halt nicht bestimmt. *Das Stubenmädel steht da, öffnet die Tür* Ah – da haben S' ... Gute Nacht. –
STUBENMÄDCHEN Guten Morgen.
GRAF Ja freilich ... guten Morgen ... guten Morgen.

Der grüne Kakadu

Groteske in einem Akt

PERSONEN

EMILE HERZOG VON CADIGNAN
FRANÇOIS VICOMTE VON NOGEANT
ALBIN CHEVALIER DE LA TREMOUILLE
DER MARQUIS VON LANSAC
SEVERINE, *seine Frau*
ROLLIN, *Dichter*
PROSPERE, *Wirt, vormals Theaterdirektor*
HENRI
BALTHASAR
GUILLAUME
SCAEVOLA
JULES } *seine Truppe*
ETIENNE
MAURICE
GEORGETTE
MICHETTE
FLIPOTTE
LEOCADIE, *Schauspielerin, Henris Frau*
GRASSET, *Philosoph*
LEBRET, *Schneider*
GRAIN, *ein Strolch*
DER KOMMISSÄR
ADELIGE, SCHAUSPIELER, SCHAUSPIELERINNEN, BÜRGER *und* BÜRGERFRAUEN

Spielt in Paris am Abend des 14. Juli 1789 in der Spelunke Prospères.

Wirtsstube »Zum grünen Kakadu«.
Ein nicht großer Kellerraum, zu welchem rechts (ziemlich weit hinten) sieben Stufen führen, die nach oben durch eine Tür abgeschlossen sind. Eine zweite Tür, welche kaum sichtbar ist, befindet sich im Hintergrunde links. Eine Anzahl von einfachen hölzernen Tischen, um diese Sessel, füllen beinahe den ganzen Raum aus. Links in der Mitte der Schanktisch; hinter demselben eine Anzahl Fässer mit Pipen. Das Zimmer ist durch Öllämpchen beleuchtet, die von der Decke herabhängen.
Der Wirt PROSPERE; *es treten ein die Bürger* LEBRET *und* GRASSET.

GRASSET *noch auf den Stufen* Hier herein, Lebrêt; die Quelle kenn' ich. Mein alter Freund und Direktor hat immer noch irgendwo ein Faß Wein versteckt, auch wenn ganz Paris verdurstet.

WIRT Guten Abend, Grasset. Läßt du dich wieder einmal blicken? Aus mit der Philosophie? Hast du Lust, wieder bei mir Engagement zu nehmen?

GRASSET Ja freilich! Wein sollst du bringen. Ich bin der Gast – du der Wirt.

WIRT Wein? Woher soll ich Wein nehmen, Grasset? Heut nacht haben sie ja alle Weinläden von Paris ausgeplündert. Und ich möchte wetten, daß du mit dabeigewesen bist.

GRASSET Her mit dem Wein. Für das Pack, das in einer Stunde nach uns kommen wird ... *Lauschend* Hörst du was, Lebrêt?

LEBRET Es ist wie ein leiser Donner.

GRASSET Brav – Bürger von Paris ... *Zu Prospère* Für das Pack hast du sicher noch einen in Vorrat. Also her damit. Mein Freund und Bewunderer, der Bürger Lebrêt, Schneider aus der Rue St. Honoré, zahlt alles.

LEBRET Gewiß, gewiß, ich zahle.

PROSPERE *zögert.*
GRASSET Na, zeig ihm, daß du Geld hast, Lebrêt.
LEBRET *zieht seinen Geldbeutel heraus.*
WIRT Nun, ich will sehen, ob ich ... *Er öffnet den Hahn zu einem Faß und füllt zwei Gläser* Woher kommst du, Grasset? Aus dem Palais Royal?
GRASSET Jawohl ... ich habe dort eine Rede gehalten. Ja, mein Lieber, jetzt bin ich an der Reihe. Weißt du, nach wem ich gesprochen habe?
WIRT Nun?
GRASSET Nach Camille Desmoulins! Jawohl, ich hab' es gewagt. Und sage mir, Lebrêt, wer hat größeren Beifall gehabt, Desmoulins oder ich?
LEBRET Du ... zweifellos.
GRASSET Und wie hab' ich mich ausgenommen?
LEBRET Prächtig.
GRASSET Hörst du's, Prospère? Ich habe mich auf den Tisch gestellt ... ich habe ausgesehen wie ein Monument ... jawohl – und alle die Tausend, Fünftausend, Zehntausend haben sich um mich versammelt – gerade so wie früher um Camille Desmoulins ... und haben mir zugejubelt.
LEBRET Es war ein stärkerer Jubel.
GRASSET Jawohl ... nicht um vieles, aber er war stärker. Und nun ziehen sie alle hin zur Bastille ... und ich darf sagen: sie sind meinem Ruf gefolgt. Ich schwöre dir, vor abends haben wir sie.
WIRT Ja, freilich, wenn die Mauern von eueren Reden zusammenstürzten!
GRASSET Wieso ... Reden! – Bist du taub? ... jetzt wird geschossen. Unsere braven Soldaten sind dabei. Sie haben dieselbe höllische Wut auf das verfluchte Gefängnis wie wir. Sie wissen, daß hinter diesen Mauern ihre Brüder und Väter gefangen sitzen ... Aber sie würden nicht schießen, wenn wir nicht geredet hätten. Mein lieber Prospère, die Macht der Geister ist groß. Da – *Zu Lebrêt* Wo hast du die Schriften?
LEBRET Hier ... *Zieht Broschüren aus der Tasche.*

GRASSET Hier sind die neuesten Broschüren, die eben im Palais Royal verteilt wurden. Hier eine von meinem Freunde Cerutti, Denkschrift für das französische Volk, hier eine von Desmoulins, der allerdings besser spricht, als er schreibt ... ›Das freie Frankreich‹.

WIRT Wann wird denn endlich die deine erscheinen, von der du immer erzählst?

GRASSET Wir brauchen keine mehr. Die Zeit zu Taten ist gekommen. Ein Schuft, der heute in seinen vier Wänden sitzt. Wer ein Mann ist, muß auf die Straße!

LEBRET Bravo, bravo!

GRASSET In Toulon haben sie den Bürgermeister umgebracht, in Brignolles haben sie ein Dutzend Häuser geplündert ... nur wir in Paris sind noch immer die Langweiligen und lassen uns alles gefallen.

PROSPERE Das kann man doch nicht mehr sagen.

LEBRET *der immer getrunken hat* Auf, ihr Bürger, auf!

GRASSET Auf! ... Sperre deine Bude und komm jetzt mit uns!

WIRT Ich komme schon, wenn's Zeit ist.

GRASSET Ja freilich, wenn's keine Gefahr mehr gibt.

WIRT Mein Lieber, ich liebe die Freiheit wie du – aber vor allem hab' ich meinen Beruf.

GRASSET Jetzt gibt es für die Bürger von Paris nur einen Beruf: ihre Brüder befreien.

WIRT Ja für die, die nichts anderes zu tun haben!

LEBRET Was sagt er da! ... Er verhöhnt uns!

WIRT Fällt mir gar nicht ein. – Schaut jetzt lieber, daß ihr hinauskommt – meine Vorstellung fängt bald an. Da kann ich euch nicht brauchen.

LEBRET Was für eine Vorstellung? ... Ist hier ein Theater?

WIRT Gewiß ist das ein Theater. Ihr Freund hat noch vor vierzehn Tagen hier mitgespielt.

LEBRET Hier hast du gespielt, Grasset? ... Warum läßt du dich von dem Kerl da ungestraft verhöhnen!

GRASSET Beruhige dich ... es ist wahr; ich habe hier gespielt, denn es ist kein gewöhnliches Wirtshaus ... es ist eine Verbrecherherberge ... komm ...

WIRT Zuerst wird gezahlt.
LEBRET Wenn das hier eine Verbrecherherberge ist, so zahle ich keinen Sou.
WIRT So erkläre doch deinem Freunde, wo er ist.
GRASSET Es ist ein seltsamer Ort! Es kommen Leute her, die Verbrecher spielen – und andere, die es sind, ohne es zu ahnen.
LEBRET So –?
GRASSET Ich mache dich aufmerksam, daß das, was ich eben sagte, sehr geistreich war; es könnte das Glück einer ganzen Rede machen.
LEBRET Ich verstehe nichts von allem, was du sagst.
GRASSET Ich sagte dir ja, daß Prospère mein Direktor war. Und er spielt mit seinen Leuten noch immer Komödie; nur in einer anderen Art als früher. Meine einstigen Kollegen und Kolleginnen sitzen hier herum und tun, als wenn sie Verbrecher wären. Verstehst du? Sie erzählen haarsträubende Geschichten, die sie nie erlebt – sprechen von Untaten, die sie nie begangen haben ... und das Publikum, das hierher kommt, hat den angenehmen Kitzel, unter dem gefährlichsten Gesindel von Paris zu sitzen – unter Gaunern, Einbrechern, Mördern – und –
LEBRET Was für ein Publikum?
WIRT Die elegantesten Leute von Paris.
GRASSET Adelige ...
WIRT Herren vom Hof –
LEBRET Nieder mit ihnen!
GRASSET Das ist was für sie. Das rüttelt ihnen die erschlafften Sinne auf. Hier hab' ich angefangen, Lebrêt, hier hab' ich meine erste Rede gehalten, als wenn es zum Spaß wäre ... und hier hab' ich die Hunde zu hassen begonnen, die mit ihren schönen Kleidern, parfümiert, angefressen, unter uns saßen ... und es ist mir ganz recht, mein guter Lebrêt, daß du auch einmal die Stätte siehst, von wo dein großer Freund ausgegangen ist. *In anderem Ton* Sag, Prospère, wenn die Sache schiefginge ...
WIRT Welche Sache?

GRASSET Nun, die Sache mit meiner politischen Carrière ... würdest du mich wieder engagieren?

WIRT Nicht um die Welt!

GRASSET *leicht* Warum? – Es könnte vielleicht noch einer neben deinem Henri aufkommen.

WIRT Abgesehen davon ... ich hätte Angst, daß du dich einmal vergessen könntest – und über einen meiner zahlenden Gäste im Ernst herfielst.

GRASSET *geschmeichelt* Das wäre allerdings möglich. –

WIRT Ich ... ich hab' mich doch in der Gewalt –

GRASSET Wahrhaftig, Prospère, ich muß sagen, daß ich dich wegen deiner Selbstbeherrschung bewundern würde, wenn ich nicht zufällig wüßte, daß du ein Feigling bist.

WIRT Ach, mein Lieber, mir genügt das, was ich in meinem Fach leisten kann. Es macht mir Vergnügen genug, den Kerlen meine Meinung ins Gesicht sagen zu können und sie zu beschimpfen nach Herzenslust – während sie es für Scherz halten. Es ist auch eine Art, seine Wut loszuwerden. – *Zieht einen Dolch und läßt ihn funkeln.*

LEBRET Bürger Prospère, was soll das bedeuten?

GRASSET Habe keine Angst. Ich wette, daß der Dolch nicht einmal geschliffen ist.

WIRT Da könntest du doch irren, mein Freund; irgendeinmal kommt ja noch der Tag, wo aus dem Spaß Ernst wird – und darauf bin ich für alle Fälle vorbereitet.

GRASSET Der Tag ist nah. Wir leben in einer großen Zeit! Komm, Bürger Lebrêt, wir wollen zu den Unsern. Prospère, leb wohl, du siehst mich als großen Mann wieder oder nie.

LEBRET *torkelig* Als großen Mann ... oder ... nie –

Sie gehen ab.

WIRT *bleibt zurück, setzt sich auf einen Tisch, schlägt eine Broschüre auf und liest vor sich hin* »Jetzt steckt das Vieh in der Schlinge, erdrosselt es!« – Er schreibt nicht übel, dieser kleine Desmoulins. »Noch nie hat sich Siegern eine reichere Beute dargeboten. Vierzigtausend Paläste und Schlösser, zwei Fünftel aller Güter in Frankreich werden der Lohn der Tapferkeit sein, – die sich für Eroberer halten, werden unterjocht, die Nation wird gereinigt werden.«

DER KOMMISSÄR *tritt ein.*

WIRT *mißt ihn* Na, das Gesindel rückt ja heute früh ein!

KOMMISSÄR Mein lieber Prospère, mit mir machen Sie keine Witze; ich bin der Kommissär Ihres Bezirks.

WIRT Und womit kann ich dienen?

KOMMISSÄR Ich bin beauftragt, dem heutigen Abend in Ihrem Lokal beizuwohnen.

WIRT Es wird mir eine besondere Ehre sein.

KOMMISSÄR Es ist nicht darum, mein bester Prospère. Die Behörde will Klarheit haben, was bei Ihnen eigentlich vorgeht. Seit einigen Wochen –

WIRT Es ist ein Vergnügungslokal, Herr Kommissär, nichts weiter.

KOMMISSÄR Lassen Sie mich ausreden. Seit einigen Wochen soll dieses Lokal der Schauplatz wüster Orgien sein.

WIRT Sie sind falsch berichtet, Herr Kommissär. Man treibt hier Späße, nichts weiter.

KOMMISSÄR Damit fängt es an. Ich weiß. Aber es hört anders auf, sagt mein Bericht. Sie waren Schauspieler?

WIRT Direktor, Herr Kommissär, Direktor einer vorzüglichen Truppe, die zuletzt in Denis spielte.

KOMMISSÄR Das ist gleichgültig. Dann haben Sie eine kleine Erbschaft gemacht?

WIRT Nicht der Rede wert, Herr Kommissär.

KOMMISSÄR Ihr Truppe hat sich aufgelöst?

WIRT Meine Erbschaft nicht minder.

KOMMISSÄR *lächelnd* Ganz gut. *Beide lächeln.* – *Plötzlich ernst* Sie haben sich ein Wirtsgeschäft eingerichtet?

WIRT Das miserabel gegangen ist.

KOMMISSÄR – Worauf Sie eine Idee gefaßt haben, der man eine gewisse Originalität nicht absprechen kann.

WIRT Sie machen mich stolz, Herr Kommissär.

KOMMISSÄR Sie haben Ihre Truppe wieder gesammelt und lassen sie hier eine sonderbare und nicht unbedenkliche Komödie spielen.

WIRT Wäre sie bedenklich, Herr Kommissär, so hätte ich nicht mein Publikum – ich kann sagen, das vornehmste Publikum von Paris. Der Vicomte von Nogeant ist mein täglicher Gast. Der Marquis von Lansac kommt öfters; und der Herzog von Cadignan, Herr Kommissär, ist der eifrigste Bewunderer meines ersten Schauspielers, des berühmten Henri Baston.

KOMMISSÄR Wohl auch der Kunst oder der Künste Ihrer Künstlerinnen.

WIRT Wenn Sie meine kleinen Künstlerinnen kennen würden, Herr Kommissär, würden Sie das niemandem auf der Welt übelnehmen.

KOMMISSÄR Genug. Es ist der Behörde berichtet worden, daß die Belustigungen, welche Ihre – wie soll ich sagen –

WIRT Das Wort »Künstler« dürfte genügen.

KOMMISSÄR Ich werde mich zu dem Wort »Subjekte« entschließen – daß die Belustigungen, welche Ihre Subjekte bieten, in jedem Sinne über das Erlaubte hinausgehen. Es sollen hier von Ihren – wie soll ich sagen – von Ihren künstlichen Verbrechern Reden geführt werden, die – wie sagt nur mein Bericht? *Er liest wie schon früher in einem Notizbuch nach* – nicht nur unsittlich, was uns wenig genieren würde, sondern auch höchst aufrührerisch zu wirken geeignet sind – was in einer so erregten Epoche, wie die ist, in der wir leben, der Behörde durchaus nicht gleichgültig sein kann.

WIRT Herr Kommissär, ich kann auf diese Anschuldigung nur mit der höflichen Einladung erwidern, sich die Sache selbst einmal anzusehen. Sie werden bemerken, daß hier gar nichts Aufrührerisches vorgeht, schon aus dem Grunde, weil mein Publikum sich nicht aufrühren läßt. Es wird hier einfach Theater gespielt – das ist alles.

KOMMISSÄR Ihre Einladung nehme ich natürlich nicht an, doch werde ich kraft meines Amtes hierbleiben.

WIRT Ich glaube, Ihnen die beste Unterhaltung versprechen zu können, Herr Kommissär, doch würde ich mir den Rat erlauben, daß

Sie Ihre Amtstracht ablegen und in Zivilkleidern hier erscheinen. Wenn man nämlich einen Kommissär in Uniform hier sähe, würde sowohl die Naivetät meiner Künstler als die Stimmung meines Publikums darunter leiden.

KOMMISSÄR Sie haben recht, Herr Prospère, ich werde mich entfernen und als junger eleganter Mann wiederkehren.

WIRT Das wird Ihnen leicht sein, Herr Kommissär, auch als Halunke sind Sie mir willkommen – das würde nicht auffallen – nur nicht als Kommissär.

KOMMISSÄR Adieu. *Geht.*

WIRT *verbeugt sich* Wann wird der gesegnete Tag kommen, wo ich dich und deinesgleichen ...

KOMMISSÄR *trifft in der Tür mit Grain zusammen, der äußerst zerlumpt ist und erschrickt, wie er den Kommissär sieht. Dieser mißt ihn zuerst, lächelt dann, wendet sich verbindlich zu Prospère* Schon einer Ihrer Künstler? ... *Ab.*

GRAIN *spricht weinerlich, pathetisch* Guten Abend.

WIRT *nachdem er ihn lang angesehen* Wenn du einer von meiner Truppe b i s t, so will ich dir meine Anerkennung nicht versagen, denn ich erkenne dich nicht.

GRAIN Wie meinen Sie?

WIRT Also keinen Scherz, nimm die Perücke ab, ich möchte doch wissen, wer du bist. *Er reißt ihn an den Haaren.*

GRAIN O weh!

WIRT Das ist ja echt – Donnerwetter ... wer sind Sie? ... Sie scheinen ja ein wirklicher Strolch zu sein?

GRAIN Jawohl.

WIRT Was wollen Sie denn von mir?

GRAIN Ich habe die Ehre mit dem Bürger Prospère? ... Wirt vom grünen Kakadu?

WIRT Der bin ich.

GRAIN Ich nenne mich Grain ... zuweilen Carniche ... in manchen Fällen der schreiende Bimsstein – aber unter dem Namen Grain war ich eingesperrt, Bürger Prospère – und das ist das Wesentliche.

WIRT Ah – ich verstehe. Sie wollen sich bei mir engagieren lassen und spielen mir gleich was vor. Auch gut. Weiter.
GRAIN Bürger Prospère, halten Sie mich für keinen Schwindler. Ich bin ein Ehrenmann. Wenn ich sage, daß ich eingesperrt war, so ist es die volle Wahrheit.
Wirt sieht ihn mißtrauisch an.
GRAIN *zieht aus dem Rock ein Papier* Hier, Bürger Prospère. Sie ersehen daraus, daß ich gestern nachmittags vier Uhr entlassen wurde.
WIRT Nach einer zweijährigen Haft – Donnerwetter, das ist ja echt! –
GRAIN Haben Sie noch immer gezweifelt, Bürger Prospère?
WIRT Was haben Sie denn angestellt, daß man Sie auf zwei Jahre –
GRAIN Man hätte mich gehängt; aber zu meinem Glück war ich noch ein halbes Kind, als ich meine arme Tante umbrachte.
WIRT Ja, Mensch, wie kann man denn seine Tante umbringen?
GRAIN Bürger Prospère, ich hätte es nicht getan, wenn die Tante mich nicht mit meinem besten Freunde hintergangen hätte.
WIRT Ihre Tante?
GRAIN Jawohl – sie stand mir näher, als sonst Tanten ihren Neffen zu stehen pflegen. Es waren sonderbare Familienverhältnisse ... ich war verbittert, höchst verbittert. Darf ich Ihnen davon erzählen?
WIRT Erzählen Sie immerhin, wir werden vielleicht ein Geschäft miteinander machen können.
GRAIN Meine Schwester war noch ein halbes Kind, als sie aus dem Hause lief – und was glauben Sie – mit wem? –
WIRT Es ist schwer zu erraten.
GRAIN Mit ihrem Onkel. Und der hat sie sitzenlassen – mit einem Kinde.
WIRT Mit einem ganzen – will ich hoffen.
GRAIN Es ist unzart von Ihnen, Bürger Prospère, über solche Dinge zu scherzen.
WIRT Ich will Ihnen was sagen, Sie schreiender Bimsstein. Ihre Familiengeschichten langweilen mich. Glauben Sie, ich bin dazu da, mir von einem jeden hergelaufenen Lumpen erzählen zu lassen,

wen er umgebracht hat? Was geht mich das alles an? Ich nehme an, Sie wollen irgendwas von mir –

GRAIN Jawohl, Bürger Prospère, ich komme, Sie um Arbeit bitten.

WIRT *höhnisch* Ich mache Sie aufmerksam, daß es bei mir keine Tanten zu ermorden gibt; es ist ein Vergnügungslokal.

GRAIN Oh, ich hab' an dem einen Mal genug gehabt. Ich will ein anständiger Mensch werden – man hat mich an Sie gewiesen.

WIRT Wer, wenn ich fragen darf?

GRAIN Ein liebenswürdiger junger Mann, den sie vor drei Tagen zu mir in die Zelle gesperrt haben. Jetzt ist er allein. Er heißt Gaston ... und Sie kennen ihn. –

WIRT Gaston! Jetzt weiß ich, warum ich ihn drei Abende lang vermißt habe. Einer meiner besten Darsteller für Taschendiebe. – Er hat Geschichten erzählt; – ah, man hat sich geschüttelt.

GRAIN Jawohl. Und jetzt haben sie ihn erwischt!

WIRT Wieso erwischt? Er hat ja nicht wirklich gestohlen.

GRAIN Doch. Es muß aber das erste Mal gewesen sein, denn er scheint mit einer unglaublichen Ungeschicklichkeit vorgegangen zu sein. Denken Sie – *Vertraulich* – auf dem Boulevard des Capucines einfach einer Dame in die Tasche gegriffen – und die Börse herausgezogen – ein rechter Dilettant. – Sie flößen mir Vertrauen ein, Bürger Prospère – und so will ich Ihnen gestehn – es war eine Zeit, wo ich auch dergleichen kleine Stückchen aufführte, aber nie ohne meinen lieben Vater. Als ich noch ein Kind war, als wir noch alle zusammen wohnten, als meine arme Tante noch lebte –

WIRT Was jammern Sie denn? Ich finde das geschmacklos! Hätten Sie sie nicht umgebracht!

GRAIN Zu spät. Aber worauf ich hinauswollte – nehmen Sie mich bei sich auf. Ich will den umgekehrten Weg machen wie Gaston. Er hat den Verbrecher gespielt und ist einer geworden – ich ...

WIRT Ich will's mit Ihnen probieren. Sie werden schon durch Ihre Maske wirken. Und in einem gegebenen Moment werden Sie einfach die Sache mit der Tante erzählen. Wie's war. Irgendwer wird Sie schon fragen.

GRAIN Ich danke Ihnen, Bürger Prospère. Und was meine Gage anbelangt –

WIRT Heute gastieren Sie auf Engagement, da kann ich Ihnen noch keine Gage zahlen. – Sie werden gut zu essen und zu trinken bekommen ... und auf ein paar Francs für ein Nachtlager soll's mir auch nicht ankommen.

GRAIN Ich danke Ihnen. Und bei Ihren anderen Mitgliedern stellen Sie mich einfach als einen Gast aus der Provinz vor.

WIRT Ah nein ... denen sagen wir gleich, daß Sie ein wirklicher Mörder sind. Das wird ihnen viel lieber sein.

GRAIN Entschuldigen Sie, ich will ja gewiß nichts gegen mich vorbringen – aber das versteh' ich nicht.

WIRT Wenn Sie länger beim Theater sind, werden Sie das schon verstehen.

SCAEVOLA *und* JULES *treten ein.*

SCAEVOLA Guten Abend, Direktor!

WIRT Wirt ... Wie oft soll ich dir noch sagen, der ganze Spaß geht flöten, wenn du mich »Direktor« nennst.

SCAEVOLA Was immer du seist, ich glaube, wir werden heut nicht spielen.

WIRT Warum denn?

SCAEVOLA Die Leute werden nicht in der Laune sein – –. Es ist ein Höllenlärm in den Straßen, und insbesondere vor der Bastille schreien sie wie die Besessenen.

WIRT Was geht das uns an? Seit Monaten ist das Geschrei, und unser Publikum ist uns nicht ausgeblieben. Es amüsiert sich wie früher.

SCAEVOLA Ja, es hat die Lustigkeit von Leuten, die nächstens gehenkt werden.

WIRT Wenn ich's nur erlebe!

SCAEVOLA Vorläufig gib uns was zu trinken, damit ich in Stimmung komme. Ich bin heut durchaus nicht in Stimmung.

WIRT Das passiert dir öfter, mein Lieber. Ich muß dir sagen, daß ich gestern durchaus unzufrieden mit dir war.

SCAEVOLA Wieso, wenn ich fragen darf?
WIRT Die Geschichte von dem Einbruch, die du zum besten gegeben hast, war einfach läppisch.
SCAEVOLA Läppisch?
WIRT Jawohl. Vollkommen unglaubwürdig. Das Brüllen allein tut's nicht.
SCAEVOLA Ich habe nicht gebrüllt.
WIRT Du brüllst ja immer. Es wird wahrhaftig notwendig werden, daß ich die Sachen mit euch einstudiere. Auf euere Einfälle kann man sich nicht verlassen. Henri ist der einzige.
SCAEVOLA Henri und immer Henri. Henri ist ein Kulissenreißer. Der Einbruch von gestern war ein Meisterstück. So was bringt Henri sein Lebtag nicht zusammen. – Wenn ich dir nicht genüge, mein Lieber, so geh' ich einfach zu einem ordentlichen Theater. Hier ist ja doch nur eine Schmiere ... Ah ... *Bemerkt Grain* Wer ist denn das? ... Der gehört ja nicht zu uns? Hast du vielleicht einen neu engagiert? Was hat der Kerl für Maske?
WIRT Beruhige dich, es ist kein Schauspieler von Beruf. Es ist ein wirklicher Mörder.
SCAEVOLA Ach so ... *Geht auf ihn zu* Sehr erfreut, Sie kennenzulernen. Scaevola ist mein Name.
GRAIN Ich heiße Grain.

Jules ist die ganze Zeit in der Schenke herumgegangen, manchmal auch stehengeblieben, wie ein innerlich Gequälter.

WIRT Was ist denn mit dir, Jules?
JULES Ich memoriere.
WIRT Was denn?
JULES Gewissensbisse. Ich mache heute einen, der Gewissensbisse hat. Sieh mich an. Was sagst du zu der Falte hier auf der Stirn? Seh' ich nicht aus, als wenn alle Furien der Hölle ... *Geht auf und ab.*
SCAEVOLA *brüllt* Wein – Wein her!
WIRT Beruhige dich ... es ist ja noch kein Publikum da.

HENRI *und* LEOCADIE *kommen.*

HENRI Guten Abend! *Er begrüßt die Hintensitzenden mit einer leichten Handbewegung* Guten Abend, meine Herren!

WIRT Guten Abend, Henri! Was seh' ich! Mit Léocadie!

GRAIN *hat Léocadie aufmerksam betrachtet; zu Scaevola* die kenn' ich ja ... *Spricht leise mit den anderen.*

LEOCADIE Ja, mein lieber Prospère, ich bin's!

WIRT Ein Jahr lang hab' ich dich nicht gesehen. Laß dich begrüßen. *Er will sie küssen.*

HENRI Laß das! – *Sein Blick ruht öfters auf Léocadie mit Stolz, Leidenschaft, aber auch mit einer gewissen Angst.*

WIRT Aber Henri ... Alte Kollegen! ... Dein einstiger Direktor, Léocadie!

LEOCADIE Wo ist die Zeit, Prospère! ...

WIRT Was seufzest du! Wenn eine ihren Weg gemacht hat, so bist du's! Freilich, ein schönes junges Weib hat's immer leichter als wir.

HENRI *wütend* Laß das.

WIRT Was schreist du denn immer so mit mir? Weil du wieder einmal mit ihr beisammen bist?

HENRI Schweig! – Sie ist seit gestern meine Frau.

WIRT Deine ...? *Zu Léocadie* Macht er einen Spaß?

LEOCADIE Er hat mich wirklich geheiratet. Ja. –

WIRT So gratulier' ich. Na ... Scaevola, Jules – Henri hat geheiratet.

SCAEVOLA *kommt nach vorn* Meinen Glückwunsch! *Zwinkert Léocadie zu.*

JULES *drückt gleichfalls beiden die Hand.*

GRAIN *zum Wirt* Ah, wie sonderbar – diese Frau hab' ich gesehn ... ein paar Minuten nachdem ich wieder frei war.

WIRT Wieso?

GRAIN Es war die erste schöne Frau, die ich nach zwei Jahren gesehen habe. Ich war sehr bewegt. Aber es war ein anderer Herr, mit dem – *Spricht weiter mit dem Wirt.*

HENRI *in einem hochgestimmten Ton, wie begeistert, aber nicht deklamatorisch* Léocadie, meine Geliebte, mein Weib! ... Nun ist alles vorbei, was einmal war. In einem solchen Augenblick löscht vieles aus.

Scaevola und Jules sind nach hinten gegangen, Wirt wieder vorn.

WIRT Was für ein Augenblick?
HENRI Nun sind wir durch ein heiliges Sakrament vereinigt. Das ist mehr, als menschliche Schwüre sind. Jetzt ist Gott über uns, man darf alles vergessen, was vorher geschehen ist. Léocadie, eine neue Zeit bricht an. Léocadie, alles wird heilig, unsere Küsse, so wild sie sein mögen, sind von nun an heilig. Léocadie, meine Geliebte, mein Weib!... *Er betrachtet sie mit einem glühenden Blick* Hat sie nicht einen anderen Blick, Prospère, als du ihn früher an ihr kanntest? Ist ihre Stirn nicht rein? Was war, ist ausgelöscht. Nicht wahr, Léocadie?
LEOCADIE Gewiß, Henri.
HENRI Und alles ist gut. Morgen verlassen wir Paris, Léocadie tritt heute zum letzten Male in der Porte St. Martin auf, und ich spiele heute das letzte Mal bei dir.
WIRT *betroffen* Bist du bei Trost, Henri? – Du willst mich verlassen? Und dem Direktor der Porte St. Martin wird's doch nicht einfallen, Léocadie ziehen zu lassen! Sie macht ja das Glück seines Hauses. Die jungen Herren strömen ja hin, wie man sagt.
HENRI Schweig. Léocadie wird mit mir gehen. Sie wird mich nie verlassen. Sag' mir, daß du mich nie verlassen wirst, Léocadie. *Brutal* Sag's mir!
LEOCADIE Ich werde dich nie verlassen!
HENRI Tätest du's, ich würde dich ... *Pause* Ich habe dieses Leben satt. Ich will Ruhe, Ruhe will ich haben.
WIRT Aber was willst du denn tun, Henri? Es ist ja lächerlich. Ich will dir einen Vorschlag machen. Nimm Léocadie meinethalben von der Porte St. Martin fort – aber sie soll hier, bei mir bleiben. Ich engagiere sie. Es fehlt mir sowieso an talentierten Frauenspersonen.
HENRI Mein Entschluß ist gefaßt, Prospère. Wir verlassen die Stadt. Wir gehen aufs Land hinaus.
WIRT Aufs Land? Wohin denn?

HENRI Zu meinem alten Vater, der allein in unserem armen Dorf lebt, – den ich seit sieben Jahren nicht gesehen habe. Er hat kaum mehr gehofft, seinen verlorenen Sohn wiederzusehen. Er wird mich mit Freuden aufnehmen.
WIRT Was willst du auf dem Lande tun? Auf dem Lande verhungert man. Da geht's den Leuten noch tausendmal schlechter als in der Stadt. Was willst du denn dort machen? Du bist nicht der Mann dazu, die Felder zu bebauen. Bilde dir das nicht ein.
HENRI Es wird sich zeigen, daß ich auch dazu der Mann bin.
WIRT Es wächst bald kein Korn mehr in ganz Frankreich. Du gehst ins sichere Elend.
HENRI Ins Glück, Prospère. Nicht wahr, Léocadie? Wir haben oft davon geträumt. Ich sehne mich nach dem Frieden der weiten Ebene. Ja, Prospère, in meinen Träumen seh' ich mich mit ihr abends über die Felder gehn, in einer unendlichen Stille, den wunderbaren tröstlichen Himmel über uns. Ja, wir fliehen diese schreckliche und gefährliche Stadt, der große Friede wird über uns kommen. Nicht wahr, Léocadie, wir haben es oft geträumt.
LEOCADIE Ja, wir haben es oft geträumt.
WIRT Höre, Henri, du solltest es dir überlegen. Ich will dir deine Gage gerne erhöhen, und Léocadie will ich ebensoviel geben als dir.
LEOCADIE Hörst du, Henri?
WIRT Ich weiß wahrhaftig nicht, wer dich hier ersetzen soll. Keiner von meinen Leuten hat so köstliche Einfälle als du, keiner ist bei meinem Publikum so beliebt als du ... Geh nicht fort!
HENRI Das glaub' ich wohl, daß mich niemand ersetzen wird.
WIRT Bleib bei mir, Henri! *Wirft Léocadie einen Blick zu, sie deutet an, daß sie's schon machen wird.*
HENRI Und ich verspreche dir, der Abschied wird ihnen schwer werden – i h n e n, nicht mir. Für heute – für mein letztes Auftreten hab' ich mir was zurechtgelegt, daß es sie alle schaudern wird ... eine Ahnung von dem Ende ihrer Welt wird sie anwehen ... denn das Ende ihrer Welt ist nahe. Ich aber werd' es nur mehr von fern erleben ... man wird es uns draußen erzählen, Léocadie, viele Tage

später, als es geschehen ... Aber sie werden schaudern, sag' ich dir. Und du selbst wirst sagen: So gut hat Henri nie gespielt.

WIRT Was wirst du spielen? Was? Weißt du's, Léocadie?

LEOCADIE Ich weiß ja nie etwas.

HENRI Ahnt denn irgendeiner, was für ein Künstler in mir steckt?

WIRT Gewiß ahnt man es, drum sag' ich ja, daß man sich mit einem solchen Talent nicht aufs Land vergräbt. Was für ein Unrecht an dir! An der Kunst!

HENRI Ich pfeife auf die Kunst. Ich will Ruhe. Du begreifst das nicht, Prospère. Du hast nie geliebt.

WIRT Oh! –

HENRI Wie ich liebe. – Ich will mit ihr allein sein – das ist es ... Léocadie, nur so können wir alles vergessen. Aber dann werden wir so glücklich sein, wie nie Menschen gewesen sind. Wir werden Kinder haben, du wirst eine gute Mutter werden, Léocadie, und ein braves Weib. Alles, alles wird ausgelöscht sein. *Große Pause.*

LEOCADIE Es wird spät, Henri, ich muß ins Theater. Leb wohl, Prospère, ich freue mich, endlich einmal deine berühmte Bude gesehen zu haben, wo Henri solche Triumphe feiert.

WIRT Warum bist du denn nie hergekommen?

LEOCADIE Henri hat's nicht haben wollen – na, weißt du, wegen der jungen Leute, mit denen ich da sitzen müßte.

HENRI *ist nach rückwärts gegangen* Gib mir einen Schluck, Scaevola. *Er trinkt.*

WIRT *zu Léocadie, da ihn Henri nicht hört* Ein rechter Narr, der Henri – wenn du nur immer mit ihnen gesessen wärst.

LEOCADIE Du, solche Bemerkungen verbitt' ich mir.

WIRT Ich rate dir, gib acht, du blöde Kanaille. Er wird dich einmal umbringen.

LEOCADIE Was gibt's denn?

WIRT Schon gestern hat man dich wieder mit einem deiner Kerle gesehen.

LEOCADIE Das war kein Kerl, du Dummkopf, das war ...

HENRI *wendet sich rasch* Was habt ihr? Keine Späße, wenn's beliebt.

Aus mit dem Flüstern. Es gibt keine Geheimnisse mehr. Sie ist meine Frau.

WIRT Was hast du ihr denn zum Hochzeitsgeschenk gemacht?

LEOCADIE Ach Gott, an solche Dinge denkt er nicht.

HENRI Nun, du sollst es noch heute bekommen.

LEOCADIE Was denn?

SCAEVOLA, JULES Was gibst du ihr?

HENRI *ganz ernst* Wenn du mit deiner Szene zu Ende bist, darfst du hierherkommen und mich spielen sehen. *Man lacht.*

HENRI Nie hat eine Frau ein prächtigeres Hochzeitsgeschenk bekommen. Komm, Léocadie; auf Wiedersehen, Prospère, ich bin bald wieder zurück.

Henri und Léocadie ab. –
Es treten zugleich ein:

FRANÇOIS VICOMTE VON NOGEANT, ALBIN CHEVALIER DE LA TREMOUILLE.

SCAEVOLA Was für ein erbärmlicher Aufschneider.

WIRT Guten Abend, ihr Schweine.

Albin schreckt zurück.

FRANÇOIS *ohne darauf zu achten* War das nicht die kleine Léocadie von der Porte St. Martin, die da mit Henri wegging?

WIRT Freilich war sie's. Was? – Die könnte am Ende sogar dich erinnern, daß du noch so was wie ein Mann bist, wenn sie sich große Mühe gäbe.

FRANÇOIS *lachend* Es wäre nicht unmöglich. Wir kommen heute etwas früh, wie mir scheint?

WIRT Du kannst dir ja unterdes mit deinem Lustknaben die Zeit vertreiben.

Albin will auffahren.

FRANÇOIS So laß doch. Ich hab' dir ja gesagt, wie's hier zugeht. Bring uns Wein.

WIRT Ja, das will ich. Es wird schon die Zeit kommen, wo ihr mit Seinewasser sehr zufrieden sein werdet.

FRANÇOIS Gewiß, gewiß ... aber für heute möchte ich um Wein gebeten haben, und zwar um den besten.
Wirt zum Schanktisch.
ALBIN Das ist ja ein schauerlicher Kerl.
FRANÇOIS Denk doch, daß alles Spaß ist. Und dabei gibt es Orte, wo du ganz ähnliche Dinge im Ernst hören kannst.
ALBIN Ist es denn nicht verboten?
FRANÇOIS *lacht* Man merkt, daß du aus der Provinz kommst.
ALBIN Ah, bei uns geht's auch recht nett zu in der letzten Zeit. Die Bauern werden in einer Weise frech ... man weiß nicht mehr, wie man sich helfen soll.
FRANÇOIS Was willst du? Die armen Teufel sind hungrig; das ist das Geheimnis.
ALBIN Was kann denn ich dafür? Was kann denn mein Großonkel dafür?
FRANÇOIS Wie kommst du auf deinen Großonkel?
ALBIN Ja, ich komme darauf, weil sie nämlich in unserem Dorf eine Versammlung abgehalten haben – ganz öffentlich – und da haben sie meinen Großonkel, den Grafen von Tremouille, ganz einfach einen Kornwucherer genannt.
FRANÇOIS Das ist alles ...?
ALBIN Na, ich bitte dich!
FRANÇOIS Wir wollen morgen einmal ins Palais Royal, da sollst du hören, was die Kerle für lasterhafte Reden führen. Aber wir lassen sie reden; es ist das Beste, was man tun kann; im Grunde sind es gute Leute, man muß sie auf diese Weise austoben lassen.
ALBIN *auf Scaevola usw. deutend* Was sind das für verdächtige Subjekte? Sieh nur, wie sie einen anschauen. *Er greift nach seinem Degen.*
FRANÇOIS *zieht ihm die Hand weg* Mach dich nicht lächerlich! *Zu den Dreien* Ihr braucht noch nicht anzufangen, wartet, bis mehr Publikum da ist. *Zu Albin* Es sind die anständigsten Leute von der Welt, Schauspieler. Ich garantiere dir, daß du schon mit ärgeren Gaunern an einem Tisch gesessen bist.
ALBIN Aber sie waren besser angezogen.

Wirt bringt Wein.

MICHETTE *und* FLIPOTTE *kommen.*

FRANÇOIS Grüß' euch Gott, Kinder, kommt, setzt euch da zu uns.

MICHETTE Da sind wir schon. Komm nur, Flipotte. Sie ist noch etwas schüchtern.

FLIPOTTE Guten Abend, junger Herr!

ALBIN Guten Abend, meine Damen!

MICHETTE Der Kleine ist lieb. *Sie setzt sich auf den Schoß Albins.*

ALBIN Also bitte, erkläre mir, François, sind das anständige Frauen?

MICHETTE Was sagt er?

FRANÇOIS Nein, so ist das nicht, die Damen, die hierherkommen – Gott, bist du dumm, Albin!

WIRT Was darf ich den Herzoginnen bringen?

MICHETTE Bring mir einen recht süßen Wein.

FRANÇOIS *auf Flipotte deutend* Eine Freundin?

MICHETTE Wir wohnen zusammen. Ja, wir haben zusammen nur ein Bett!

FLIPOTTE *errötend* Wird dir das sehr unangenehm sein, wenn du zu ihr kommst? *Setzt sich auf François' Schoß.*

ALBIN Die ist ja gar nicht schüchtern.

SCAEVOLA *steht auf, düster, zu dem Tisch der jungen Leute* Hab' ich dich endlich wieder! *Zu Albin* Und du miserabler Verführer, wirst du schaun, daß du ... Sie ist mein!
Wirt sieht zu.

FRANÇOIS *zu Albin* Spaß, Spaß ...

ALBIN Sie ist nicht sein –?

MICHETTE Geh, laß mich doch sitzen, wo's mir beliebt.

Scaevola steht mit geballten Fäusten da.

WIRT *hinter ihm* Nun, nun!

SCAEVOLA Ha, ha!

WIRT *faßt ihn beim Kragen* Ha, ha! *Beiseite zu ihm* Sonst fällt dir nichts ein! Nicht für einen Groschen Talent hast du. Brüllen! Das ist das einzige, was du kannst.

MICHETTE *zu François* Er hat es neulich besser gemacht –

SCAEVOLA *zum Wirt* Ich bin noch nicht in Stimmung. Ich mach' es später noch einmal, wenn mehr Leute da sind; du sollst sehen, Prospère; ich brauch' Publikum.

Der HERZOG VON CADIGNAN *tritt ein.*

HERZOG Schon höchst bewegt!
Michette und Flipotte auf ihn zu.
MICHETTE Mein süßer Herzog!

FRANÇOIS Guten Abend, Emile! ... *Stellt vor* Mein junger Freund Albin Chevalier von Tremouille – der Herzog von Cadignan.

HERZOG Ich bin sehr erfreut, Sie kennenzulernen. *Zu den Mädchen, die an ihm hängen* Laßt mich, Kinder! – *Zu Albin* Sie sehen sich auch dieses komische Wirtshaus an?

ALBIN Es verwirrt mich aufs höchste!

FRANÇOIS Der Chevalier ist erst vor ein paar Tagen in Paris angekommen.

HERZOG *lachend* Da haben Sie sich eine nette Zeit ausgesucht.

ALBIN Wieso?

MICHETTE Was er wieder für ein Parfüm hat! Es gibt überhaupt keinen Mann in Paris, der so angenehm duftet. *Zu Albin* ... So merkt man das nicht.

HERZOG Sie spricht nur von den siebenhundert oder achthundert, die sie so gut kennt wie mich.

FLIPOTTE Erlaubst du, daß ich mit deinem Degen spiele? – *Sie zieht ihm den Degen aus der Scheide und läßt ihn hin und herfunkeln.*

GRAIN *zum Wirt* Mit dem! ... Mit dem hab' ich sie gesehn! – *Wirt läßt sich erzählen, scheint erstaunt.*

HERZOG Henri ist noch nicht da? *Zu Albin* Wenn Sie den sehen werden, werden Sie's nicht bereuen, hierhergekommen zu sein.

WIRT *zum Herzog* Na, bist du auch wieder da? Das freut mich. Lang werden wir ja das Vergnügen nicht mehr haben.

HERZOG Warum? Mir behagt's sehr gut bei dir.

WIRT Das glaub' ich. Aber da du auf alle Fälle einer der ersten sein wirst ...

ALBIN Was bedeutet das?

WIRT Du verstehst mich schon. – Die ganz Glücklichen kommen zuerst dran! ... *Geht nach rückwärts.*

HERZOG *nach einem Sinnen* Wenn ich der König wäre, würde ich ihn zu meinem Hofnarren machen, das heißt, ich würde mir viele Hofnarren halten, aber er wäre einer davon.

ALBIN Wie hat er das gemeint, daß Sie zu glücklich sind?

HERZOG Er meint, Chevalier ...

ALBIN Ich bitte, sagen Sie mir nicht Chevalier. Alle nennen mich Albin, einfach Albin, weil ich nämlich so jung ausschaue.

HERZOG *lächelnd* Schön ... aber da müssen Sie mir Emile sagen, ja?

ALBIN Wenn Sie erlauben, gern, Emile.

HERZOG Sie werden unheimlich witzig, diese Leute.

FRANÇOIS Warum unheimlich? Mich beruhigt das sehr. Solange das Gesindel zu Späßen aufgelegt ist, kommt's doch nicht zu was Ernstem.

HERZOG Es sind nur gar zu sonderbare Witze. Da hab' ich heute wieder eine Sache erfahren, die gibt zu denken.

FRANÇOIS Erzählen Sie.

FLIPOTTE, MICHETTE Ja, erzähle, süßer Herzog!

HERZOG Kennen Sie Lelange?

FRANÇOIS Freilich – das Dorf ... der Marquis von Montferrat hat dort eine seiner schönsten Jagden.

HERZOG Ganz. richtig; mein Bruder ist jetzt bei ihm auf dem Schloß, und der schreibt mir eben die Sache, die ich Ihnen erzählen will. In Lelange haben sie einen Bürgermeister, der sehr unbeliebt ist.

FRANÇOIS Wenn Sie mir einen nennen können, der beliebt ist –

HERZOG Hören Sie nur. – Da sind die Frauen des Dorfes vor das Haus des Bürgermeisters gezogen – mit einem Sarg ...

FLIPOTTE Wie? ... Sie haben ihn getragen? Einen Sarg getragen? Nicht um die Welt möcht' ich einen Sarg tragen.

FRANÇOIS Schweig doch – es verlangt ja niemand von dir, daß du einen Sarg trägst. *Zum Herzog* Nun?

HERZOG Und ein paar von den Weibern sind darauf in die Wohnung des Bürgermeisters und haben ihm erklärt, er müsse sterben – aber man werde ihm die Ehre erweisen, ihn zu begraben. –

FRANÇOIS Nun, hat man ihn umgebracht?

HERZOG Nein – wenigstens schreibt mir mein Bruder nichts davon.

FRANÇOIS Nun also! ... Schreier, Schwätzer, Hanswürste – das sind sie. Heut brüllen sie in Paris zur Abwechslung die Bastille an – wie sie's schon ein halbes dutzendmal getan ...

HERZOG Nun – wenn ich der König wäre, ich hätte ein Ende gemacht ... längst ...

ALBIN Ist es wahr, daß der König so gütig ist?

HERZOG Sie sind Seiner Majestät noch nicht vorgestellt?

FRANÇOIS Der Chevalier ist ja das erste Mal in Paris.

HERZOG Ja, Sie sind unglaublich jung. Wie alt, wenn man fragen darf?

ALBIN Ich sehe nur so jung aus, ich bin schon siebzehn ...

HERZOG Siebzehn – wie viel liegt noch vor Ihnen. Ich bin schon vierundzwanzig ... ich fange an zu bereuen, wie viel von meiner Jugend ich versäumt habe.

FRANÇOIS *lacht* Das ist gut! Sie, Herzog ... für Sie ist doch jeder Tag verloren, an dem Sie nicht eine Frau erobert oder einen Mann totgestochen haben.

HERZOG Das Unglück ist nur, daß man beinah nie die Richtige erobert – und immer den Unrichtigen totsticht. Und so versäumt man seine Jugend doch. Es ist ganz, wie Rollin sagt.

FRANÇOIS Was sagt Rollin?

HERZOG Ich dachte an sein neues Stück, das sie in der Comédie geben – da kommt so ein hübscher Vergleich vor. Erinnern Sie sich nicht?

FRANÇOIS Ich habe gar kein Gedächtnis für Verse –

HERZOG Ich leider auch nicht ... ich erinnere mich nur an den Sinn ... Er sagt, die Jugend, die man nicht genießt, ist wie ein Federball, den man im Sand liegenläßt, statt ihn in die Luft zu schnellen.

ALBIN *altklug* Das find' ich sehr richtig.

HERZOG Nicht wahr? – Die Federn werden allmählich doch farblos, fallen aus. Es ist noch besser, er fällt in ein Gebüsch, wo man ihn nicht wiederfindet.
ALBIN Wie ist das zu verstehen, Emile?
HERZOG Es ist mehr zu empfinden. Wenn ich die Verse wüßte, verstünden Sie's übrigens gleich.
ALBIN Es kommt mir vor, Emile, als könnten Sie auch Verse machen, wenn Sie nur wollten.
HERZOG Warum?
ALBIN Seit Sie hier sind, scheint es mir, als wenn das Leben aufflammte –
HERZOG *lächelnd* Ja? Flammt es auf?
FRANÇOIS Wollen Sie sich nicht endlich zu uns setzen?
Unterdessen kommen zwei Adelige und setzen sich an einen etwas entfernten Tisch; der Wirt scheint ihnen Grobheiten zu sagen.
HERZOG Ich kann nicht hierbleiben. Aber ich komme jedenfalls noch einmal zurück.
MICHETTE Bleib bei mir!
FLIPOTTE Nimm mich mit!
Sie wollen ihn halten.
WIRT *nach vorn* Laßt ihn nur! Ihr seid ihm noch lang nicht schlecht genug. Er muß zu einer Straßendirne laufen, dort ist ihm am wohlsten.
HERZOG Ich komme ganz bestimmt zurück, schon um Henri nicht zu versäumen.
FRANÇOIS Denken Sie, als wir kamen, ging Henri eben mit Léocadie fort.
HERZOG So. – Er hat sie geheiratet. Wißt ihr das?
FRANÇOIS Wahrhaftig? – Was werden die andern dazu sagen?
ALBIN Was für andern?
FRANÇOIS Sie ist nämlich allgemein beliebt.
HERZOG Und er will mit ihr fort ... was weiß ich ... man hat's mir erzählt.
WIRT So? Hat man's dir erzählt? – *Blick auf den Herzog.*

HERZOG *Blick auf den Wirt, dann* Es ist zu dumm. Léocadie ist geschaffen, die größte, die herrlichste Dirne der Welt zu sein.

FRANÇOIS Wer weiß das nicht?

HERZOG Gibt es etwas Unverständigeres, als jemanden seinem wahren Beruf entziehen? *Da François lacht* Ich meine das nicht im Scherz. Auch zur Dirne muß man geboren sein – wie zum Eroberer oder zum Dichter.

FRANÇOIS Sie sind paradox.

HERZOG Es tut mir leid um sie – und um Henri. Er sollte hierbleiben – nicht h i e r – ich möchte ihn in die Comédie bringen – obwohl auch dort – mir ist immer, als verstünd' ihn keiner so ganz wie ich. Das kann übrigens eine Täuschung sein – denn ich habe diese Empfindung den meisten Künstlern gegenüber. Aber ich muß sagen, wär' ich nicht der Herzog von Cadignan, so möcht' ich gern ein solcher Komödiant – ein solcher ...

ALBIN Wie Alexander der Große ...

HERZOG *lächelnd* Ja – wie Alexander der Große. *Zu Flipotte* Gib mir meinen Degen. *Er steckt ihn in die Scheide. Langsam* Es ist doch die schönste Art, sich über die Welt lustig zu machen; einer, der uns vorspielen kann, was er will, ist doch mehr als wir alle.

Albin betrachtet ihn verwundert.

HERZOG Denken Sie nicht nach über das, was ich sage: Es ist alles nur im selben Augenblick wahr. – Auf Wiedersehen!

MICHETTE Gib mir einen Kuß, bevor du gehst!

FLIPOTTE Mir auch!

Sie hängen sich an ihn, der Herzog küßt beide zugleich und geht. – Währenddem:

ALBIN Ein wunderbarer Mensch! ...

FRANÇOIS Das ist schon wahr ... aber daß solche Menschen existieren, ist beinah ein Grund, nicht zu heiraten.

ALBIN Erklär mir im übrigen, was das für Frauenzimmer sind.

FRANÇOIS Schauspielerinnen. Sie sind auch von der Truppe Prospère, der jetzt der Spelunkenwirt ist. Freilich haben sie früher nicht viel anderes gemacht als jetzt.

GUILLAUME *stürzt herein, wie atemlos.*

GUILLAUME *zum Tisch hin, wo die Schauspieler sitzen, die Hand ans Herz, mühselig, sich stützend* Gerettet, ja, gerettet!
SCAEVOLA Was gibt's, was hast du?
ALBIN Was ist dem Mann geschehn?
FRANÇOIS Das ist jetzt Schauspiel. Paß auf!
ALBIN Ah –?
MICHETTE, FLIPOTTE *rasch zu Guillaume hin* Was gibt's? Was hast du?
SCAEVOLA Setz' dich, nimm einen Schluck!
GUILLAUME Mehr! Mehr! ... Prospère, mehr Wein! – – Ich bin gelaufen! Mir klebt die Zunge. Sie waren mir auf den Fersen.
JULES *fährt zusammen* Ah, gebt acht, sie sind uns überhaupt auf den Fersen.
WIRT So erzähl doch endlich, was ist denn passiert? ... *Zu den Schauspielern* Bewegung! Mehr Bewegung!
GUILLAUME Weiber her ... Weiber! – Ah – *Umarmt Flipotte* Das bringt einen auch wieder zum Leben! *Zu Albin, der höchst betroffen ist* Der Teufel soll mich holen, mein Junge, wenn ich gedacht habe, ich werde dich lebendig wiedersehn ... *Als wenn er lauschte* Sie kommen, sie kommen! – *Zur Tür hin* Nein, es ist nichts. – Sie ...
ALBIN Wie sonderbar! ... Es ist wirklich ein Lärm, wie wenn Leute draußen sehr rasch vorbeijagten. Wird das auch von hier aus geleitet?
SCAEVOLA *zu Jules* Jedesmal hat er die Nuance ... es ist zu dumm! –
WIRT So sag uns doch endlich, warum sie dir wieder auf den Fersen sind.
GUILLAUME Nichts Besonderes. Aber wenn sie mich hätten, würde es mir doch den Kopf kosten – ein Haus hab' ich angezündet.
Während dieser Szene kommen wieder junge Adelige, die an den Tischen Platz nehmen.
WIRT *leise* Weiter, weiter!
GUILLAUME *ebenso* Was weiter? Genügt das nicht, wenn ich ein Haus angezündet habe?

FRANÇOIS Sag mir doch, mein Lieber, warum du das Haus angezündet hast.

GUILLAUME Weil der Präsident des Obersten Gerichtshofes darin wohnt. Mit dem wollten wir anfangen. Wir wollen den guten Pariser Hausherren die Lust nehmen, Leute in ihr Haus zu nehmen, die uns arme Teufel ins Zuchthaus bringen.

GRAIN Das ist gut! Das ist gut!

GUILLAUME *betrachtet Grain und staunt; spricht dann weiter* Die Häuser müssen alle dran. Noch drei Kerle wie ich, und es gibt keine Richter mehr in Paris!

GRAIN Tod den Richtern!

JULES Ja ... es gibt doch vielleicht einen, den wir nicht vernichten können.

GUILLAUME Den möcht' ich kennenlernen.

JULES Den Richter in uns.

WIRT *leise* Das ist abgeschmackt. Laß das, Scaevola! Brülle! Jetzt ist der Moment!

SCAEVOLA Wein her, Prospère, wir wollen auf den Tod aller Richter in Frankreich trinken!

Während der letzten Worte traten ein:

Der MARQUIS VON LANSAC *mit seiner Frau* SEVERINE, ROLLIN, *der Dichter.*

SCAEVOLA Tod allen, die heute die Macht in Händen haben! Tod!

MARQUIS Sehen Sie, Séverine, so empfängt man uns.

ROLLIN Marquise, ich hab' Sie gewarnt.

SEVERINE Warum?

FRANÇOIS *steht auf* Was seh' ich! Die Marquise! Erlauben Sie, daß ich Ihnen die Hand küsse. Guten Abend, Marquis! Grüß' Gott, Rollin! Marquise, Sie wagen sich in dieses Lokal!

SEVERINE Man hat mir soviel davon erzählt. Und außerdem sind wir heute schon in Abenteuern drin – nicht wahr, Rollin?

MARQUIS Ja, denken Sie, Vicomte – was glauben Sie, woher wir kommen? – Von der Bastille.

FRANÇOIS Machen sie dort noch immer so einen Spektakel?

SEVERINE Ja freilich! – Es sieht aus, wie wenn sie sie einrennen wollten.

ROLLIN *deklamiert*
   Gleich einer Flut, die an die Ufer brandet,
   Und tief ergrimmt, daß ihr das eigne Kind,
   Die Erde widersteht –

SEVERINE Nicht, Rollin! – Wir haben dort unsern Wagen in der Nähe halten lassen. Es ist ein prächtiger Anblick; Massen haben doch immer was Großartiges.

FRANÇOIS Ja, ja, wenn sie nur nicht so übel riechen würden.

MARQUIS Und nun hat mir meine Frau keine Ruhe gegeben ... ich mußte sie hierher führen.

SEVERINE Also was gibt's denn da eigentlich Besonderes?

WIRT *zu Lansac* Na, bist du auch da, verdorrter Halunke? Hast du dein Weib mitgebracht, weil sie dir zu Haus nicht sicher genug ist?

MARQUIS *gezwungen lachend* Er ist ein Original!

WIRT Gib nur acht, daß sie dir nicht gerade hier weggefischt wird. Solche vornehmen Damen kriegen manchmal eine verdammte Lust, es mit einem richtigen Strolch zu versuchen.

ROLLIN Ich leide unsäglich, Séverine.

MARQUIS Mein Kind, ich habe Sie vorbereitet – es ist noch immer Zeit, daß wir gehen.

SEVERINE Was wollen Sie denn? Ich finde es reizend. Setzen wir uns doch endlich nieder!

FRANÇOIS Erlauben Sie, Marquise, daß ich Ihnen den Chevalier de la Tremouille vorstelle. Er ist auch das erste Mal hier. Der Marquis von Lansac; Rollin, unser berühmter Dichter.

ALBIN Sehr erfreut. *Komplimente; man nimmt Platz.*

ALBIN *zu François* Ist das eine von denen, die spielt oder ... ich kenne mich gar nicht aus.

FRANÇOIS Sei doch nicht so begriffsstutzig! – Das ist die wirkliche Frau des Marquis von Lansac ... eine höchst anständige Dame.

ROLLIN *zu Séverine* Sage, daß du mich liebst.

SEVERINE Ja, ja, aber fragen Sie mich nicht jeden Augenblick.

MARQUIS Haben wir schon irgendeine Szene versäumt?
FRANÇOIS Nicht viel. Der dort spielt einen Brandstifter, wie es scheint.
SEVERINE Chevalier, Sie sind wohl der Vetter der kleinen Lydia de la Tremouille, die heute geheiratet hat?
ALBIN Jawohl, Marquise, das war mit einer der Gründe, daß ich nach Paris gekommen bin.
SEVERINE Ich erinnere mich, Sie in der Kirche gesehen zu haben.
ALBIN *verlegen* Ich bin höchst geschmeichelt, Marquise.
SEVERINE *zu Rollin* Was für ein lieber kleiner Junge.
ROLLIN Ah, Séverine, Sie haben noch nie einen Mann kennengelernt, der Ihnen nicht gefallen hätte.
SEVERINE Oh, doch; den hab' ich auch gleich geheiratet.
ROLLIN Oh, Séverine, ich fürchte immer – es gibt sogar Momente, wo Ihnen Ihr eigener Mann gefährlich ist.
WIRT *bringt Wein* Da habt ihr! Ich wollte, es wäre Gift, aber es ist vorläufig noch nicht gestattet, euch Kanaillen das vorzusetzen.
FRANÇOIS Wird schon kommen, Prospère.
SEVERINE *zu Rollin* Was ist's mit diesen beiden hübschen Mädchen? Warum kommen sie nicht näher? Wenn wir schon einmal da sind, will ich alles mitmachen. Ich finde überhaupt, daß es hier höchst gesittet zugeht.
MARQUIS Haben Sie nur Geduld, Séverine.
SEVERINE Auf der Straße, find' ich, unterhält man sich in der letzten Zeit am besten. – Wissen Sie, was uns gestern passiert ist, als wir auf der Promenade von Longchamps spazierenfuhren?
MARQUIS Ach bitte, meine liebe Séverine, wozu ...
SEVERINE Da ist ein Kerl aufs Trittbrett unserer Equipage gesprungen und hat geschrieen: Nächstes Jahr werden Sie hinter Ihrem Kutscher stehen, und wir werden in der Equipage sitzen.
FRANÇOIS Ah, das ist etwas stark.
MARQUIS Ach Gott, ich finde, man sollte von diesen Dingen gar nicht reden. Paris hat jetzt etwas Fieber, das wird schon wieder vergehen.

GUILLAUME *plötzlich* Ich sehe Flammen, Flammen, überall, wo ich hinschaue, rote, hohe Flammen.
WIRT *zu ihm hin* Du spielst einen Wahnsinnigen, nicht einen Verbrecher.
SEVERINE Er sieht Flammen?
FRANÇOIS Das ist alles noch nicht das Richtige, Marquise.
ALBIN *zu Rollin* Ich kann Ihnen gar nicht sagen, wie wirr ich schon von dem allen bin.
MICHETTE *kommt zum Marquis* Ich hab' dich ja noch gar nicht begrüßt, mein süßes altes Schwein.
MARQUIS *verlegen* Sie scherzt, liebe Séverine.
SEVERINE Das kann ich nicht finden. Sag einmal, Kleine, wieviel Liebschaften hast du schon gehabt?
MARQUIS *zu François* Es ist bewunderungswürdig, wie sich die Marquise, meine Gemahlin, gleich in jede Situation zu finden weiß.
ROLLIN Ja, es ist bewunderungswürdig.
MICHETTE Hast du deine gezählt?
SEVERINE Als ich noch jung war wie du ... gewiß. –
ALBIN *zu Rollin* Sagen Sie mir, Herr Rollin, spielt die Marquise oder ist sie wirklich so – ich kenne mich absolut nicht aus.
ROLLIN Sein ... spielen ... kennen Sie den Unterschied so genau, Chevalier?
ALBIN Immerhin.
ROLLIN Ich nicht. Und was ich hier so eigentümlich finde, ist, daß alle scheinbaren Unterschiede sozusagen aufgehoben sind. Wirklichkeit geht in Spiel über – Spiel in Wirklichkeit. Sehen Sie doch einmal die Marquise an. Wie sie mit diesen Geschöpfen plaudert, als wären sie ihresgleichen. Dabei ist sie ...
ALBIN Etwas ganz anderes.
ROLLIN Ich danke Ihnen, Chevalier.
WIRT *zu Grain* Also, wie war das?
GRAIN Was?
WIRT Die Geschichte mit der Tante, wegen der du zwei Jahre im Gefängnis gesessen bist?

GRAIN Ich sagte Ihnen ja, ich habe sie erdrosselt.
FRANÇOIS Der ist schwach. Das ist ein Dilettant. Ich hab' ihn noch nie gesehn.
GEORGETTE *kommt rasch, wie eine Dirne niedrigsten Rangs gekleidet* Guten Abend, Kinder! Ist mein Balthasar noch nicht da?
SCAEVOLA Georgette! Setz dich zu mir! Dein Balthasar kommt noch immer zurecht.
GEORGETTE Wenn er in zehn Minuten nicht da ist, kommt er nicht mehr zurecht – da kommt er überhaupt nicht wieder.
FRANÇOIS Marquise, auf die passen Sie auf. Die ist in Wirklichkeit die Frau von diesem Balthasar, von dem sie eben spricht und der sehr bald kommen wird. – Sie stellt eine ganz gemeine Straßendirne dar, Balthasar ihren Zuhälter. Dabei ist es die treueste Frau, die man überhaupt in Paris finden kann.

BALTHASAR *kommt.*

GEORGETTE Mein Balthasar! *Sie läuft ihm entgegen, umarmt ihn* Da bist du ja!
BALTHASAR Es ist alles in Ordnung. *Stille ringsum.* Es war nicht der Mühe wert. Es hat mir beinah leid um ihn getan. Du solltest dir deine Leute besser ansehn, Georgette – ich bin es satt, hoffnungsvolle Jünglinge wegen ein paar Francs umzubringen.
FRANÇOIS Famos ...
ALBIN Wie? –
FRANÇOIS Er pointiert so gut.

DER KOMMISSÄR *kommt, verkleidet, setzt sich an einen Tisch.*

WIRT *zu ihm* Sie kommen in einem guten Moment, Herr Kommissär. Das ist einer meiner vorzüglichsten Darsteller.
BALTHASAR Man sollte sich überhaupt einen anderen Verdienst suchen. Meiner Seel', ich bin nicht feig, aber das Brot ist sauer verdient.
SCAEVOLA Das will ich glauben.
GEORGETTE Was hast du nur heute?

BALTHASAR Ich will's dir sagen, Georgette; – ich finde, du bist ein bißchen zu zärtlich mit den jungen Herren.
GEORGETTE Seht, was er für ein Kind ist. Sei doch vernünftig, Balthasar! Ich muß ja zärtlich sein, um ihnen Vertrauen einzuflößen.
ROLLIN Was sie da sagt, ist geradezu tief.
BALTHASAR Wenn ich einmal glauben müßte, daß du etwas empfindest, wenn dich ein anderer ...
GEORGETTE Was sagt ihr dazu! Die dumme Eifersucht wird ihn noch ins Grab bringen.
BALTHASAR Ich hab' heut einen Seufzer gehört, Georgette, und das war in einem Augenblick, wo sein Vertrauen bereits groß genug war!
GEORGETTE Man kann nicht so plötzlich aufhören, die Verliebte zu spielen.
BALTHASAR Nimm dich in acht, Georgette, die Seine ist tief. *Wild* Wenn du mich betrügst. –
GEORGETTE Nie, nie!
ALBIN Das versteh' ich absolut nicht.
SEVERINE Rollin, das ist die richtige Auffassung!
ROLLIN Sie finden?
MARQUIS *zu Séverine* Wir können noch immer gehen, Séverine.
SEVERINE Warum? Ich fang' an, mich sehr wohl zu fühlen.
GEORGETTE Mein Balthasar, ich bete dich an. *Umarmung.*
FRANÇOIS Bravo! Bravo! –
BALTHASAR Was ist das für ein Kretin?
KOMMISSÄR Das ist unbedingt zu stark – das ist –

MAURICE *und* ETIENNE *treten auf; sie sind wie junge Adelige gekleidet, doch merkt man, daß sie nur in verschlissenen Theaterkostümen stecken.*

VOM TISCH DER SCHAUSPIELER Wer sind die?
SCAEVOLA Der Teufel soll mich holen, wenn das nicht Maurice und Etienne sind.
GEORGETTE Freilich sind sie's.
BALTHASAR Georgette!

SEVERINE Gott, sind das bildhübsche junge Leute!

ROLLIN Es ist peinlich, Séverine, daß Sie jedes hübsche Gesicht so heftig anregt.

SEVERINE Wozu bin ich denn hergekommen?

ROLLIN So sagen Sie mir wenigstens, daß Sie mich lieben.

SEVERINE *mit einem Blick* Sie haben ein kurzes Gedächtnis.

ETIENNE Nun, was glaubt ihr, woher wir kommen?

FRANÇOIS Hören Sie zu, Marquis, das sind ein paar witzige Jungen.

MAURICE Von einer Hochzeit.

ETIENNE Da muß man sich ein wenig putzen. Sonst sind gleich diese verdammten Geheimpolizisten hinter einem her.

SCAEVOLA Habt ihr wenigstens einen ordentlichen Fang gemacht?

WIRT Laßt sehen.

MAURICE *aus seinem Wams Uhren herausnehmend* Was gibst du mir dafür?

WIRT Für die da? Einen Louis!

MAURICE Freilich!

SCAEVOLA Sie ist nicht mehr wert!

MICHETTE Das ist ja eine Damenuhr. Gib sie mir, Maurice.

MAURICE Was gibst du mir dafür?

MICHETTE Sieh mich an! ... Genügt das? –

FLIPOTTE Nein, mir; – sieh mich an –

MAURICE Meine lieben Kinder, das kann ich haben, ohne meinen Kopf zu riskieren.

MICHETTE Du bist ein eingebildeter Affe.

SEVERINE Ich schwöre, daß das keine Komödie ist.

ROLLIN Freilich nicht, überall blitzt etwas Wirkliches durch. Das ist ja das Entzückende.

SCAEVOLA Was war denn das für eine Hochzeit?

MAURICE Die Hochzeit des Fräuleins La Tremouille – sie hat den Grafen von Banville geheiratet.

ALBIN Hörst du, François? – Ich versichere dich, das sind wirkliche Spitzbuben.

FRANÇOIS Beruhige dich, Albin. Ich kenne die zwei. Ich hab' sie schon ein dutzendmal spielen sehen. Ihre Spezialität ist die Darstellung von Taschendieben.

Maurice zieht einige Geldbörsen aus seinem Wams.

SCAEVOLA Na, ihr könnt heut splendid sein.

ETIENNE Es war eine sehr prächtige Hochzeit. Der ganze Adel von Frankreich war da. Sogar der König hat sich vertreten lassen.

ALBIN *erregt* Alles das ist wahr!

MAURICE *läßt Geld über den Tisch rollen* Das ist für euch, meine Freunde, damit ihr seht, daß wir zusammenhalten.

FRANÇOIS Requisiten, lieber Albin. *Er steht auf und nimmt ein paar Münzen* Für uns fällt doch auch was ab.

WIRT Nimm nur ... so ehrlich hast du in deinem Leben nichts verdient!

MAURICE *hält ein Strumpfband, mit Diamanten besetzt, in der Luft* Und wem soll ich das schenken?

Georgette, Michette, Flipotte haschen danach.

MAURICE Geduld, ihr süßen Mäuse, darüber sprechen wir noch. Das geb' ich der, die eine neue Zärtlichkeit erfindet.

SEVERINE *zu Rollin* Möchten Sie mir nicht erlauben, da mitzukonkurrieren?

ROLLIN Sie machen mich wahnsinnig, Séverine.

MARQUIS Séverine, wollen wir nicht gehen? Ich denke ...

SEVERINE O nein. Ich befinde mich vortrefflich. *Zu Rollin* Ah, ich komm' in eine Stimmung –

MICHETTE Wie bist du nur zu dem Strumpfband gekommen?

MAURICE Es war ein solches Gedränge in der Kirche ... und wenn eine denkt, man macht ihr den Hof ...

Alle lachen, Grain hat dem François seinen Geldbeutel gezogen.

FRANÇOIS *mit dem Gelde zu Albin* Lauter Spielmarken. Bist du jetzt beruhigt?

Grain will sich entfernen.

WIRT *ihm nach; leise* Geben Sie mir sofort die Börse, die Sie diesem Herrn gezogen haben.

GRAIN Ich –

WIRT Auf der Stelle ... oder es geht Ihnen schlecht.
GRAIN Sie brauchen nicht grob zu werden. *Gibt sie ihm.*
WIRT Und hiergeblieben. Ich hab' jetzt keine Zeit, Sie zu untersuchen. Wer weiß, was Sie noch eingesteckt haben. Gehen Sie wieder auf ihren Platz zurück.
FLIPOTTE Das Strumpfband werd' ich gewinnen.
WIRT *zu François; wirft ihm den Beutel zu* Da hast du deinen Geldbeutel. Du hast ihn aus der Tasche verloren.
FRANÇOIS Ich danke Ihnen, Prospère. *Zu Albin* Siehst du, wir sind in Wirklichkeit unter den anständigsten Leuten von der Welt.

Henri ist bereits längere Zeit dagewesen, hinten gesessen, steht plötzlich auf.

ROLLIN Henri, da ist Henri. –
SEVERINE Ist das der, von dem Sie mir so viel erzählt haben?
MARQUIS Freilich. Der, um dessentwillen man eigentlich hierherkommt.
Henri tritt vor, ganz komödiantenhaft; schweigt.
DIE SCHAUSPIELER Henri, was hast du?
ROLLIN Beachten Sie den Blick. Eine Welt von Leidenschaft. Er spielt nämlich den Verbrecher aus Leidenschaft.
SEVERINE Das schätze ich sehr!
ALBIN Warum spricht er denn nicht?
ROLLIN Er ist wie entrückt. Merken Sie nur. Geben Sie acht ... er hat irgendeine fürchterliche Tat begangen.
FRANÇOIS Er ist etwas theatralisch. Es ist, wie wenn er sich zu einem Monolog vorbereiten würde.
WIRT Henri, Henri, woher kommst du?
HENRI Ich hab' einen umgebracht.
ROLLIN Was hab' ich gesagt?
SCAEVOLA Wen?
HENRI Den Liebhaber meiner Frau.
Der Wirt sieht ihn an, hat in diesem Augenblick offenbar die Empfindung, es könnte wahr sein.
HENRI *schaut auf* Nun, ja, ich hab' es getan, was schaut ihr mich so an?

Es ist nun einmal so. Ist es denn gar so verwunderlich? Ihr wißt doch alle, was meine Frau für ein Geschöpf ist; es hat so enden müssen.

WIRT Und sie – wo ist sie?

FRANÇOIS Sehen Sie, der Wirt geht drauf ein. Merken Sie, das macht die Sache so natürlich.

Lärm draußen, nicht zu stark.

JULES Was ist das für ein Lärm da draußen?

LANSAC Hören Sie, Séverine?

ROLLIN Es klingt, wie wenn Truppen vorüberzögen.

FRANÇOIS O nein, das ist unser liebes Volk von Paris, hören Sie nur, wie sie grölen. *Unruhe im Keller; draußen wird es still* Weiter, Henri, weiter.

WIRT So erzähl uns doch, Henri! – Wo ist deine Frau? Wo hast du sie gelassen?

HENRI Ah, es ist mir nicht bang um sie. Sie wird nicht daran sterben. Ob der, ob der, was liegt den Weibern dran? Noch tausend andere schöne Männer laufen in Paris herum – ob der oder der –

BALTHASAR Möge es allen so gehn, die uns unsere Weiber nehmen.

SCAEVOLA Allen, die uns nehmen, was uns gehört.

KOMMISSÄR *zum Wirt* Das sind aufreizende Reden.

ALBIN Es ist erschreckend ... die Leute meinen es ernst.

SCAEVOLA Nieder mit den Wucherern von Frankreich! Wollen wir wetten, daß der Kerl, den er bei seiner Frau erwischt hat, wieder einer von den verfluchten Hunden war, die uns auch um unser Brot bestehlen.

ALBIN Ich schlage vor, wir gehn.

SEVERINE Henri! Henri!

MARQUIS Aber Marquise!

SEVERINE Bitte, lieber Marquis, fragen Sie den Mann, wie er seine Frau erwischt hat ... oder ich frag' ihn selbst.

MARQUIS *nach Wehren* Sagen Sie, Henri, wie ist es Ihnen denn gelungen, die zwei abzufassen?

HENRI *der lang in Sinnen versunken war* Kennt Ihr denn mein Weib? –

Es ist das schönste und niedrigste Geschöpf unter der Sonne. – Und ich habe sie geliebt. – Sieben Jahre kennen wir uns ... aber erst seit gestern ist sie mein Weib. In diesen sieben Jahren war kein Tag, aber nicht ein Tag, an dem sie mich nicht belogen, denn alles an ihr lügt. Ihre Augen wie ihre Lippen, ihre Küsse und ihr Lächeln.

FRANÇOIS Er deklamiert ein wenig.

HENRI Jeder Junge und jeder Alte, jeder, der sie gereizt – und jeder, der sie bezahlt hat, ich denke, jeder, der sie wollte, hat sie gehabt – und ich hab' es gewußt!

SEVERINE Das kann nicht jeder von sich sagen.

HENRI Und dabei hat sie mich geliebt, meine Freunde, kann das einer von euch verstehen? Immer wieder ist sie zu mir zurückgekommen – von überall her wieder zu mir – von den Schönen und den Häßlichen – den Klugen und den Dummen, den Lumpen und den Kavalieren – immer wieder zu mir. –

SEVERINE *zu Rollin* Wenn ihr nur ahntet, daß eben dieses Zurückkommen die Liebe ist.

HENRI Was hab' ich gelitten ... Qualen, Qualen!

ROLLIN Es ist erschütternd!

HENRI Und gestern hab' ich sie geheiratet. Wir haben einen Traum gehabt. Nein – ich hab' einen Traum gehabt. Ich wollte mit ihr fort von hier. In die Einsamkeit, aufs Land, in den großen Frieden. Wie andere glückliche Ehepaare wollten wir leben – auch von einem Kind haben wir geträumt.

ROLLIN *leise* Séverine.

SEVERINE Nun ja, es ist schon gut.

ALBIN François, dieser Mensch spricht die Wahrheit.

FRANÇOIS Gewiß, diese Liebesgeschichte ist wahr, aber es handelt sich um die Mordgeschichte.

HENRI Ich hab' mich um einen Tag verspätet ... sie hatte noch einen vergessen, sonst – glaub' ich – hat ihr keiner mehr gefehlt ... aber ich hab' sie zusammen erwischt ... und er ist hin.

DIE SCHAUSPIELER Wer? ... Wer? Wie ist es geschehen? ... Wo liegt er? – Wirst du verfolgt? ... Wie ist es geschehen? ... Wo ist sie?

HENRI *immer erregter* Ich hab' sie begleitet ... ins Theater ... zum letzten Male sollt' es heute sein ... ich hab' sie geküßt ... an der Tür – und sie ist hinauf in ihre Garderobe, und ich bin fortgegangen wie einer, der nichts zu fürchten hat. – Aber schon nach hundert Schritten hat's begonnen ... in mir ... versteht ihr mich ... eine ungeheure Unruhe ... und es war, als zwänge mich irgendwas, umzukehren ... und ich bin umgekehrt und hingegangen. Aber da hab' ich mich geschämt und bin wieder fort ... und wieder war ich hundert Schritt weit vom Theater ... da hat es mich gepackt ... und wieder bin ich zurück. Ihre Szene war zu Ende ... sie hat ja nicht viel zu tun, steht nur eine Weile auf der Bühne, halbnackt – und dann ist sie fertig ... ich stehe vor ihrer Garderobe, ich lehne mein Ohr an die Tür und höre flüstern. Ich kann kein Wort unterscheiden ... das Flüstern verstummt ... ich stoße die Tür auf ... *Er brüllt wie ein wildes Tier* – es war der Herzog von Cadignan, und ich hab' ihn ermordet. –

WIRT *der es endlich für wahr hält* Wahnsinniger!

Henri schaut auf, sieht den Wirt starr an.

SEVERINE Bravo! Bravo!

ROLLIN Was tun Sie, Marquise? Im Augenblick, wo Sie Bravo! rufen, machen Sie das alles wieder zum Theater – und das angenehme Gruseln ist vorbei.

MARQUIS Ich finde das Gruseln nicht so angenehm. Applaudieren wir, meine Freunde, nur so können wir uns von diesem Banne befreien.

WIRT *zu Henri, während des Lärms* Rette dich, flieh, Henri!

HENRI Was? Was?

WIRT Laß es jetzt genug sein und mach, daß du fortkommst!

FRANÇOIS Ruhe! ... Hören wir, was der Wirt sagt!

WIRT *nach kurzer Überlegung* Ich sag' ihm, daß er fort soll, bevor die Wachen an den Toren der Stadt verständigt sind. Der schöne Herzog war ein Liebling des Königs – sie rädern dich! Hättest du doch lieber die Kanaille, dein Weib, erstochen!

FRANÇOIS Was für ein Zusammenspiel ... Herrlich!

HENRI Prospère, wer von uns ist wahnsinnig, du oder ich? – *Er steht da und versucht in den Augen des Wirts zu lesen.*

ROLLIN Es ist wunderbar, wir alle wissen, daß er spielt, und doch, wenn der Herzog von Cadignan jetzt hereinträte, er würde uns erscheinen wie ein Gespenst. *Lärm draußen – immer stärker. Es kommen Leute herein, man hört schreien. Ganz an ihrer Spitze Grasset, andere, unter ihnen Lebrêt, drängen über die Stiege nach. Man hört Rufe: Freiheit, Freiheit!*

GRASSET Hier sind wir, Kinder, da herein!

ALBIN Was ist das? Gehört das dazu?

FRANÇOIS Nein.

MARQUIS Was soll das bedeuten?

SEVERINE Was sind das für Leute?

GRASSET Hier herein! Ich sag' es euch, mein Freund Prospère hat immer noch ein Faß Wein übrig, und wir haben's verdient!
Lärm von der Straße
Freund! Bruder! Wir haben sie, wir haben sie!

RUFE DRAUSSEN Freiheit! Freiheit!

SEVERINE Was gibt's?

MARQUIS Entfernen wir uns, entfernen wir uns, der Pöbel rückt an.

ROLLIN Wie wollen Sie sich entfernen?

GRASSET Sie ist gefallen, die Bastille ist gefallen!

WIRT Was sagst du? – Spricht er die Wahrheit?

GRASSET Hörst du nicht?

Albin will den Degen ziehen.

FRANÇOIS Laß das jetzt, sonst sind wir alle verloren.

GRASSET *torkelt über die Stiege herein* Und wenn ihr euch beeilt, könnt ihr noch draußen was Lustiges sehen ... auf einer sehr hohen Stange den Kopf unseres teueren Delaunay.

MARQUIS Ist der Kerl verrückt?

RUFE Freiheit! Freiheit!

GRASSET Einem Dutzend haben wir die Köpfe abgeschlagen, die Bastille gehört uns, die Gefangenen sind frei! Paris gehört dem Volke!

WIRT Hört ihr! Hört ihr! Paris gehört uns!

GRASSET Seht, wie er jetzt Mut kriegt. ja, schrei nur, Prospère, jetzt kann dir nichts mehr geschehn.
WIRT *zu den Adligen* Was sagt ihr dazu? Ihr Gesindel! Der Spaß ist zu Ende.
ALBIN Hab' ich's nicht gesagt?
WIRT Das Volk von Paris hat gesiegt.
KOMMISSÄR Ruhe! – *Man lacht* Ruhe! ... Ich untersage die Fortsetzung der Vorstellung!
GRASSET Wer ist der Tropf?
KOMMISSÄR Prospère, ich mache Sie verantwortlich für alle die aufreizenden Reden –
GRASSET Ist der Kerl verrückt?
WIRT Der Spaß ist zu Ende, begreift ihr nicht? Henri, so sag's ihnen doch, jetzt darfst du's ihnen sagen! Wir schützen dich ... das Volk von Paris schützt dich.
GRASSET Ja, das Volk von Paris.
Henri steht stieren Blicks da.
WIRT Henri hat den Herzog von Cadignan wirklich ermordet.
ALBIN, FRANÇOIS, MARQUIS Was sagt er da?
ALBIN *und andere* Was bedeutet das alles, Henri?
FRANÇOIS Henri, sprechen Sie doch!
WIRT Er hat ihn bei seiner Frau gefunden – und er hat ihn umgebracht.
HENRI Es ist nicht wahr!
WIRT Jetzt brauchst du dich nicht mehr zu fürchten, jetzt kannst du's in die Welt hinausschrein. Ich hätte dir schon vor einer Stunde sagen können, daß sie die Geliebte des Herzogs ist. Bei Gott, ich bin nahe daran gewesen, dir's zu sagen ... Sie schreiender Bimsstein, nicht wahr, wir haben's gewußt?
HENRI Wer hat sie gesehn? Wo hat man sie gesehn?
WIRT Was kümmert dich das jetzt! Er ist ja verrückt ... Du hast ihn umgebracht, mehr kannst du doch nicht tun.
FRANÇOIS Um Himmels willen, so ist es wirklich wahr oder nicht?
WIRT Ja, es ist wahr!

GRASSET Henri – du sollst von nun an mein Freund sein. Es lebe die Freiheit! Es lebe die Freiheit!
FRANÇOIS Henri, reden Sie doch!
HENRI Sie war seine Geliebte? Sie war die Geliebte des Herzogs? Ich hab' es nicht gewußt ... er lebt ... er lebt. –
Ungeheure Bewegung.
SEVERINE *zu den anderen* Nun, wo ist jetzt die Wahrheit?
ALBIN Um Gottes willen!

Der HERZOG drängt sich durch die Masse auf der Stiege.

SEVERINE *die ihn zuerst sieht* Der Herzog!
EINIGE Der Herzog!
HERZOG Nun ja, was gibt's denn?
WIRT Ist es ein Gespenst?
HERZOG Nicht daß ich wüßte! Laßt mich da herüber!
ROLLIN Was wetten wir, daß alles arrangiert ist? Die Kerls da gehören zur Truppe von Prospère. Bravo, Prospère, das ist dir gelungen!
HERZOG Was gibt's? Spielt man hier noch, während draußen ... Weiß man denn nicht, was da draußen für Dinge vorgehen? Ich habe den Kopf Delaunays auf einer Stange vorbeitragen sehen. Ja, was schaut ihr mich denn so an – *Tritt herunter* Henri –
FRANÇOIS Hüten Sie sich vor Henri.
Henri stürzt wie ein Wütender auf den Herzog und stößt ihm den Dolch in den Hals.
KOMMISSÄR *steht auf* Das geht zu weit! –
ALBIN Er blutet!
ROLLIN Hier ist ein Mord geschehen!
SEVERINE Der Herzog stirbt!
MARQUIS Ich bin fassungslos, liebe Séverine, daß ich Sie gerade heute in dieses Lokal bringen mußte!
SEVERINE Warum? *Mühsam* Es trifft sich wunderbar. Man sieht nicht alle Tage einen wirklichen Herzog wirklich ermordet.
ROLLIN Ich fasse es noch nicht.
KOMMISSÄR Ruhe! – Keiner verlasse das Lokal! –

GRASSET Was will der??

KOMMISSÄR Ich verhafte diesen Mann im Namen des Gesetzes.

GRASSET *lacht* Die Gesetze machen wir, ihr Dummköpfe! Hinaus mit dem Gesindel! Wer einen Herzog umbringt, ist ein Freund des Volkes. Es lebe die Freiheit!

ALBIN *zieht den Degen* Platz gemacht! Folgen Sie mir, meine Freunde!

LEOCADIE *stürzt herein, über die Stufen.*

RUFE Léocadie!

ANDERE Seine Frau!

LEOCADIE Laßt mich hier herein! Ich will zu meinem Mann! *Sie kommt nach vorne, sieht, schreit auf* Wer hat das getan? Henri! *Henri schaut sie an.*

LEOCADIE Warum hast du das getan?

HENRI Warum?

LEOCADIE Ja, ja, ich weiß warum. Meinetwegen. Nein, nein, sag' nicht meinetwegen. Soviel bin ich mein Lebtag nicht wert gewesen.

GRASSET *beginnt eine Rede* Bürger von Paris, wir wollen unsern Sieg feiern. Der Zufall hat uns auf dem Weg durch die Straßen von Paris zu diesem angenehmen Wirt geführt. Es hat sich nicht schöner treffen können. Nirgends kann der Ruf: »Es lebe die Freiheit!« schöner klingen als an der Leiche eines Herzogs.

RUFE Es lebe die Freiheit! Es lebe die Freiheit!

FRANÇOIS Ich denke, wir gehen – das Volk ist wahnsinnig geworden. Gehn wir.

ALBIN Sollen wir ihnen die Leiche hierlassen?

SEVERINE Es lebe die Freiheit! Es lebe die Freiheit!

MARQUIS Sind Sie verrückt?

DIE BÜRGER, DIE SCHAUSPIELER Es lebe die Freiheit! Es lebe die Freiheit!

SEVERINE *an der Spitze der Adligen, dem Ausgange zu* Rollin, warten Sie heut nacht vor meinem Fenster. Ich werfe den Schlüssel hinunter wie neulich – wir wollen eine schöne Stunde haben – ich fühle mich angenehm erregt.

Rufe: Es lebe die Freiheit! Es lebe Henri! Es lebe Henri!

LEBRET Schaut die Kerle an – sie laufen uns davon.

GRASSET Laßt sie für heute – laßt sie. – Sie werden uns nicht entgehen.

Vorhang

Erzählungen

Spaziergang

Junisonne, die langsam verglomm. Es war draußen, weit vor der Linie, und in langer Reihe dehnten sich hohe einförmige Häuser in häßlicher, weiß-gelber Farbe schimmernd. Viele Fenster waren offen, Männer in Hemdärmeln schauten heraus und verfolgten die klingelnde Tramway mit gedankenlosen Augen; Frauen in nachlässigen, schlotternden Blusen blickten ins Blaue. Kinder spielten auf den Straßen, schmutzig und lärmend; und auf den matt grünenden Wiesen, die hier begannen, um sich weiter hinaus in schüchternes Hügelland zu verlieren, waren ärmliche Menschen, die sich nach freier Luft sehnten, ohne es zu wissen; Buben und Mädel, die auf der Erde kugelten oder hin und her liefen; Soldaten mit blöden, fröhlichen Feierabendgesichtern, schlechte Cigarren rauchend; Dirnen, die, meist zu zweien oder dreien, laut lachend, übers Feld schritten; zuweilen einsame Spaziergänger, die da heraus gewandert kamen, um von der Stimmung dieses seltsamen Grenzgebietes zu kosten, wo die Stadt allmälig aufhört und ihr dumpfes, langes, angstvolles Atmen in einem müden, tröstlichen Seufzen aushaucht.

So waren auch die vier Freunde heute da heraus gelangt. Die Sonne verglomm, kühle Schatten schlichen an den Mauern hinauf, langsam, bis sie sich auf den Dächern verloren. Nur weit draußen noch auf den letzten Häusern lag ein rötlicher, schmerzlicher Schimmer. Und sie spazierten weiter bis zu den allerletzten Häusern. Die Straße war jäh abgeschnitten, hier endete die Stadt. Sie wandten sich um und schauten in den Dunstkreis zurück, aus dem die Straßen mühselig heranzuschleichen schienen. Sie blieben stehen.

»Merkwürdig!« sagte Hans. »Als ich vor zwei oder drei Jahren ein paar Monate im Auslande verbrachte, habe ich mich wohl nach der Ringstraße, nach unseren Theatern, nach dem Rathause, nach einigen schönen Wiener Mädeln und ein bißchen nach euch gesehnt, aber das wahre Heimweh, das, bei dem einem die Tränen kommen, das habe ich doch eigentlich nur empfunden, wenn mir die Erinnerung an Orte kam – wie der da einer ist. Hier ist für mich die Seele Wiens. Hier, wo es anfängt, so still ... so einsam zu werden ...«

»Aber entschuldige«, sagte Max, »gerade hier hört ja das Charakteristische auf. Das ist vielleicht eine halb unbewußte Erinnerung, welche sich für dich mit dieser Stelle verknüpft und gerade hier dieses Gefühl der Heimat so stark werden läßt. Möglicherweise liegt es auch daran, daß hier die Stadt als ein Ganzes vor dir liegt, und daß du sie geordneter siehst, als wenn du durch ihre Straßen wandelst. Oder auch die Eindrücke, die du aus der Stadt mitbringst, fangen erst hier, wenn es einsam und stille um dich wird, zu wirken an.«

»Aber es braucht durchaus nicht so zu sein«, warf Stefan ein, »denn man braucht ja nicht gerade das Charakteristische seiner Heimat zu lieben. Ja, nicht einmal irgend etwas, was tatsächlich vorhanden ist. Was mich anlangt, so bin ich darauf gekommen, daß das, was ich an Wien so lieb habe, längst nicht mehr da ist. Ich habe die Häuser von 1760 gern, die längst niedergerissen sind, und die Wiener Damen von 1820, die längst gestorben sind, und die Wiener Walzer, die traurigen, vom alten Strauß, die man nimmer spielt. Und wenn ich einmal über den Ring bummle, im Frühjahre, und ich fühle mich behaglich, so merke ich gleich, daß ich eigentlich ein Herr von 1970 bin, und ich sehe alle Leute, wie ich sie auf Bildern nach vielen Jahren sehen würde.«

»Das glaubst du nur!« rief Fritz. »Es ist nur ein Raffinement mehr, um sich am Lebendigen zu freuen. Gelegentlich überzeugt man sich aber auf die angenehmste Weise, daß man doch nicht mit Schatten oder Bildern zu tun hat; nicht wahr? Und ich lasse mir von dir, Hans, mein lustiges Wien nicht traurig, und von dir, mein lieber Stefan, mein lebendiges Wien nicht historisch machen. Ja, verachtet mich nur. Ich bin ja auch wirklich von euch beiden schon in meinen heiligsten Wiener Empfindungen verdorben worden. Es ist mir geschehen, daß ich beim Guschelbauer saß und sich bei dem köstlichen Lied vom »Alten Drahrer« nichts in mir regte. Ich habe das Herz von einem »echten Weana« preisen gehört und beinahe vergessen, daß ich selbst eins habe! Der Reim von die »Tanz« und »Gstanz« hat mich ungerührt gelassen – und ich war nahe daran, darüber zu höhnen, daß der alte Steffel oder gar der Vater Radetzky mit Interesse auf uns niederschaut. Das soll wieder anders werden. Ich muß meine Naivetät wieder bekommen. Mein heiteres Wien will ich mir wieder entdecken, das, wofür ihr alle nicht die richtigen Augen habt. Wo du hinschaust, Hans, da siehst du nur die stumme Wehmut der Dinge, und die unbesorgte Beschränktheit der Menschen. – Für dich, Max, ist überall die Dürre des Gesetzmäßigen und Notwendigen. – Und gar du, Stefan! – Für dich sind überall Komödianten, die dir ahnungslos was vorspielen müssen. Manchmal hast du die Güte, zu applaudieren, öfters aber bist du zerstreut oder nicht in der Laune, hinzuhorchen. – Ich will anders sein wie ihr alle! Ich will, was ihr eigentlich alle nicht könnt, mit ihnen, unter ihnen leben.«

»Mit einem Worte, du willst dich unterhalten«, sagte Hans etwas verächtlich.

»Nein, unter ihnen, als einer von ihnen will ich leben. Ich will, wie die Jugend, der Zufall und die Abenteuer mich führen, durch das ganze Leben Wiens schlendern.«

»Wenn dir nicht die Naivetät dazu fehlen möchte«, warf Max ein.

»Mir?«

»Gerade dir! Denn du bist ja doch nur ein verschämter Localpatriot. Du hast das kindische Bedürfnis der Zärtlichkeit für deine Nebenmenschen, und da du nicht groß genug bist, um die ganze Welt zu lieben, so begnügt sich dein bequemes Herz mit dem kleinen Fleck Erde, den du kennst.«

»Daß ich es liebe, gebe ich zu, daß ich es kenne, nicht. Und ich möchte es kennen! Was weiß ich denn eigentlich davon? Ich kenne die Straßen, die Gebäude, ich kenne die Mundart, die der Wiener spricht, ich kenne Typen, Gesellschaftskreise, ich kenne den Corso auf dem Ring, das Treiben im Prater, die Burgmusik – aber was den Duft dieser Dinge macht, und wieso es eigentlich kommt, daß uns oft in einem stillen Praterspaziergange, oder auf dem alten Platz vor der

Minoritenkirche, oder aus einem Worte eines süßen Wiener Mädels die ganze rührende und reiche Seele der Stadt entgegenflutet, das, das möcht' ich wissen!«

»Nun ja«, sagte Hans, »das Geheimnis der Stimmung!«

»Darüber«, meinte Stefan, »habe ich erst neulich einmal nachgedacht. Nicht wahr, die Tugenden und die Laster, die Talente und die Vorurteile unserer Ahnen gehen nicht verloren. Die erben sich fort. Warum denn nicht auch die Stimmungen? Und in manchen Stunden, deren Lust oder Weh im Dämmern des Unbegreiflichen verschwimmt, sind es vielleicht Stimmungen vergangener Jahrhunderte, die durch unsere Seele gehen; und wir erkennen die Träume nicht als die unserer Ahnen. Denn ihre Tugenden und Laster hat man aufgezeichnet – nur selten ihre Träume.«

»Mystiker«, sagte Max, »das verwirrt nur. Unsere Augen müssen wir schärfen, um endlich die Fäden zu sehen, welche zwischen den Einzelheiten laufen. Zum Entstehen von Stimmungen ist eine gewisse Müdigkeit der Sinne und der Gedanken notwendig. Wenn wir stets völlig wach wären, oder wenn wir uns gar zu jener idealen Wachheit emporringen könnten, in welcher alle Sinne vollkommen aufnahmsfähig wären, so gäbe es jene wallenden Schleier nicht, welche sich vor die Deutlichkeit der Dinge legen und uns die Töne unserer Stimmungen bringen.«

Es war dunkel geworden. Die Laternen in den Straßen waren angezündet. Die Freunde schlugen den Rückweg in die Stadt ein.

»Nein, nein«, sagte Hans, »ich habe keine Sehnsucht nach Deutlichkeit! In welch einförmiger, unausstehlicher Beleuchtung stände alles da! Verdrossen wie an einem Wintertage würden wir durch dieses frostige Dasein eilen.«

»Und wer von uns«, sagte Max, »glaubt ihr wohl, hat am meisten Anwartschaft darauf, dieses Rätsel zu lösen, in das wir eben jetzt wieder hineinspazieren, und das uns mit seinen tausend Laternen und mit den beleuchteten Fenstern höhnisch entgegenglänzt? – Du, Hans, für den die Lösung des Rätsels aus unbewußten Schmerzen – oder du, Stefan, für den es aus dem Hauch ferner Zeiten zu kommen scheint – oder du, Fritz, der du dich vom gedankenlosen Strome mittreiben lassen willst –?«

»Wir alle eher, als du«, sagte Stefan, »wenn du wirklich ein so Wacher wärst, als du uns glauben machen willst. Aber auch zwischen dir und der Stadt bestehen Beziehungen. Und zwar andere, als die zwischen dem Schauenden und dem Geschauten. Du bist ganz einfach ein Betrogener Wiens und wie es nun schon einmal Betrogene tun, spielst du den Kalten und höhnst. Dich hat Wien getäuscht, weil du es einmal zu sehr geliebt hast. Du warst berauscht davon. Es hat dir so viel gegeben; bedenke doch; – fast den ganzen Inhalt deines Lebens verdankst du ihm; Alles, was du schufst, war von Wiener Luft durchtränkt, und Alles was du lebtest, hatte die Süßigkeit seiner Atmosphäre. Ist's nicht so?«

»Ja. Aber das ist lang vorbei. Wien! – Plötzlich hatte es sich von mir abgewandt. Alles mißglückte mir, was ich in Kunst und Leben unternahm. Ich nannte es ein Mißglücken, während doch eigentlich nichts Anderes geschah, als daß sich meine Art zu schauen änderte. Ich klage nicht darüber, denn es mußte offenbar so kommen, und nirgends in der Welt wäre es mir anders ergangen. Es gibt Leute, die ihre Jugend nie los werden – wie ihr zum Beispiel! Ich aber gehöre zu denen, welche eines Morgens aufwachen und keine Freude am Spiel mehr finden. Da kommt wohl auch eine Zeit der Bitterkeit, in der man die anderen beneidet, die weiterspielen. Zuerst ist nur das schale Gefühl da, daß man etwas verloren hat. Ja, man hat die Kinderfreude verloren, an alles so nahe heranzutreten, daß man es berühren kann. Die Verwandtschaft ist einem abhanden gekommen, man gehört nicht mehr dazu. Und da ist man eine Zeitlang einsam und arm, denn die Einsamkeit findet uns nicht reif, sie macht uns erst dazu. Dann aber kommt die große Klarheit. Man läßt einfach seine Sinne die Welt einsaugen. Man verzichtet darauf, die hundert Spiele mit der Welt zu spielen, denen ihr die schönen Namen gebt. Ich bin ja noch nicht so weit, daß ich gerne darauf verzichte, aber wartet nur bis meine Sinne sich zur »großen Wachheit« werden durchgerungen haben. Vielleicht kann ich euch dann Dinge erzählen, die euch staunen machen werden. Ihr wißt ja doch im Grunde nur, was ihr zum Leben sagt. Ihr bekommt Antworten aus der Tiefe eurer Seele und ihr meint, die Welt hat gesprochen.«

Die Freunde gingen weiter; der Stadt zu. Sie sprachen eine Weile nichts. Wie sie aber schon dem großen Gewühle nahe waren, in dem alle Worte sich verlieren mußten, da sagte Hans:

»Es ist doch schön, daß wir alle nie die Wachheit haben werden, die du, Max, ersehnst.«

»Sucht ihr sie denn nicht?« rief Max aus. »Ihr seid ja doch Alle nicht im Stande, gemächlich euere Freude und eure Schmerzen zu genießen. Seid ihr denn zufrieden, einfach etwas zu lieben oder etwas zu hassen? Ihr sucht nach den letzten geheimsten Gründen, sucht nach der Seele der Dinge.«

»Mag sein«, sagte Stefan. »Und daher kommt es vielleicht, daß wir Sehnsucht haben nach dem, was wir besitzen – und Heimweh, während wir doch zu Hause sind!«

Leutnant Gustl

Wie lang' wird denn das noch dauern? Ich muß auf die Uhr schauen ... schickt sich wahrscheinlich nicht in einem so ernsten Konzert. Aber wer sieht's denn? Wenn's einer sieht, so paßt er gerade so wenig auf, wie ich, und vor dem brauch' ich mich nicht zu genieren ... Erst viertel auf zehn? ... Mir kommt vor, ich sitz' schon drei Stunden in dem Konzert. Ich bin's halt nicht gewohnt ... Was ist es denn eigentlich? Ich muß das Programm anschauen .. Ja, richtig: Oratorium! Ich hab' gemeint: Messe. Solche Sachen gehören doch nur in die Kirche! Die Kirche hat auch das Gute, daß man jeden Augenblick fortgehen kann. – Wenn ich wenigstens einen Ecksitz hätt'! – Also Geduld, Geduld! Auch Oratorien nehmen ein End'! Vielleicht ist es sehr schön, und ich bin nur nicht in der Laune. Woher sollt' mir auch die Laune kommen? Wenn ich denke, daß ich hergekommen bin, um mich zu zerstreuen ... Hätt' ich die Karte lieber dem Benedek geschenkt, dem machen solche Sachen Spaß; er spielt ja selber Violine. Aber da wär' der Kopetzky beleidigt gewesen. Es war ja sehr lieb von ihm, wenigstens gut gemeint. Ein braver Kerl, der Kopetzky! Der einzige, auf den man sich verlassen kann ... Seine Schwester singt ja mit unter denen da oben. Mindestens hundert Jungfrauen, alle schwarz gekleidet; wie soll ich sie da herausfinden? Weil sie mitsingt, hat er auch das Billett gehabt, der Kopetzky ... Warum ist er denn nicht selber gegangen? – Sie singen übrigens sehr schön. Es ist sehr erhebend – sicher! Bravo! Bravo! ... Ja, applaudieren wir mit. Der neben mir klatscht wie verrückt. Ob's ihm wirklich so gut gefällt? – Das Mädel drüben in der Loge ist sehr hübsch. Sieht sie mich an oder den Herrn dort mit dem blonden Vollbart? ... Ah, ein Solo! Wer ist das? Alt: Fräulein Walker, Sopran: Fräulein Michalek ... das ist wahrscheinlich Sopran ... Lang' war ich schon nicht in der Oper. In der Oper unterhalt' ich mich immer, auch wenn's langweilig ist. Übermorgen könnt' ich eigentlich wieder hineingeh'n, zur ›Traviata‹. Ja, übermorgen bin ich vielleicht schon eine tote Leiche! Ah, Unsinn, das glaub' ich selber nicht! Warten S' nur, Herr Doktor, Ihnen wird's vergeh'n, solche Bemerkungen zu machen! Das Nasenspitzel hau' ich Ihnen herunter ...

Wenn ich die in der Loge nur genau sehen könnt'! Ich möcht' mir den Operngucker von dem Herrn neben mir ausleih'n, aber der frißt mich ja auf, wenn ich ihn in seiner Andacht stör' ... In welcher Gegend die Schwester vom Kopetzky steht? Ob ich sie erkennen möcht'? Ich hab' sie ja nur zwei- oder dreimal gesehen, das letztemal im Offizierskasino ... Ob das lauter anständige Mädeln sind, alle hundert? O jeh! ... »Unter Mitwirkung des Singvereins«! – Singverein ... komisch! Ich hab' mir darunter eigentlich immer so was Ähnliches vorgestellt, wie die Wiener Tanzsängerinnen, das heißt, ich hab' schon gewußt, daß es was anderes ist! .. Schöne Erinnerungen! Damals beim ›Grünen Tor‹ ... Wie hat sie nur geheißen? Und dann hat sie mir einmal eine Ansichtskarte aus Belgrad geschickt ... Auch eine schöne Gegend! – Der Kopetzky hat's gut, der sitzt jetzt längst im Wirtshaus und raucht seine Virginia! ...

Was guckt mich denn der Kerl dort immer an? Mir scheint, der merkt, daß ich mich langweil' und nicht herg'hör' ... Ich möcht' Ihnen raten, ein etwas weniger freches Gesicht zu machen, sonst stell' ich Sie mir nachher im Foyer! – Schaut schon weg! ... Daß sie alle vor meinem Blick so eine Angst hab'n ... »Du hast die schönsten Augen, die mir je vorgekommen sind!« hat neulich die Steffi gesagt ... O Steffi, Steffi, Steffi! – Die Steffi ist eigentlich schuld, daß ich dasitz' und mir stundenlang vorlamentieren lassen muß. – Ah, diese ewige Abschreiberei von der Steffi geht mir wirklich schon auf die Nerven! Wie schön hätt' der heutige Abend sein können. Ich hätt' große Lust, das Brieferl von der Steffi zu lesen. Da hab' ich's ja. Aber wenn ich die Brieftasche herausnehm', frißt mich der Kerl daneben auf? – Ich weiß ja, was drinsteht ... sie kann nicht kommen, weil sie mit »ihm« nachtmahlen gehen muß ... Ah, das war komisch vor acht Tagen, wie sie mit ihm in der Gartenbaugesellschaft gewesen ist, und ich vis-à-vis mit'm Kopetzky; und sie hat mir immer die Zeichen gemacht mit den Augerln, die verabredeten. Er hat nichts gemerkt – unglaublich! Muß übrigens ein Jud' sein! Freilich, in einer Bank ist er, und der schwarze Schnurrbart ... Reserveleutnant soll er auch sein! Na, in mein Regiment sollt' er nicht zur Waffenübung kommen! Überhaupt, daß sie noch immer so viel Juden zu Offizieren machen – da pfeif ich auf'n ganzen Antisemitismus! Neulich in der Gesellschaft, wo die G'schicht' mit dem Doktor passiert ist bei den Mannheimers ... die Mannheimer selber sollen ja auch Juden sein, getauft natürlich ... denen merkt man's aber gar nicht an – besonders die Frau ... so blond, bildhübsch die Figur ... War sehr amüsant im ganzen. Famoses Essen, großartige Zigarren ... Na ja, wer hat's Geld? ...

Bravo, bravo! Jetzt wird's doch bald aus sein? – Ja, jetzt steht die ganze G'sellschaft da droben auf ... sieht sehr gut aus – imposant! – Orgel auch? ... Orgel hab' ich sehr gern ... So, das laß' ich mir g'fall'n – sehr schön! Es ist wirklich wahr, man sollt' öfter in Konzerte gehen ... Wunderschön ist's g'wesen, werd' ich dem Kopetzky sagen ... Werd' ich ihn heut' im Kaffeehaus treffen? – Ah, ich hab' gar keine Lust, ins Kaffeehaus zu geh'n; hab' mich gestern so gegiftet! Hundertsechzig Gulden auf einem Sitz verspielt – zu dumm! Und wer hat alles gewonnen? Der Ballert, grad' der, der's nicht notwendig hat ... Der Ballert ist eigentlich schuld, daß ich in das blöde Konzert hab' geh'n müssen ... Na ja, sonst hätt' ich heut' wieder spielen können, vielleicht doch was zurückgewonnen. Aber es ist ganz gut, daß ich mir selber das Ehrenwort gegeben hab', einen Monat lang keine Karte anzurühren ... Die Mama wird wieder ein G'sicht machen, wenn sie meinen Brief bekommt! –

Ah, sie soll zum Onkel geh'n, der hat Geld wie Mist; auf die paar hundert Gulden kommt's ihm nicht an. Wenn ich's nur durchsetzen könnt', daß er mir eine regelmäßige Sustentation gibt ... aber nein, um jeden Kreuzer muß man extra betteln. Dann heißt's wieder: Im vorigen Jahr war die Ernte schlecht! ... Ob ich heuer im Sommer wieder zum Onkel fahren soll auf vierzehn Tag'? Eigentlich langweilt man sich dort zum Sterben ... Wenn ich die ... wie hat sie nur geheißen? ... Es ist merkwürdig, ich kann mir keinen Namen merken! ... Ah, ja: Etelka! ... Kein Wort deutsch hat sie verstanden, aber das war auch nicht notwendig ... hab' gar nichts zu reden brauchen! ... Ja, es wird ganz gut sein, vierzehn Tage Landluft und vierzehn Nächt' Etelka oder sonstwer ... Aber acht Tag' sollt' ich doch auch wieder beim Papa und bei der Mama sein ... Schlecht hat sie ausg'seh'n heuer zu Weihnachten ... Na, jetzt wird die Kränkung schon überwunden sein. Ich an ihrer Stelle wär' froh, daß der Papa in Pension gegangen ist. – Und die Klara wird schon noch einen Mann kriegen ... Der Onkel kann schon was hergeben ... Achtundzwanzig Jahr', das ist doch nicht so alt ... Die Steffi ist sicher nicht jünger ... Aber es ist merkwürdig: die Frauenzimmer erhalten sich länger jung. Wenn man so bedenkt: die Maretti neulich in der ›Madame Sans-Gêne‹ – siebenunddreißig Jahr' ist sie sicher, und sieht aus ... Na, ich hätt' nicht Nein g'sagt! – Schad', daß sie mich nicht g'fragt hat ...

Heiß wird's! Noch immer nicht aus? Ah, ich freu' mich so auf die frische Luft! Werd' ein bißl spazieren geh'n, übern Ring ... Heut' heißt's: früh ins Bett, morgen nachmittag frisch sein! Komisch, wie wenig ich daran denk', so egal ist mir das! Das erstemal hat's mich doch ein bißl aufgeregt. Nicht, daß ich Angst g'habt hätt'; aber nervös bin ich gewesen in der Nacht vorher ... Freilich, der Oberleutnant Bisanz war ein ernster Gegner. – Und doch, nichts ist mir g'scheh'n! ... Auch schon anderthalb Jahr' her. Wie die Zeit vergeht! Und wenn mir der Bisanz nichts getan hat, der Doktor wird mir schon gewiß nichts tun! Obzwar, gerade diese ungeschulten Fechter sind manchmal die gefährlichsten. Der Doschintzky hat mir erzählt, daß ihn ein Kerl, der das erstemal einen Säbel in der Hand gehabt hat, auf ein Haar abgestochen hätt'; und der Doschintzky ist heut' Fechtlehrer bei der Landwehr. Freilich – ob er damals schon so viel können hat ... Das Wichtigste ist: kaltes Blut. Nicht einmal einen rechten Zorn hab' ich mehr in mir, und es war doch eine Frechheit – unglaublich! Sicher hätt' er sich's nicht getraut, wenn er nicht Champagner getrunken hätt' vorher ... So eine Frechheit! Gewiß ein Sozialist! Die Rechtsverdreher sind doch heutzutag' alle Sozialisten!

Eine Bande ... am liebsten möchten sie gleich 's ganze Militär abschaffen; aber wer ihnen dann helfen möcht', wenn die Chinesen über sie kommen, daran denken sie nicht. Blödisten! – Man muß gelegentlich ein Exempel statuieren. Ganz recht hab' ich g'habt. Ich bin froh, daß ich ihn nimmer auslassen hab' nach der Bemerkung. Wenn ich dran denk', werd' ich ganz wild! Aber ich hab' mich famos benommen; der Oberst sagt auch, es war absolut korrekt. Wird mir überhaupt nützen, die Sache. Ich kenn' manche, die den Burschen hätten durchschlüpfen lassen. Der Müller sicher, der wär' wieder objektiv gewesen oder so was. Mit dem Objektivsein hat sich noch jeder blamiert ... »Herr Leutnant!« .. schon die Art, wie er »Herr Leutnant« gesagt hat, war unverschämt! ... »Sie werden mir doch zugeben müssen« ... – Wie sind wir denn nur d'rauf gekommen? Wieso hab' ich mich mit dem Sozialisten in ein Gespräch eingelassen? Wie hat's denn nur angefangen? ... Mir scheint, die schwarze Frau, die ich zum Büfett geführt hab', ist auch dabei gewesen ... und dann dieser junge Mensch, der die Jagdbilder malt – wie heißt er denn nur? ... Meiner Seel', der ist an der ganzen Geschichte schuld gewesen! Der hat von den Manövern geredet; und dann erst ist dieser Doktor dazugekommen und hat irgendwas g'sagt, was mir nicht gepaßt hat, von Kriegsspielerei oder so was – aber wo ich noch nichts hab' reden können ... Ja, und dann ist von den Kadettenschulen gesprochen worden ... ja, so war's ... und ich hab' von einem patriotischen Fest erzählt ... und dann hat der Doktor gesagt – nicht gleich, aber aus dem Fest hat es sich entwickelt – »Herr Leutnant, Sie werden mir doch zugeben, daß nicht alle Ihre Kameraden zum Militär gegangen sind, ausschließlich um das Vaterland zu verteidigen!« So eine Frechheit! Das wagt so ein Mensch einem Offizier ins Gesicht zu sagen! Wenn ich mich nur erinnern könnt', was ich d'rauf geantwortet hab'? ... Ah ja, etwas von Leuten, die sich in Dinge dreinmengen, von denen sie nichts versteh'n ... Ja, richtig ... und dann war einer da, der hat die Sache gütlich beilegen wollen, ein älterer Herr mit einem Stockschnupfen ... Aber ich war zu wütend! Der Doktor hat das absolut in dem Ton gesagt, als wenn er direkt mich gemeint hätt'. Er hätt' nur noch sagen müssen, daß sie mich aus dem Gymnasium hinausg'schmissen haben und daß ich deswegen in die Kadettenschul' gesteckt worden bin ... Die Leut' können eben unserein'n nicht versteh'n, sie sind zu dumm dazu ... Wenn ich mich so erinner', wie ich das erstemal den Rock angehabt hab', so was erlebt eben nicht ein jeder ... Im vorigen Jahr' bei den Manövern – ich hätt' was drum gegeben, wenn's plötzlich Ernst gewesen wär' ... Und der Mirovic hat mir g'sagt, es ist ihm ebenso gegangen. Und dann, wie Seine Hoheit die Front abgeritten sind, und die Ansprache vom Obersten – da muß einer schon ein ordentlicher Lump sein, wenn ihm das Herz nicht höher schlägt ... Und da kommt so ein Tintenfisch daher, der sein Lebtag nichts getan hat, als hinter den Büchern gesessen, und erlaubt sich eine freche Bemerkung! ... Ah, wart' nur, mein Lieber – bis zur Kampfunfähigkeit ... jawohl, du sollst so kampfunfähig werden ...

Ja, was ist denn? Jetzt muß es doch bald aus sein? ... »Ihr, seine Engel, lobet den Herrn« ... – Freilich, das ist der Schlußchor ... Wunderschön, da kann man gar nichts sagen. Wunderschön! – Jetzt hab' ich ganz die aus der Loge vergessen, die früher zu kokettieren angefangen hat. Wo ist sie denn? ... Schon fortgegangen ... Die dort scheint auch sehr nett zu sein ... Zu dumm, daß ich keinen Operngucker bei mir hab'! Der Brunnthaler ist ganz gescheit, der hat sein Glas immer im Kaffeehaus bei der Kassa liegen, da kann einem nichts g'scheh'n ... Wenn sich die Kleine da vor mir nur einmal umdreh'n möcht'! So brav sitzt s' alleweil da. Das neben ihr ist sicher die Mama. – Ob ich nicht doch einmal ernstlich ans Heiraten denken soll? Der Willy war nicht älter als ich, wie er hineingesprungen ist. Hat schon was für sich, so immer gleich ein hübsches Weiberl zu Haus vorrätig zu haben ... Zu dumm, daß die Steffi grad' heut' keine Zeit hat! Wenn ich wenigstens wüßte, wo sie ist, möcht' ich mich wieder vis-à-vis von ihr hinsetzen. Das wär' eine schöne G'schicht', wenn ihr der draufkommen möcht', da hätt' ich sie am Hals ... Wenn ich so denk', was dem Fließ sein Verhältnis mit der Winterfeld kostet! Und dabei betrügt sie ihn hinten und vorn. Das nimmt noch einmal ein Ende mit Schrecken ... Bravo, bravo! Ah, aus! ... So, das tut wohl, aufsteh'n können, sich rühren ... Na, vielleicht! Wie lang' wird der da noch brauchen, um sein Glas ins Futteral zu stecken?

»Pardon, pardon, wollen mich nicht hinauslassen?« ...

Ist das ein Gedränge! Lassen wir die Leut' lieber vorbeipassieren ... Elegante Person ... ob das echte Brillanten sind? ... Die da ist nett ... Wie sie mich anschaut! ... O ja, mein Fräulein, ich möcht' schon! ... O, die Nase! – Jüdin ... Noch eine ... Es ist doch fabelhaft, da sind auch die Hälfte Juden ... nicht einmal ein Oratorium kann man mehr in Ruhe genießen ... So, jetzt schließen wir uns an ... Warum drängt denn der Idiot hinter mir? Das werd' ich ihm abgewöhnen ... Ah, ein älterer Herr! ... Wer grüßt mich denn dort von drüben? ... Habe die Ehre, habe die Ehre! Keine Ahnung hab' ich, wer das ist ... Das Einfachste wär', ich ging gleich zum Leidinger hinüber nachtmahlen ... oder soll ich in die Gartenbaugesellschaft? Am End' ist die Steffi auch dort? Warum hat sie mir eigentlich nicht geschrieben, wohin sie mit ihm geht? Sie wird's selber noch nicht gewußt haben. Eigentlich schrecklich, so eine abhängige Existenz ... Armes Ding! – So, da ist der Ausgang ... Ah, die ist aber bildschön! Ganz allein? Wie sie mich anlacht. Das wär' eine Idee, der geh' ich nach! ... So, jetzt die Treppen hinunter: Oh, ein Major von Fünfundneunzig ... Sehr liebenswürdig hat er gedankt ... Bin doch nicht der einzige Offizier herin gewesen ... Wo ist denn das hübsche Mädel? Ah, dort ... am Geländer steht sie ... So, jetzt heißt's noch zur Garderobe ... Daß mir die Kleine nicht auskommt ... Hat ihm schon! So ein elender Fratz! Laßt sich da von einem Herrn abholen, und jetzt lacht sie noch auf mich herüber! – Es ist doch keine was wert ... Herrgott, ist das ein Gedränge bei der Garderobe! ... Warten wir lieber noch ein bisserl ... So! Ob der Blödist meine Nummer nehmen möcht'? ...

»Sie, zweihundertvierundzwanzig! Da hängt er! Na, hab'n Sie keine Augen? Da hängt er! Na, Gott sei Dank! ... Also bitte!« ..

Der Dicke da verstellt einem schier die ganze Garderobe .. »Bitte sehr!« ...

»Geduld, Geduld!«

Was sagt der Kerl?

»Nur ein bisserl Geduld!«

Dem muß ich doch antworten ... »Machen Sie doch Platz!«

»Na, Sie werden's auch nicht versäumen!«

Was sagt er da? Sagt er das zu mir? Das ist doch stark! Das kann ich mir nicht gefallen lassen! »Ruhig!«

»Was meinen Sie?«

Ah, so ein Ton! Da hört sich doch alles auf!

»Stoßen Sie nicht!«

»Sie, halten Sie das Maul!« Das hätt' ich nicht sagen sollen, ich war zu grob ... Na, jetzt ist's schon g'scheh'n!

»Wie meinen?«

Jetzt dreht er sich um ... Den kenn' ich ja! – Donnerwetter, das ist ja der Bäckermeister, der immer ins Kaffeehaus kommt ... Was macht denn der da? Hat sicher auch eine Tochter oder so was bei der Singakademie ... Ja, was ist denn das? Ja, was macht er denn? Mir scheint gar ... ja, meiner Seel', er hat den Griff von meinem Säbel in der Hand ... Ja, ist der Kerl verrückt? ... »Sie, Herr ...«

»Sie, Herr Leutnant, sein S' jetzt ganz stad.«

Was sagt er da? Um Gottes willen, es hat's doch keiner gehört? Nein, er red't ganz leise ... Ja, warum laßt er denn meinen Säbel net aus? ... Herrgott noch einmal ... Ah, da heißt's rabiat sein ... ich bring' seine Hand vom Griff nicht weg ... nur keinen Skandal jetzt! ... Ist nicht am End' der Major hinter mir? ... Bemerkt's nur niemand, daß er den Griff von meinem Säbel hält? Er red't ja zu mir! Was red't er denn?

»Herr Leutnant, wenn Sie das geringste Aufsehen machen, so zieh' ich den Säbel aus der Scheide, zerbrech' ihn und schick' die Stück' an Ihr Regimentskommando. Versteh'n Sie mich, Sie dummer Bub?«

Was hat er g'sagt? Mir scheint, ich träum'! Red't er wirklich zu mir? Ich sollt' was antworten ... Aber der Kerl macht ja Ernst – der zieht wirklich den Säbel heraus. Herrgott – er tut's! ... Ich spür's, er reißt schon d'ran! Was red't er denn? ... Um Gottes willen, nur kein' Skandal – – Was red't er denn noch immer?

»Aber ich will Ihnen die Karriere nicht verderben ... Also, schön brav sein! ... So, hab'n S' keine Angst, 's hat niemand was gehört ... es ist schon alles gut ... so! Und damit keiner glaubt, daß wir uns gestritten haben, werd' ich jetzt sehr freundlich mit Ihnen sein! – Habe die Ehre, Herr Leutnant, hat mich sehr gefreut – habe die Ehre!«

Um Gottes willen, hab' ich geträumt? ... Hat er das wirklich gesagt? ... Wo ist er denn? ... Da geht er ... Ich müßt' ja den Säbel ziehen und ihn zusammenhauen – – Um Gottes willen, es hat's doch niemand gehört? ... Nein, er hat ja nur ganz leise geredet, mir ins Ohr ... Warum geh' ich denn nicht hin und hau' ihm den Schädel auseinander? ... Nein, es geht ja nicht, es geht ja nicht ... gleich hätt' ich's tun müssen ... Warum hab' ich's denn nicht gleich getan? ... Ich hab's ja nicht können ... er hat ja den Griff nicht auslassen, und er ist zehnmal stärker als ich ... Wenn ich noch ein Wort gesagt hätt', hätt' er mir wirklich den Säbel zerbrochen ... Ich muß ja noch froh sein, daß er nicht laut geredet hat! Wenn's ein Mensch gehört hätt', so müßt' ich mich ja stante pede erschießen ... Vielleicht ist es doch ein Traum gewesen ... Warum schaut mich denn der Herr dort an der Säule so an? – Hat der am End' was gehört? ... Ich werd' ihn fragen ... Fragen? – Ich bin ja verrückt! – Wie schau' ich denn aus? – Merkt man mir was an? – Ich muß ganz blaß sein. – Wo ist der Hund? ... Ich muß ihn umbringen! ... Fort ist er ... Überhaupt schon ganz leer ... Wo ist denn mein Mantel? ... Ich hab' ihn ja schon angezogen ... Ich hab's gar nicht gemerkt ... Wer hat mir denn geholfen? ... Ah, der da ... dem muß ich ein Sechserl geben ... So! ... Aber was ist denn das? Ist es denn wirklich gescheh'n? Hat wirklich einer so zu mir geredet? Hat mir wirklich einer »dummer Bub« gesagt? Und ich hab' ihn nicht auf der Stelle zusammengehauen? ... Aber ich hab' ja nicht können ... er hat ja eine Faust gehabt wie Eisen ... ich bin ja dagestanden wie angenagelt ... Nein, ich muß den Verstand verloren gehabt haben, sonst hätt' ich mit der anderen Hand ... Aber da hätt' er ja meinen Säbel herausgezogen und zerbrochen, und aus wär's gewesen – Alles wär' aus gewesen! Und nachher, wie er fortgegangen ist, war's zu spät ... ich hab' ihm doch nicht den Säbel von hinten in den Leib rennen können ...

Was, ich bin schon auf der Straße? Wie bin ich denn da herausgekommen? – So kühl ist es ... ah, der Wind, der ist gut ... Wer ist denn das da drüben? Warum schau'n denn die zu mir herüber? Am End' haben die was gehört ... Nein, es kann niemand was gehört haben ... ich weiß ja, ich hab' mich gleich nachher umgeschaut! Keiner hat sich um mich gekümmert, niemand hat was gehört ... Aber gesagt hat er's, wenn's auch niemand gehört hat; gesagt hat er's doch. Und ich bin dagestanden und hab' mir's gefallen lassen, wie wenn mich einer vor den Kopf geschlagen hätt'! ... Aber ich hab' ja nichts sagen können, nichts tun können; es war ja noch das einzige, was mir übrig geblieben ist: stad sein, stad sein! ... 's ist fürchterlich, es ist nicht zum Aushalten; ich muß ihn totschlagen, wo ich ihn treff'! ... Mir sagt das einer! Mir sagt das so ein Kerl, so ein Hund! Und er kennt mich ... Herrgott noch einmal, er kennt mich, er weiß, wer ich bin! ... Er kann jedem Menschen erzählen, daß er mir das g'sagt hat! ... Nein, nein, das wird er ja nicht tun, sonst hätt' er auch nicht so leise geredet ... er hat auch nur wollen, daß ich es allein hör'! ... Aber wer garantiert mir, daß er's nicht doch erzählt, heut' oder morgen, seiner Frau, seiner Tochter, seinen Bekannten im Kaffeehaus. – – Um Gottes willen, morgen seh' ich ihn ja wieder! Wenn ich morgen ins Kaffeehaus komm', sitzt er wieder dort wie alle Tag' und spielt seinen Tapper mit dem Herrn Schlesinger und mit dem Kunstblumenhändler ... Nein, nein, das geht ja nicht, das geht ja nicht ... Wenn ich ihn seh', so hau' ich ihn zusammen ... Nein, das darf ich ja nicht ... gleich hätt' ich's tun müssen, gleich! ... Wenn's nur gegangen wär'! ... Ich werd' zum Obersten geh'n und ihm die Sache melden ... ja, zum Obersten ... Der Oberst ist immer sehr freundlich – und ich werd' ihm sagen: Herr Oberst, ich melde gehorsamst, er hat den Griff gehalten, er hat ihn nicht aus'lassen; es war genau so, als wenn ich ohne Waffe gewesen wäre ... – Was wird der Oberst sagen? – Was er sagen wird? – Aber da gibt's ja nur eins: quittieren mit Schimpf und Schand' – quittieren! ... Sind das Freiwillige da drüben? ... Ekelhaft, bei der Nacht schau'n sie aus, wie Offiziere ... sie salutieren! – Wenn die wüßten – wenn die wüßten! ... – Da ist das Café Hochleitner ... Sind jetzt gewiß ein paar Kameraden drin ... vielleicht auch einer oder der andere, den ich kenn' ... Wenn ich's dem ersten Besten erzählen möcht', aber so, als wär's einem andern passiert? ... – Ich bin ja schon ganz irrsinnig ... Wo lauf ich denn da herum? Was tu' ich denn auf der Straße? – Ja, aber wo soll ich denn hin? Hab' ich nicht zum Leidinger wollen? Haha, unter Menschen mich niedersetzen ... ich glaub', ein jeder müßt' mir's anseh'n ... Ja, aber irgendwas muß doch gescheh'n ... Was soll denn gescheh'n? ... Nichts, nichts – es hat ja niemand was gehört ... es weiß ja niemand was ... in dem Moment weiß niemand was ... Wenn ich jetzt zu ihm in die Wohnung ginge und ihn beschwören möchte, daß er's niemandem erzählt? ... – Ah, lieber gleich eine Kugel vor den Kopf, als so was! ... Wär' so das Gescheiteste! ... Das Gescheiteste? Das Gescheiteste? – Gibt ja überhaupt nichts anderes ... gibt nichts anderes ... Wenn ich den Oberst fragen möcht', oder den Kopetzky – oder den Blany – oder den Friedmaier: – jeder möcht' sagen: Es bleibt dir nichts anderes übrig! ... Wie wär's, wenn ich mit dem Kopetzky spräch'? ... Ja, es wär' doch das Vernünftigste ... schon wegen morgen ... Ja, natürlich – wegen morgen ... um vier in der Reiterkasern' ... ich soll mich ja morgen um vier Uhr schlagen ... und ich darf's ja nimmer, ich bin satisfaktionsunfähig ... Unsinn! Unsinn! Kein Mensch weiß was, kein Mensch weiß was! – Es laufen viele herum, denen ärgere Sachen passiert sind, als mir ... Was hat man nicht alles von dem Deckener erzählt, wie er sich mit dem Rederow geschossen hat ... und der Ehrenrat hat entschieden, das Duell darf stattfinden ... Aber wie möcht' der Ehrenrat bei mir entscheiden? – Dummer Bub – dummer Bub ... und ich bin dagestanden –! Heiliger Himmel, es ist doch ganz egal, ob ein anderer was weiß! ... ich weiß es doch, und das ist die Hauptsache! Ich spür', daß ich jetzt wer anderer bin, als vor einer Stunde – Ich weiß, daß ich satisfaktionsunfähig bin, und darum muß ich mich totschießen ... Keine ruhige Minute hätt' ich mehr im Leben ... immer hätt' ich die Angst, daß es doch einer erfahren könnt', so oder so ... und daß mir's einer einmal ins Gesicht sagt, was heut' abend gescheh'n ist! – Was für ein glücklicher Mensch bin ich vor einer Stund' gewesen ... Muß mir der Kopetzky die Karte schenken – und die Steffi muß mir absagen, das

Mensch! – Von so was hängt man ab ... Nachmittag war noch alles gut und schön, und jetzt bin ich ein verlorener Mensch und muß mich totschießen ... Warum renn' ich denn so? Es lauft mir ja nichts davon ... Wieviel schlagt's denn? ... 1, 2, 3, 4, 5, 6, 7, 8, 9, 10, 11 ... elf, elf ... ich sollt' doch nachtmahlen geh'n! Irgendwo muß ich doch schließlich hingeh'n ... ich könnt' mich ja in irgendein Beisl setzen, wo mich kein Mensch kennt – schließlich, essen muß der Mensch, auch wenn er sich nachher gleich totschießt ... Haha, der Tod ist ja kein Kinderspiel ... wer hat das nur neulich gesagt? ... Aber das ist ja ganz egal ...

Ich möcht' wissen, wer sich am meisten kränken möcht'? ... Die Mama, oder die Steffi? ... Die Steffi ... Gott, die Steffi ... die dürft' sich ja nicht einmal was anmerken lassen, sonst gibt »er« ihr den Abschied ... Arme Person! – Beim Regiment – kein Mensch hätt' eine Ahnung, warum ich's getan hab' ... sie täten sich alle den Kopf zerbrechen ... warum hat sich denn der Gustl umgebracht? – Darauf möcht' keiner kommen, daß ich mich hab' totschießen müssen, weil ein elender Bäckermeister, so ein niederträchtiger, der zufällig stärkere Fäust' hat ... es ist ja zu dumm, zu dumm! – Deswegen soll ein Kerl wie ich, so ein junger, fescher Mensch ... Ja, nachher möchten's gewiß alle sagen: das hätt' er doch nicht tun müssen, wegen so einer Dummheit; ist doch schad'! ... Aber wenn ich jetzt wen immer fragen tät', jeder möcht' mir die gleiche Antwort geben ... und ich selber, wenn ich mich frag' ... das ist doch zum Teufelholen ... ganz wehrlos sind wir gegen die Zivilisten ... Da meinen die Leut', wir sind besser dran, weil wir einen Säbel haben ... und wenn schon einmal einer von der Waffe Gebrauch macht, geht's über uns her, als wenn wir alle die geborenen Mörder wären ... In der Zeitung möcht's auch steh'n ... »Selbstmord eines jungen Offiziers« ... Wie schreiben sie nur immer? ... »Die Motive sind in Dunkel gehüllt« ... Haha! ... »An seinem Sarge trauern ...« – Aber es ist ja wahr ... mir ist immer, als wenn ich mir eine Geschichte erzählen möcht' ... aber es ist wahr ... ich muß mich umbringen, es bleibt mir ja nichts anderes übrig – ich kann's ja nicht d'rauf ankommen lassen, daß morgen früh der Kopetzky und der Blany mir ihr Mandat zurückgeben und mir sagen: wir können dir nicht sekundieren! ... Ich wär' ja ein Schuft, wenn ich's ihnen zumuten möcht' ... So ein Kerl wie ich, der dasteht und sich einen dummen Buben heißen läßt ... morgen wissen's ja alle Leut' ... das ist zu dumm, daß ich mir einen Moment einbilde, so ein Mensch erzählt's nicht weiter ... überall wird er's erzählen ... seine Frau weiß's jetzt schon ... morgen weiß es das ganze Kaffeehaus ... die Kellner werd'n's wissen ... der Herr Schlesinger – die Kassierin – – Und selbst, wenn er sich vorgenommen hat, er red't nicht davon, so sagt er's übermorgen ... und wenn er's übermorgen nicht sagt, in einer Woche ... Und wenn ihn heut' nacht der Schlag trifft, so weiß ich's ... ich weiß es ... und ich bin nicht der Mensch, der weiter den Rock trägt und den Säbel, wenn ein solcher Schimpf auf ihm sitzt! ... So, ich muß es tun, und Schluß! – Was ist weiter dabei? – Morgen nachmittag könnt' mich der Doktor mit 'm Säbel erschlagen ... so was ist schon einmal dagewesen ... und der Bauer, der arme Kerl, der hat eine Gehirnentzündung 'kriegt und war in drei Tagen hin ... und der Brenitsch ist vom Pferd gestürzt und hat sich 's Genick gebrochen ... und schließlich und endlich: es gibt nichts anderes – für mich nicht, für mich nicht! – Es gibt ja Leut', die's leichter nähmen ... Gott, was gibt's für Menschen! ... Dem Ringeimer hat ein Fleischselcher, wie er ihn mit seiner Frau erwischt hat, eine Ohrfeige gegeben, und er hat quittiert und sitzt irgendwo auf'm Land und hat geheiratet ... Daß es Weiber gibt, die so einen Menschen heiraten! ... – Meiner Seel', ich gäb' ihm nicht die Hand, wenn er wieder nach Wien käm' ... Also, hast's gehört, Gustl: – aus, aus, abgeschlossen mit dem Leben! Punktum und Streusand d'rauf! ... So, jetzt weiß ich's, die Geschichte ist ganz einfach ... So! Ich bin eigentlich ganz ruhig ... Das hab' ich übrigens immer gewußt: wenn's einmal dazu kommt, werd' ich ruhig sein, ganz ruhig ... aber daß es so dazu kommt, das hab' ich doch nicht gedacht ... daß ich mich umbringen muß, weil so ein ... Vielleicht hab' ich ihn doch nicht recht verstanden ... am End' hat er ganz was anderes gesagt ... Ich war ja ganz blöd von der Singerei und der Hitz' ... vielleicht bin ich verrückt gewesen, und es ist alles gar nicht wahr? ... Nicht wahr, haha, nicht wahr! – Ich hör's ja noch ... es klingt mir noch immer im Ohr ... und ich spür's in den Fingern, wie ich seine Hand vom Säbelgriff hab' wegbringen wollen ... Ein Kraftmensch ist er, ein Jagendorfer ... Ich bin doch auch kein Schwächling ... der Franziski ist der einzige im Regiment, der stärker ist als ich ...

Die Aspernbrücke ... Wie weit renn' ich denn noch? – Wenn ich so weiterrenn', bin ich um Mitternacht in Kagran ... Haha! – Herrgott, froh sind wir gewesen, wie wir im vorigen September dort eingerückt sind. Noch zwei Stunden, und Wien ... todmüd' war ich, wie wir angekommen sind ... den ganzen Nachmittag hab' ich geschlafen wie ein Stock, und am Abend waren wir schon beim Ronacher ... der Kopetzky, der Ladinser und ... wer war denn nur noch mit uns? – Ja, richtig, der Freiwillige, der uns auf dem Marsch die jüdischen Anekdoten erzählt hat ... Manchmal sind's ganz nette Burschen, die Einjährigen ... aber sie sollten alle nur Stellvertreter werden – denn was hat das für einen Sinn? Wir müssen uns jahrelang plagen, und so ein Kerl dient ein Jahr und hat genau dieselbe Distinktion wie wir ... es ist eine Ungerechtigkeit! – Aber was geht mich denn das alles an? – Was scher' ich mich denn um solche Sachen? – Ein Gemeiner von der Verpflegsbranche ist ja jetzt mehr als ich: ich bin ja überhaupt nicht mehr auf der Welt ... es ist ja aus mit mir ... Ehre verloren, alles verloren! ... Ich hab' ja nichts anderes zu tun, als meinen Revolver zu laden und ... Gustl, Gustl, mir scheint, du glaubst noch immer nicht recht d'ran? Komm' nur zur Besinnung ... es gibt nichts anderes ... wenn du auch dein Gehirn zermarterst, es gibt nichts anderes! – Jetzt heißt's nur mehr, im letzten Moment sich anständig benehmen, ein Mann sein, ein Offizier sein, so daß der Oberst sagt: Er ist ein braver Kerl gewesen, wir werden ihm ein treues Angedenken bewahren! ... Wieviel Kompagnien rücken denn aus beim Leichenbegängnis von einem Leutnant? ... Das müßt' ich eigentlich wissen ... Haha! Wenn das ganze Bataillon ausrückt, oder die ganze Garnison, und sie feuern zwanzig Salven ab, davon wach' ich doch nimmer auf! – Vor dem Kaffeehaus, da bin ich im vorigen Sommer einmal mit dem Herrn von Engel gesessen, nach der Armee-Steeple-Chase ... Komisch, den Menschen hab' ich seitdem nie wieder geseh'n ... Warum hat er denn das linke Aug' verbunden gehabt? Ich hab' ihn immer d'rum fragen wollen, aber es hätt' sich nicht gehört ... Da geh'n zwei Artilleristen ... die denken gewiß, ich steig' der Person nach ... Muß sie mir übrigens anseh'n ... O schrecklich! – Ich möcht' nur wissen, wie sich so eine ihr Brot verdient ... da möcht' ich doch eher ... Obzwar, in der Not frißt der Teufel Fliegen ... in Przemysl – mir hat's nachher so gegraust, daß ich gemeint hab', nie wieder rühr' ich ein Frauenzimmer an ... Das war eine gräßliche Zeit da oben in Galizien ... eigentlich ein Mordsglück, daß wir nach Wien gekommen sind. Der Bokorny sitzt noch immer in Sambor und kann noch zehn Jahr' dort sitzen und alt und grau werden .. Aber wenn ich dort geblieben wär', wär' mir das nicht passiert, was mir heut' passiert ist ... und ich möcht' lieber in Galizien alt und grau werden, als daß ... als was? Als was? – Ja, was ist denn? Was ist denn? – Bin ich denn wahnsinnig, daß ich das immer vergeß'? – Ja, meiner Seel', vergessen tu' ich's jeden Moment ... ist das schon je erhört worden, daß sich einer in ein paar Stunden eine Kugel durch'n Kopf jagen muß, und er denkt an alle möglichen Sachen, die ihn gar nichts mehr angeh'n? Meiner Seel', mir ist geradeso, als wenn ich einen Rausch hätt'! Haha! Ein schöner Rausch! Ein Mordsrausch! Ein Selbstmordsrausch! – Ha! Witze mach' ich, das ist sehr gut! – ja, ganz gut aufgelegt bin ich – so was muß doch angeboren sein ... Wahrhaftig, wenn ich's einem erzählen möcht', er würd' es nicht glauben. – Mir scheint, wenn ich das Ding bei mir hätt' ... jetzt würd' ich abdrücken – in einer Sekunde ist alles vorbei ... Nicht jeder hat's so gut – andere müssen sich monatelang plagen ... meine arme Cousin', zwei Jahr' ist sie gelegen, hat sich nicht rühren können, hat die gräßlichsten Schmerzen g'habt – so ein Jammer! ... Ist es nicht besser, wenn man das selber besorgt? Nur Obacht geben heißt's, gut zielen, daß einem nicht am End' das Malheur passiert, wie dem Kadett-Stellvertreter im vorigen Jahr ... Der arme Teufel, gestorben ist er nicht, aber blind ist er geworden ... Was mit dem nur geschehen ist? Wo er jetzt lebt? – Schrecklich, so herumlaufen, wie der – das heißt: herumlaufen kann er nicht, g'führt muß er werden – so ein junger Mensch, kann heut' noch keine Zwanzig sein .. seine

Geliebte hat er besser getroffen ... gleich war sie tot ... Unglaublich, weswegen sich die Leut' totschießen! Wie kann man überhaupt nur eifersüchtig sein? ... Mein Lebtag hab' ich so was nicht gekannt ... Die Steffi ist jetzt gemütlich in der Gartenbaugesellschaft; dann geht sie mit »ihm« nach Haus ... Nichts liegt mir d'ran, gar nichts! Hübsche Einrichtung hat sie – das kleine Badezimmer mit der roten Latern'. – Wie sie neulich in dem grünseidenen Schlafrock hereingekommen ist ... den grünen Schlafrock werd' ich auch nimmer seh'n – und die ganze Steffi auch nicht ... und die schöne, breite Treppe in der Gußhausstraße werd' ich auch nimmer hinaufgeh'n ... Das Fräulein Steffi wird sich weiter amüsieren, als wenn gar nichts gescheh'n wär' ... nicht einmal erzählen darf sie's wem, daß ihr lieber Gustl sich umgebracht hat ... Aber weinen wirds' schon – ah ja, weinen wirds' ... Überhaupt, weinen werden gar viele Leut' ... Um Gottes willen, die Mama! – Nein, nein, daran darf ich nicht denken. – Ah, nein, daran darf absolut nicht gedacht werden ... An Zuhaus wird nicht gedacht, Gustl, verstanden? – Nicht mit dem allerleisesten Gedanken ...

Das ist nicht schlecht, jetzt bin ich gar im Prater ... mitten in der Nacht ... das hätt' ich mir auch nicht gedacht in der Früh', daß ich heut' nacht im Prater spazieren geh'n werd' ... Was sich der Sicherheitswachmann dort denkt? ... Na, geh'n wir nur weiter ... es ist ganz schön ... Mit'm Nachtmahlen ist's eh' nichts, mit dem Kaffeehaus auch nichts; die Luft ist angenehm, und ruhig ist es .. sehr .. Zwar, ruhig werd' ich's jetzt bald haben, so ruhig, als ich's mir nur wünschen kann. Haha! – Aber ich bin ja ganz außer Atem ... ich bin ja gerannt wie nicht g'scheit ... langsamer, langsamer, Gustl, versäumst nichts, hast gar nichts mehr zu tun – gar nichts, aber absolut nichts mehr! – Mir scheint gar, ich fröstel'? – Es wird halt doch die Aufregung sein ... dann hab' ich ja nichts gegessen ... Was riecht denn da so eigentümlich? ... Es kann doch noch nichts blühen? ... Was haben wir denn heut'? – Den vierten April ... freilich, es hat viel geregnet in den letzten Tagen ... aber die Bäume sind beinah' noch ganz kahl ... und dunkel ist es, hu! Man könnt' schier Angst kriegen ... Das ist eigentlich das einzigemal in meinem Leben, daß ich Furcht gehabt hab', als kleiner Bub, damals im Wald ... aber ich war ja gar nicht so klein ... vierzehn oder fünfzehn ... Wie lang' ist das jetzt her? – Neun Jahr' ... freilich – mit achtzehn war ich Stellvertreter, mit zwanzig Leutnant ... und im nächsten Jahr werd' ich ... Was werd' ich im nächsten Jahr? Was heißt das überhaupt: nächstes Jahr? Was heißt das: in der nächsten Woche? Was heißt das: übermorgen? ... Wie? Zähneklappern? Oho! – Na, lassen wir's nur ein biss'l klappern ... Herr Leutnant, Sie sind jetzt allein, brauchen niemandem einen Pflanz vorzumachen ... es ist bitter, es ist bitter ...

Ich will mich auf die Bank setzen ... Ah! – Wie weit bin ich denn da? – So eine Dunkelheit! Das da hinter mir, das muß das zweite Kaffeehaus sein .. bin ich im vorigen Sommer auch einmal gewesen, wie unsere Kapelle konzertiert hat ... mit'm Kopetzky und mit'm Rüttner – noch ein paar waren dabei .. – Ich bin aber müd' ... nein, ich bin müd', als wenn ich einen Marsch von zehn Stunden gemacht hätt' ... Ja, das wär' sowas, da einschlafen. – Ha! Ein obdachloser Leutnant .. Ja, ich sollt' doch eigentlich nach Haus ... was tu' ich denn zu Haus? Aber was tu' ich denn im Prater? – Ah, mir wär' am liebsten, ich müßt' gar nicht aufsteh'n – da einschlafen und nimmer aufwachen ... ja, das wär' halt bequem! – Nein, so bequem wird's Ihnen nicht gemacht, Herr Leutnant .. Aber wie und wann? – Jetzt könnt' ich mir doch endlich einmal die Geschichte ordentlich überlegen ... überlegt muß ja alles werden ... so ist es schon einmal im Leben ... Also überlegen wir ... Was denn? ... – Nein, ist die Luft gut ... man sollt' öfters bei der Nacht in' Prater geh'n ... Ja, das hätt' mir eben früher einfallen müssen, jetzt ist's aus mit'm Prater, mit der Luft und mit'm Spazierengeh'n ... Ja, also was ist denn? – Ah, fort mit dem Kappl; mir scheint, das drückt mir aufs Gehirn ... ich kann ja gar nicht ordentlich denken ... Ah ... so! ... Also jetzt Verstand zusammennehmen, Gustl ... letzte Verfügungen treffen! Also morgen früh wird Schluß gemacht ... morgen früh um sieben Uhr ... sieben Uhr ist eine schöne Stund'. Haha! – Also um acht, wenn die Schul' anfangt, ist alles vorbei ... der Kopetzky wird aber keine Schul' halten können, weil er zu sehr erschüttert sein wird .. Aber vielleicht weiß er's noch gar nicht ...

man braucht ja nichts zu hören ... Den Max Lippay haben sie auch erst am Nachmittag gefunden, und in der Früh' hat er sich erschossen, und kein Mensch hat was davon gehört ... Aber was geht mich das an, ob der Kopetzky Schul' halten wird oder nicht? ... Ha! – Also um sieben Uhr! – Ja ... na, was denn noch? ... Weiter ist ja nichts zu überlegen. Im Zimmer schieß' ich mich tot, und dann is basta! Montag ist die Leich' ... Einen kenn' ich, der wird eine Freud' haben: das ist der Doktor ... Duell kann nicht stattfinden wegen Selbstmord des einen Kombattanten ... Was sie bei Mannheimers sagen werden? – Na, er wird sich nicht viel d'raus machen ... aber die Frau, die hübsche, blonde ... mit der war was zu machen ... O ja, mir scheint, bei der hätt' ich Chance gehabt, wenn ich mich nur ein bissl zusammengenommen hätt' ... ja, das wär' doch was anders gewesen, als die Steffi, dieses Mensch ... Aber faul darf man halt nicht sein ... da heißt's: Cour machen, Blumen schicken, vernünftig reden ... das geht nicht so, daß man sagt: Komm' morgen nachmittag zu mir in die Kasern'! ... Ja, so eine anständige Frau, das wär' halt was g'wesen ... Die Frau von meinem Hauptmann in Przemysl, das war ja doch keine anständige Frau ... ich könnt' schwören: der Libitzky und der Wermutek und der schäbige Stellvertreter, der hat sie auch g'habt ... Aber die Frau Mannheimer ... ja, das wär' was anders, das wär' doch auch ein Umgang gewesen, das hätt' einen beinah' zu einem andern Menschen gemacht – da hätt' man doch noch einen andern Schliff gekriegt – da hätt' man einen Respekt vor sich selber haben dürfen. – – Aber ewig diese Menscher ... und so jung hab' ich ang'fangen – ein Bub war ich ja noch, wie ich damals den ersten Urlaub gehabt hab' und in Graz bei den Eltern zu Haus war ... der Riedl war auch dabei – eine Böhmin ist es gewesen ... die muß doppelt so alt gewesen sein wie ich – in der Früh bin ich erst nach Haus gekommen ... Wie mich der Vater ang'schaut hat ... und die Klara ... Vor der Klara hab' ich mich am meisten g'schämt ... Damals war sie verlobt ... warum ist denn nichts d'raus geworden? Ich hab' mich eigentlich nicht viel d'rum gekümmert ... Armes Hascherl, hat auch nie Glück gehabt – und jetzt verliert sie noch den einzigen Bruder ... Ja, wirst mich nimmer seh'n, Klara – aus! Was, das hast du dir nicht gedacht, Schwesterl, wie du mich am Neujahrstag zur Bahn begleitet hast, daß du mich nie wieder seh'n wirst? – Und die Mama ... Herrgott, die Mama ... nein, ich darf daran nicht denken ... wenn ich daran denk', bin ich imstand', eine Gemeinheit zu begehen ... Ah ... wenn ich zuerst noch nach Haus fahren möcht' ... sagen, es ist ein Urlaub auf einen Tag ... noch einmal den Papa, die Mama, die Klara seh'n, bevor ich einen Schluß mach' ... Ja, mit dem ersten Zug um sieben kann ich nach Graz fahren, um eins bin ich dort ... Grüß dich Gott, Mama ... Servus, Klara! Na, wie geht's euch denn? ... Nein, das ist eine Überraschung! ... Aber sie möchten was merken ... wenn niemand anders ... die Klara ... die Klara gewiß ... Die Klara ist ein so gescheites Mädel ... Wie lieb sie mir neulich geschrieben hat, und ich bin ihr noch immer die Antwort schuldig – und die guten Ratschläge, die sie mir immer gibt ... ein so seelengutes Geschöpf ... Ob nicht alles ganz anders geworden wär', wenn ich zu Haus geblieben wär'? Ich hätt' Ökonomie studiert, wär' zum Onkel gegangen ... sie haben's ja alle wollen, wie ich noch ein Bub war ... Jetzt wär' ich am End' schon verheiratet, ein liebes, gutes Mädel ... vielleicht die Anna, die hat mich so gern gehabt ... auch jetzt hab' ich's noch gemerkt, wie ich das letztemal zu Haus war, obzwar sie schon einen Mann hat und zwei Kinder ... ich hab's g'sehn', wie sie mich ang'schaut hat ... Und noch immer sagt sie mir »Gustl« wie früher ... Der wird's ordentlich in die Glieder fahren, wenn sie erfährt, was es mit mir für ein End' genommen hat – aber ihr Mann wird sagen: Das hab' ich vorausgesehen – so ein Lump! – Alle werden meinen, es ist, weil ich Schulden gehabt hab' ... und es ist doch gar nicht wahr, es ist doch alles gezahlt ... nur die letzten hundertsechzig Gulden – na, und die sind morgen da ... Ja, dafür muß ich auch noch sorgen, daß der Ballert die hundertsechzig Gulden kriegt ... das muß ich niederschreiben, bevor ich mich erschieß' ... Es ist schrecklich, es ist schrecklich! ... Wenn ich lieber auf und davon fahren möcht' – nach Amerika, wo mich niemand kennt ... In Amerika weiß kein Mensch davon, was hier heut' abend gescheh'n ist ... da kümmert sich kein Mensch d'rum ... Neulich ist in der Zeitung gestanden von einem Grafen Runge, der hat fortmüssen wegen einer schmutzigen Geschichte, und jetzt hat er drüben ein Hotel und pfeift auf den ganzen Schwindel ... Und in ein paar Jahren könnt' man ja wieder zurück ... nicht nach Wien natürlich ... auch nicht nach Graz ... aber aufs Gut könnt' ich ... und der Mama und dem Papa und der Klara möcht's doch tausendmal lieber sein, wenn ich nur lebendig blieb' ... Und was geh'n mich denn die andern Leut' an? Wer meint's denn sonst gut mit mir? – Außer'm Kopetzky könnt' ich allen gestohlen werden ... der Kopetzky ist doch der einzige ... Und grad der hat mir heut' das Billett geben müssen ... und das Billett ist an allem schuld ... ohne das Billett wär' ich nicht ins Konzert gegangen, und alles das wär' nicht passiert ... Was ist denn nur passiert? ... Es ist grad, als wenn hundert Jahr' seitdem vergangen wären, und es kann noch keine zwei Stunden sein ... Vor zwei Stunden hat mir einer »dummer Bub« gesagt und hat meinen Säbel zerbrechen wollen ... Herrgott, ich fang' noch zu schreien an mitten in der Nacht! Warum ist denn das alles gescheh'n? Hätt' ich nicht länger warten können, bis's ganz leer wird in der Garderobe? Und warum hab' ich ihm denn nur gesagt: »Halten Sie's Maul!«? Wie ist mir denn das nur ausgerutscht? Ich bin doch sonst ein höflicher Mensch .. nicht einmal mit meinem Burschen bin ich sonst so grob ... aber natürlich, nervos bin ich gewesen – alle die Sachen, die da zusammengekommen sind ... das Pech im Spiel und die ewige Absagerei von der Steffi – und das Duell morgen nachmittag – und zu wenig schlafen tu' ich in der letzten Zeit – und die Rackerei in der Kasern' – das halt't man auf die Dauer nicht aus! ... Ja, über kurz oder lang wär' ich krank geworden – hätt' um einen Urlaub einkommen müssen ... Jetzt ist es nicht mehr notwendig – jetzt kommt ein langer Urlaub – mit Karenz der Gebühren – haha! ...

Wie lang werd' ich denn da noch sitzen bleiben? Es muß Mitternacht vorbei sein ... hab' ich's nicht früher schlagen hören? – Was ist denn das ... ein Wagen fährt da? Um die Zeit? Gummiradler – kann mir schon denken ... Die haben's besser wie ich – vielleicht ist es der Ballert mit der Bertha ... Warum soll's grad der Ballert sein? – Fahr' nur zu! – Ein hübsches Zeug'l hat Seine Hoheit in Pzremysl gehabt ...

mit dem ist er immer in die Stadt hinunterg'fahren zu der Rosenberg ... Sehr leutselig war Seine Hoheit – ein echter Kamerad, mit allen auf du und du .. War doch eine schöne Zeit .. obzwar .. die Gegend war trostlos und im Sommer zum Verschmachten ... an einem Nachmittag sind einmal drei vom Sonnenstich getroffen worden ... auch der Korporal von meinem Zug – ein so verwendbarer Mensch ... Nachmittag haben wir uns nackt aufs Bett hingelegt. – Einmal ist plötzlich der Wiesner zu mir hereingekommen; ich muß grad geträumt haben und steh' auf und zieh' den Säbel, der neben mir liegt ... muß gut ausg'schaut haben ... der Wiesner hat sich halbtot gelacht – der ist jetzt schon Rittmeister ... – Schad', daß ich nicht zur Kavallerie gegangen bin ... aber das hat der Alte nicht wollen – wär' ein zu teurer Spaß gewesen – jetzt ist es ja doch alles eins ... Warum denn? – Ja, ich ich weiß schon: sterben muß ich, darum ist es alles eins – sterben muß ich ... Also wie? – Schau, Gustl, du bist doch extra da herunter in den Prater gegangen, mitten in der Nacht, wo dich keine Menschenseele stört – jetzt kannst du dir alles ruhig überlegen ... Das ist ja lauter Unsinn mit Amerika und quittieren, und du bist ja viel zu dumm, um was anderes anzufangen – und wenn du hundert Jahr' alt wirst, und du denkst d'ran, daß dir einer hat den Säbel zerbrechen wollen und dich einen dummen Buben g'heißen, und du bist dag'standen und hast nichts tun können – nein, zu überlegen ist da gar nichts – gescheh'n ist gescheh'n – auch das mit der Mama und mit der Klara ist ein Unsinn – die werden's schon verschmerzen – man verschmerzt alles ... Wie hat die Mama gejammert, wie ihr Bruder gestorben ist – und nach vier Wochen hat sie kaum mehr d'ran gedacht ... auf den Friedhof ist sie hinausgefahren ... zuerst alle Wochen, dann alle Monat' – und jetzt nur mehr am Todestag. – – Morgen ist mein Todestag – fünfter April. – – Ob sie mich nach Graz überführen? Haha! Da werden die Würmer in Graz eine Freud' haben! – Aber das geht mich nichts an – darüber sollen sich die andern den Kopf zerbrechen ... Also, was geht mich denn eigentlich an? ... Ja, die hundertsechzig Gulden für den Ballert – das ist alles – weiter brauch' ich keine Verfügungen zu treffen. – Briefe schreiben? Wozu denn?

An wen denn? ... Abschied nehmen? – Ja, zum Teufel hinein, das ist doch deutlich genug, wenn man sich totschießt! – Dann merken's die andern schon, daß man Abschied genommen hat ... Wenn die Leut' wüßten, wie egal mir die ganze Geschichte ist, möchten sie mich gar nicht bedauern – ist eh' nicht schad' um mich ... Und was hab' ich denn vom ganzen Leben gehabt? – Etwas hätt' ich gern noch mitgemacht: einen Krieg – aber da hätt' ich lang' warten können ... Und alles übrige kenn' ich ... Ob so ein Mensch Steffi oder Kunigunde heißt, bleibt sich gleich. – – Und die schönsten Operetten kenn' ich auch – und im ›Lohengrin‹ bin ich zwölfmal d'rin gewesen – und heut' abend war ich sogar bei einem Oratorium – und ein Bäckermeister hat mich einen dummen Buben geheißen – meiner Seel', es ist grad' genug! – Und ich bin gar nimmer neugierig ... – Also geh'n wir nach Haus, langsam, ganz langsam ... Eile hab' ich ja wirklich keine. – Noch ein paar Minuten ausruhen da im Prater, auf einer Bank – obdachlos. – Ins Bett leg' ich mich ja doch nimmer – hab' ja genug Zeit zum Ausschlafen. – – Ah, die Luft! – Die wird mir abgeh'n ...

Was ist denn? – He, Johann, bringen S' mir ein Glas frisches Wasser ... Was ist? ... Wo ... Ja, träum' ich denn? ... Mein Schädel ... o, Donnerwetter ... Fischamend ... Ich bring' die Augen nicht auf! – Ich bin ja angezogen! – Wo sitz' ich denn? – Heiliger Himmel, eingeschlafen bin ich! Wie hab' ich denn nur schlafen können; es dämmert ja schon! – Wie lang' hab' ich denn geschlafen? – Muß auf die Uhr schau'n ... Ich seh' nichts? ... Wo sind denn meine Zündhölzeln? ... Na, brennt eins an? ... Drei ... und ich soll mich um vier duellieren – nein, nicht duellieren – totschießen soll ich mich! – Es ist gar nichts mit dem Duell; ich muß mich totschießen, weil ein Bäckermeister mich einen dummen Buben genannt hat ... Ja, ist es denn wirklich g'scheh'n? – Mir ist im Kopf so merkwürdig ... wie in einem Schraubstock ist mein Hals – ich kann mich gar nicht rühren – das rechte Bein ist eingeschlafen. – Aufsteh'n! Aufsteh'n! ... Ah, so ist es besser! – Es wird schon lichter ... Und die Luft ... ganz wie damals in der Früh', wie ich auf Vorposten war und im Wald kampiert hab' ...

Das war ein anderes Aufwachen – da war ein anderer Tag vor mir ..
Mir scheint, ich glaub's noch nicht recht. – Da liegt die Straße, grau,
leer – ich bin jetzt sicher der einzige Mensch im Prater. – Um vier
Uhr früh war ich schon einmal herunten, mit'm Pausinger – geritten
sind wir – ich auf dem Pferd vom Hauptmann Mirovic und der Pausinger auf seinem eigenen Krampen – das war im Mai, im vorigen
Jahr – da hat schon alles geblüht – alles war grün. Jetzt ist's noch kahl
– aber der Frühling kommt bald – in ein paar Tagen ist er schon da. –
Maiglöckerln, Veigerln – schad', daß ich nichts mehr davon haben
werd' – jeder Schubiak hat was davon, und ich muß sterben! Es ist ein
Elend! Und die andern werden im Weingartl sitzen beim Nachtmahl,
als wenn gar nichts g'wesen wär' – so wie wir alle im Weingartl g'sessen sind, noch am Abend nach dem Tag, wo sie den Lippay hinausgetragen haben ... Und der Lippay war so beliebt ... sie haben ihn lieber g'habt, als mich, beim Regiment – warum sollen sie denn nicht
im Weingartl sitzen, wenn ich abkratz'? – Ganz warm ist es – viel
wärmer als gestern – und so ein Duft – es muß doch schon blühen ...
Ob die Steffi mir Blumen bringen wird? – Aber fallt ihr ja gar nicht
ein! Die wird grad hinausfahren ... Ja, wenn's noch die Adel' wär' ..
Nein, die Adel'! Mir scheint, seit zwei Jahren hab' ich an die nicht
mehr gedacht ... Was die für G'schichten gemacht hat, wie's aus war
... mein Lebtag hab' ich kein Frauenzimmer so weinen geseh'n ... Das
war doch eigentlich das Hübscheste, was ich erlebt hab' ... So bescheiden, so anspruchslos, wie die war – die hat mich gern gehabt, da
könnt' ich d'rauf schwören. – War doch was ganz anderes, als die
Steffi ... Ich möcht' nur wissen, warum ich die aufgegeben hab' ... so
eine Eselei! Zu fad ist es mir geworden, ja, das war das Ganze ... So
jeden Abend mit ein und derselben ausgeh'n ... Dann hab' ich eine
Angst g'habt, daß ich überhaupt nimmer loskomm' – eine solche
Raunzen – – Na, Gustl, hätt'st schon noch warten können – war doch
die einzige, die dich gern gehabt hat ... Was sie jetzt macht? Na, was
wird's machen? – Jetzt wird's halt einen andern haben ... Freilich, das
mit der Steffi ist bequemer – wenn man nur gelegentlich engagiert ist
und ein anderer hat die ganzen Unannehmlichkeiten, und ich hab'

nur das Vergnügen ... Ja, da kann man auch nicht verlangen, daß sie auf den Friedhof hinauskommt .. Wer ging' denn überhaupt mit, wenn er nicht müßt'! – Vielleicht der Kopetzky, und dann wär' Rest! – Ist doch traurig, so gar niemanden zu haben ...

Aber so ein Unsinn! Der Papa und die Mama und die Klara ... Ja, ich bin halt der Sohn, der Bruder ... aber was ist denn weiter zwischen uns? Gern haben sie mich ja – aber was wissen sie denn von mir? – Daß ich meinen Dienst mach', daß ich Karten spiel' und daß ich mit Menschern herumlauf' ... aber sonst? – Daß mich manchmal selber vor mir graust, das hab' ich ihnen ja doch nicht geschrieben – na, mir scheint, ich hab's auch selber gar nicht recht gewußt. – Ah was, kommst du jetzt mit solchen Sachen, Gustl? Fehlt nur noch, daß du zum Weinen anfangst ... pfui Teufel! – Ordentlich Schritt ... so! Ob man zu einem Rendezvous geht oder auf Posten oder in die Schlacht ... wer hat das nur gesagt? ... Ah ja, der Major Lederer, in der Kantin', wie man von dem Wingleder erzählt hat, der so blaß geworden ist vor seinem ersten Duell – und gespieben hat ... Ja: ob man zu einem Rendezvous geht oder in den sicher'n Tod, am Gang und am G'sicht läßt sich das der richtige Offizier nicht anerkennen! – Also Gustl – der Major Lederer hat's g'sagt! Ha! –

Immer lichter ... man könnt' schon lesen .... Was pfeift denn da? .... Ah, drüben ist der Nordbahnhof .... Die Tegetthoffsäule ... so lang' hat sie noch nie ausg'schaut ... Da drüben stehen Wagen ... Aber nichts als Straßenkehrer auf der Straße ... meine letzten Straßenkehrer – ha! Ich muß immer lachen, wenn ich d'ran denk' ... das versteh' ich gar nicht ... Ob das bei allen Leuten so ist, wenn sie's einmal ganz sicher wissen? Halb vier auf der Nordbahnuhr ... jetzt ist nur die Frage, ob ich mich um sieben nach Bahnzeit oder nach Wiener Zeit erschieß? ... Sieben ... ja, warum grad' sieben? ... Als wenn's gar nicht anders sein könnt' ... Hunger hab' ich – meiner Seel', ich hab' Hunger – kein Wunder ... seit wann hab' ich denn nichts gegessen? ... Seit – seit gestern sechs Uhr abends im Kaffeehaus ... ja! Wie mir der Kopetzky das Billett gegeben hat – eine Melange und zwei Kipfel. – Was der Bäckermeister sagen wird, wenn er's erfahrt? ... Der verfluchte

Hund! – Ah, der wird wissen, warum – dem wird der Knopf aufgeh'n – der wird draufkommen, was es heißt: Offizier! – So ein Kerl kann sich auf offener Straße prügeln lassen, und es hat keine Folgen, und unsereiner wird unter vier Augen insultiert und ist ein toter Mann ... Wenn sich so ein Fallot wenigstens schlagen möcht' – aber nein, da wär' er ja vorsichtiger, da möcht' er sowas nicht riskieren ... Und der Kerl lebt weiter, ruhig weiter, während ich – krepieren muß! – Der hat mich doch umgebracht ... Ja, Gustl, merkst d' was? – Der ist es, der dich umbringt! Aber so glatt soll's ihm doch nicht ausgeh'n! – Nein, nein, nein! Ich werd' dem Kopetzky einen Brief schreiben, wo alles drinsteht, die ganze G'schicht' schreib' ich auf ... oder noch besser: ich schreib's dem Obersten, ich mach' eine Meldung ans Regimentskommando ... ganz wie eine dienstliche Meldung ... Ja, wart', du glaubst, daß sowas geheim bleiben kann? – Du irrst dich – aufgeschrieben wird's zum ewigen Gedächtnis, und dann möcht' ich sehen, ob du dich noch ins Kaffeehaus traust! – Ha! – »Das möcht' ich sehen« ist gut! ... Ich möcht' noch manches gern seh'n, wird nur leider nicht möglich sein – aus is! –

Jetzt kommt der Johann in mein Zimmer, jetzt merkt er, daß der Herr Leutnant nicht zu Haus geschlafen hat. – Na, alles mögliche wird er sich denken; aber daß der Herr Leutnant im Prater übernachtet hat, das, meiner Seel', das nicht ... Ah, die Vierundvierziger! Zur Schießstätte marschieren s' – lassen wir sie vorübergeh'n ... so stellen wir uns da her ... – Da oben wird ein Fenster aufgemacht – hübsche Person – na, ich möcht' mir wenigstens ein Tüchel umnehmen, wenn ich zum Fenster geh' ... Vorigen Sonntag war's zum letztenmal ... Daß grad' die Steffi die letzte sein wird, hab' ich mir nicht träumen lassen. – Ach Gott, das ist doch das einzige reelle Vergnügen ... Na ja, der Herr Oberst wird in zwei Stunden nobel nachreiten ... die Herren haben's gut – ja, ja, rechts g'schaut! – Ist schon gut ... Wenn ihr wüßtet, wie ich auf euch pfeif'! – Ah, das ist nicht schlecht: der Katzer ... seit wann ist denn der zu den Vierundvierzigern übersetzt? – Servus, servus! – Was der für ein G'sicht macht? ... Warum deut' er denn auf seinen Kopf? – Mein Lieber, dein Schädel interessiert mich sehr wenig ... Ah, so! Nein, mein Lieber, du irrst dich: im Prater hab' ich übernachtet ... wirst schon heut' im Abendblatt lesen. – »Nicht möglich!« wird er sagen; »heut' früh, wie wir zur Schießstätte ausgerückt sind, hab' ich ihn noch auf der Praterstraße getroffen!« – Wer wird denn meinen Zug kriegen? – Ob sie ihn dem Walterer geben werden? – Na, da wird was Schönes herauskommen – ein Kerl ohne Schneid, der hätt' auch lieber Schuster werden sollen ... Was, geht schon die Sonne auf? – Das wird heut' ein schöner Tag – so ein rechter Frühlingstag ... Ist doch eigentlich zum Teufelholen! – Der Komfortabelkutscher wird noch um achte in der Früh' auf der Welt sein, und ich ... na, was ist denn das? He, das wär' sowas – noch im letzten Moment die Contenance verlieren wegen einem Komfortabelkutscher ... Was ist denn das, daß ich auf einmal so ein blödes Herzklopfen krieg'? – Das wird doch nicht deswegen sein .. Nein, o nein ... es ist, weil ich so lang' nichts gegessen hab'. – – Aber Gustl, sei doch aufrichtig mit dir selber: – Angst hast du – Angst, weil du's noch nie probiert hast ... Aber das hilft dir ja nichts, die Angst hat noch keinem was geholfen, jeder muß es einmal durchmachen, der eine früher, der andere später, und du kommst halt früher dran ... Viel wert bist du ja nie gewesen, so benimm dich wenigstens anständig zu guter Letzt, das verlang' ich von dir! – So, jetzt heißt's nur überlegen – aber was denn? ... Immer will ich mir was überlegen ... ist doch ganz einfach: – im Nachtkasteladel liegt er, geladen ist er auch, heißt's nur: losdrucken – das wird doch keine Kunst sein! – –

Die geht schon ins G'schäft ... die armen Mädeln! Die Adel' war auch in einem G'schäft – ein paarmal hab' ich sie am Abend abg'holt ... Wenn sie in einem G'schäft sind, werd'n sie doch keine solchen Menscher ... Wenn die Steffi mir allein g'hören möcht', ich ließ sie Modistin werden oder sowas ... Wie wird sie's denn erfahren? – Aus der Zeitung! ... Sie wird sich ärgern, daß ich ihr's nicht geschrieben hab' ... Mir scheint, ich schnapp' doch noch über ... Was geht denn das mich an, ob sie sich ärgert ... Wie lang' hat denn die ganze G'schicht gedauert? ... Seit'm Jänner? ... Ah nein, es muß doch schon vor Weihnachten gewesen sein ... ich hab' ihr ja aus Graz Zuckerln mitgebracht, und zu Neujahr hat sie mir ein Brieferl g'schickt ... Richtig, die Briefe, die ich zu Haus hab', – sind keine da, die ich verbrennen sollt'? ... Hm, der vom Fallsteiner – wenn man den Brief findet ... der Bursch könnt' Unannehmlichkeiten haben ... Was mir das schon aufliegt! – Na, es ist ja keine große Anstrengung ... aber hervorsuchen kann ich den Wisch nicht ... Das beste ist, ich verbrenn' alles zusammen ... wer braucht's denn? Ist lauter Makulatur. – – Und meine paar Bücher könnt' ich dem Blany vermachen. – ›Durch Nacht und Eis‹ ... schad', daß ich's nimmer auslesen kann ... bin wenig zum Lesen gekommen in der letzten Zeit ... Orgel – ah, aus der Kirche ... Frühmesse – bin schon lang' bei keiner gewesen ... das letztemal im Feber, wie mein Zug dazu kommandiert war ... Aber das galt nichts – ich hab' auf meine Leut' aufgepaßt, ob sie andächtig sind und sich ordentlich benehmen ... – Möcht' in die Kirche hineingeh'n ... am End' ist doch was d'ran ... – Na, heut' nach Tisch werd' ich's schon genau wissen ... Ah, »nach Tisch« ist sehr gut! ... Also, was ist, soll ich hineingeh'n? – Ich glaub', der Mama wär's ein Trost, wenn sie das wüßt'! ... Die Klara gibt weniger d'rauf ... Na, geh'n wir hinein – schaden kann's ja nicht!

Orgel – Gesang – hm! – Was ist denn das? – Mir ist ganz schwindlig ... O Gott, o Gott, o Gott! Ich möcht' einen Menschen haben, mit dem ich ein Wort reden könnt' vorher! – Das wär' so was – zur Beicht' geh'n! Der möcht' Augen machen, der Pfaff', wenn ich zum Schluß sagen möcht': Habe die Ehre, Hochwürden; jetzt geh' ich mich umbringen! ... – Am liebsten läg' ich da auf dem Steinboden und tät' heulen ... Ah nein, das darf man nicht tun! Aber weinen tut manchmal so gut ... Setzen wir uns einen Moment – aber nicht wieder einschlafen wie im Prater! ... – Die Leut', die eine Religion haben, sind doch besser d'ran ... Na, jetzt fangen mir gar die Händ' zu zittern an! ... Wenn's so weitergeht, werd' ich mir selber auf die Letzt' so ekelhaft, daß ich mich vor lauter Schand' umbring'! – Das alte Weib da – um was betet denn die noch? ... Wär' eine Idee, wenn ich ihr sagen möcht': Sie, schließen Sie mich auch ein ... ich hab' das nicht ordentlich gelernt, wie man das macht ... Ha! Mir scheint, das Sterben macht blöd'! – Aufsteh'n! – Woran erinnert mich denn nur die Melodie? – Heiliger Himmel! Gestern abend! – Fort, fort! Das halt' ich gar nicht aus! ... Pst! Keinen solchen Lärm, nicht mit dem Säbel scheppern – die Leut' nicht in der Andacht stören – so! – doch besser im Freien ... Licht ... Ah, es kommt immer näher – wenn es lieber schon vorbei wär'! – Ich hätt's gleich tun sollen – im Prater ... man sollt' nie ohne Revolver ausgeh'n ... Hätt' ich gestern abend einen gehabt ... Herrgott noch einmal! – In das Kaffeehaus könnt' ich geh'n frühstücken ... Hunger hab' ich ... Früher ist's mir immer sonderbar vorgekommen, daß die Leut', die verurteilt sind, in der Früh' noch ihren Kaffee trinken und ihr Zigarrl rauchen ... Donnerwetter, geraucht hab' ich gar nicht! Gar keine Lust zum Rauchen! – Es ist komisch: ich hätt' Lust, in mein Kaffeehaus zu geh'n ... Ja, aufgesperrt ist schon, und von uns ist jetzt doch keiner dort – und wenn schon ... ist höchstens ein Zeichen von Kaltblütigkeit. »Um sechs hat er noch im Kaffeehaus gefrühstückt, und um sieben hat er sich erschossen« ... – Ganz ruhig bin ich wieder ... das Gehen ist so angenehm – und das Schönste ist, daß mich keiner zwingt. – Wenn ich wollt' könnt' ich noch immer den ganzen Krempel hinschmeißen ... Amerika ... Was ist das: »Krempel«? Was ist ein »Krempel«? Mir scheint, ich hab' den Sonnenstich! ... Oho, bin ich vielleicht deshalb so ruhig, weil ich mir noch immer einbild', ich muß nicht? ... Ich muß! Ich muß! Nein, ich will! – Kannst du dir denn überhaupt vorstellen, Gustl, daß du dir die Uniform ausziehst und durchgehst? Und der verfluchte Hund lacht sich den Buckel voll – und der Kopetzky selbst möcht' dir nicht mehr die Hand geben ... Mir kommt vor, ich bin jetzt ganz rot geworden. – – Der Wachmann salutiert mir ... ich muß danken ... »Servus!« – Jetzt hab' ich gar »Servus« gesagt! ... Das freut so einen armen Teufel immer ... Na, über mich hat sich keiner zu beklagen gehabt – außer Dienst war ich immer gemütlich. – Wie wir auf Manöver waren, hab' ich den Chargen von der Kompagnie Britannikas geschenkt; – einmal hab' ich gehört, wie ein Mann hinter mir bei den Gewehrgriffen was von »verfluchter Rackerei« g'sagt hat, und ich hab' ihn nicht zum Rapport geschickt – ich hab' ihm nur gesagt: »Sie, passen S' auf, das könnt' einmal wer anderer hören – da ging's Ihnen schlecht!« ... Der

Burghof ... Wer ist denn heut' auf Wach'? – Die Bosniaken – schau'n gut aus – der Oberstleutnant hat neulich g'sagt: Wie wir im 78er Jahr unten waren, hätt' keiner geglaubt, daß uns die einmal so parieren werden! ... Herrgott, bei so was hätt' ich dabei sein mögen! – Da steh'n sie alle auf von der Bank. – Servus, servus! – Das ist halt zuwider, daß unsereiner nicht dazu kommt. – Wär' doch schöner gewesen, auf dem Feld der Ehre, fürs Vaterland, als so ... Ja, Herr Doktor, Sie kommen eigentlich gut weg! ... Ob das nicht einer für mich übernehmen könnt'? – Meiner Seel', das sollt' ich hinterlassen, daß sich der Kopetzky oder der Wymetal an meiner Statt mit dem Kerl schlagen ... Ah, so leicht sollt' der doch nicht davonkommen! – Ah, was! Ist das nicht egal, was nachher geschieht? Ich erfahr's ja doch nimmer! – Da schlagen die Bäume aus ... Im Volksgarten hab' ich einmal eine angesprochen – ein rotes Kleid hat sie angehabt – in der Strozzigasse hat sie gewohnt – nachher hat sie der Rochlitz übernommen ... Mir scheint, er hat sie noch immer, aber er red't nichts mehr davon – er schämt sich vielleicht ... Jetzt schlaft die Steffi noch ... so lieb sieht sie aus, wenn sie schlaft ... als wenn sie nicht bis fünf zählen könnt'! – Na, wenn sie schlafen, schau'n sie alle so aus! – Ich sollt' ihr doch noch ein Wort schreiben ... warum denn nicht? Es tut's ja doch ein jeder, daß er vorher noch Briefe schreibt. – Auch der Klara sollt' ich schreiben, daß sie den Papa und die Mama tröstet – und was man halt so schreibt! – und dem Kopetzky doch auch ... Meiner Seel', mir kommt vor, es wär' viel leichter, wenn man ein paar Leuten Adieu gesagt hätt' ... Und die Anzeige an das Regimentskommando – und die hundertsechzig Gulden für den Ballert ... eigentlich noch viel zu tun ... Na, es hat's mir ja keiner g'schafft, daß ich's um sieben tu' ... von acht an ist noch immer Zeit genug zum Totsein! ... Totsein, ja – so heißt's – da kann man nichts machen ...

Ringstraße – jetzt bin ich ja bald in meinem Kaffeehaus ... Mir scheint gar, ich freu' mich aufs Frühstück ... es ist nicht zum glauben. – – Ja, nach dem Frühstück zünd' ich mir eine Zigarr' an, und dann geh' ich nach Haus und schreib' ... Ja, vor allem mach' ich die Anzeige ans Kommando; dann kommt der Brief an die Klara – dann an den Kopetzky – dann an die Steffi ... Was soll ich denn dem Luder schreiben ... »Mein liebes Kind, Du hast wohl nicht gedacht« ... Ah, was, Unsinn! – »Mein liebes Kind, ich danke Dir sehr« ... – »Mein liebes Kind, bevor ich von hinnen gehe, will ich es nicht verabsäumen« ... – Na, Briefschreiben war auch nie meine starke Seite ... »Mein liebes Kind, ein letztes Lebewohl von Deinem Gustl« ... – Die Augen, die sie machen wird! Ist doch ein Glück, daß ich nicht in sie verliebt war ... das muß traurig sein, wenn man eine gern hat und so ... Na, Gustl, sei gut: so ist es auch traurig genug ... Nach der Steffi wär' ja noch manche andere gekommen, und am End' auch eine, die was wert ist – junges Mädel aus guter Familie mit Kaution – es wär' ganz schön gewesen ... – Der Klara muß ich ausführlich schreiben, daß ich nicht hab' anders können ... »Du mußt mir verzeihen, liebe Schwester, und bitte, tröste auch die lieben Eltern. Ich weiß, daß ich Euch allen manche Sorge gemacht habe und manchen Schmerz bereitet; aber glaube mir, ich habe Euch alle immer sehr lieb gehabt, und ich hoffe, Du wirst noch einmal glücklich werden, meine liebe Klara, und Deinen unglücklichen Bruder nicht ganz vergessen« ... Ah, ich schreib' ihr lieber gar nicht! ... Nein, da wird mir zum Weinen ... es beißt mich ja schon in den Augen, wenn ich d'ran denk' ... Höchstens dem Kopetzky schreib' ich – ein kameradschaftliches Lebewohl, und er soll's den andern ausrichten ... – Ist's schon sechs? – Ah, nein: halb – dreiviertel. – Ist das ein liebes G'sichtel! ... Der kleine Fratz mit den schwarzen Augen, den ich so oft in der Florianigasse treff'! – Was die sagen wird? – Aber die weiß ja gar nicht, wer ich bin – die wird sich nur wundern, daß sie mich nimmer sieht ... Vorgestern hab' ich mir vorgenommen, das nächstemal sprech' ich sie an. – Kokettiert hat sie genug ... so jung war die – am End' war die gar noch eine Unschuld! ... Ja, Gustl! Was du heute kannst besorgen, das verschiebe nicht auf morgen! ... Der da hat sicher auch die ganze Nacht nicht geschlafen. – Na, jetzt wird er schön nach Haus geh'n und sich niederlegen – ich auch! – Haha! Jetzt wird's ernst, Gustl, ja! ... Na, wenn nicht einmal das biss'l Grausen wär', so wär' ja schon gar nichts d'ran – und im ganzen, ich muß's schon selber sagen, halt' ich mich brav ...

Ah, wohin denn noch? Da ist ja schon mein Kaffeehaus ... auskehren tun sie noch ... Na, geh'n wir hinein ...

Da hinten ist der Tisch, wo die immer Tarock spielen ... Merkwürdig, ich kann mir's gar nicht vorstellen, daß der Kerl, der immer da hinten sitzt an der Wand, derselbe sein soll, der mich ... – Kein Mensch ist noch da ... Wo ist denn der Kellner? ... He! Da kommt er aus der Küche ... er schlieft schnell in den Frack hinein ... Ist wirklich nimmer notwendig! ... Ah, für ihn schon ... er muß heut' noch andere Leut' bedienen! –

»Habe die Ehre, Herr Leutnant!«

»Guten Morgen.«

»So früh heute, Herr Leutnant?«

»Ah, lassen S' nur – ich hab' nicht viel Zeit, ich kann mit'm Mantel dasitzen.«

»Was befehlen Herr Leutnant?«

»Eine Melange mit Haut.«

»Bitte gleich, Herr Leutnant!«

Ah, da liegen ja Zeitungen ... schon heutige Zeitungen? ... Ob schon was drinsteht? ... Was denn? – Mir scheint, ich will nachseh'n, ob drinsteht, daß ich mich umgebracht hab'! Haha! – Warum steh' ich denn noch immer? ... Setzen wir uns da zum Fenster ... Er hat mir ja schon die Melange hingestellt ... So, den Vorhang zieh' ich zu; es ist mir zuwider, wenn die Leut' hereingucken .. Es geht zwar noch keiner vorüber .. Ah, gut schmeckt der Kaffee – doch kein leerer Wahn, das Frühstücken! ... Ah, ein ganz anderer Mensch wird man – der ganze Blödsinn ist, daß ich nicht genachtmahlt hab' ... Was steht denn der Kerl schon wieder da? – Ah, die Semmeln hat er mir gebracht ...

»Haben Herr Leutnant schon gehört?« ...

»Was denn?« Ja, um Gotteswillen, weiß der schon was? ... Aber, Unsinn, es ist ja nicht möglich!

»Den Herrn Habetswallner ...«

Was? So heißt ja der Bäckermeister ... was wird der jetzt sagen? ... Ist der am End' schon dagewesen? Ist er am End' gestern schon dagewesen und hat's erzählt? ... Warum red't er denn nicht weiter? ... Aber er red't ja ...

»... hat heut' nacht um zwölf der Schlag getroffen.«

»Was?« ... Ich darf nicht so schreien ... nein, ich darf mir nichts anmerken lassen ... aber vielleicht träum' ich ... ich muß ihn noch einmal fragen ... »Wen hat der Schlag getroffen?« – Famos, famos! – Ganz harmlos hab' ich das gesagt! –

»Den Bäckermeister, Herr Leutnant! .. Herr Leutnant werd'n ihn ja kennen ... na, den Dicken, der jeden Nachmittag neben die Herren Offiziere seine Tarockpartie hat ... mit'n Herrn Schlesinger und'n Herrn Wasner von der Kunstblumenhandlung vis-à-vis!«

Ich bin ganz wach – stimmt alles – und doch kann ich's noch nicht recht glauben – ich muß ihn noch einmal fragen ... aber ganz harmlos ...

»Der Schlag hat ihn getroffen? ... Ja, wieso denn? Woher wissen S' denn das?«

»Aber Herr Leutnant, wer soll's denn früher wissen, als unsereiner – die Semmel, die der Herr Leutnant da essen, ist ja auch vom Herrn Habetswallner. Der Bub, der uns das Gebäck um halber fünfe in der Früh bringt, hat's uns erzählt.«

Um Himmelswillen, ich darf mich nicht verraten ... ich möcht' ja schreien ... ich möcht' ja lachen ... ich möcht' ja dem Rudolf ein Bussel geben ... Aber ich muß ihn noch was fragen! ... Vom Schlag getroffen werden, heißt noch nicht: tot sein ... ich muß fragen, ob er tot ist ... aber ganz ruhig, denn was geht mich der Bäckermeister an – ich muß in die Zeitung schau'n, während ich den Kellner frag' ..

»Ist er tot?«

»Na, freilich, Herr Leutnant; auf'm Fleck ist er tot geblieben.«

O, herrlich, herrlich! – Am End' ist das alles, weil ich in der Kirchen g'wesen bin ...

»Er ist am Abend im Theater g'wesen; auf der Stiegen ist er umg'fallen – der Hausmeister hat den Krach gehört ... na, und dann haben s' ihn in die Wohnung getragen, und wie der Doktor gekommen ist, war's schon lang' aus.«

»Ist aber traurig. Er war doch noch in den besten Jahren.« – Das hab' ich jetzt famos gesagt – kein Mensch könnt' mir was anmerken ... und ich muß mich wirklich zurückhalten, daß ich nicht schrei' oder aufs Billard spring' ...

»Ja, Herr Leutnant, sehr traurig; war ein so lieber Herr, und zwanzig Jahr' ist er schon zu uns kommen – war ein guter Freund von unserm Herrn. Und die arme Frau ...«

Ich glaub', so froh bin ich in meinem ganzen Leben nicht gewesen ... Tot ist er – tot ist er! Keiner weiß was, und nichts ist g'scheh'n! – Und das Mordsglück, daß ich in das Kaffeehaus gegangen bin ... sonst hätt' ich mich ja ganz umsonst erschossen – es ist doch wie eine Fügung des Schicksals ... Wo ist denn der Rudolf? – Ah, mit dem Feuerburschen red't er ... – Also, tot ist er – tot ist er – ich kann's noch gar nicht glauben! Am liebsten möcht' ich hingeh'n, um's zu seh'n. – – Am End' hat ihn der Schlag getroffen aus Wut, aus verhaltenem Zorn ... Ah, warum, ist mir ganz egal! Die Hauptsach' ist: er ist tot, und ich darf leben, und alles g'hört wieder mein! ... Komisch, wie ich mir da immerfort die Semmel einbrock', die mir der Herr Habetswallner gebacken hat! Schmeckt mir ganz gut, Herr von Habetswallner! Famos! – So, jetzt möcht' ich noch ein Zigarrl rauchen ...

»Rudolf! Sie, Rudolf! Sie, lassen S' mir den Feuerburschen dort in Ruh'!«

»Bitte, Herr Leutnant!«

»Trabucco« ... – Ich bin so froh, so froh! ... Was mach' ich denn nur? ... Was mach ich denn nur? ... Es muß ja was gescheh'n, sonst trifft mich auch noch der Schlag vor lauter Freud'! ... In einer Viertelstund' geh' ich hinüber in die Kasern' und laß mich vom Johann kalt abreiben ... um halb acht sind die Gewehrgriff, und um halb zehn ist Exerzieren. – Und der Steffi schreib' ich, sie muß sich für heut' abend frei machen, und wenn's Graz gilt! Und nachmittag um vier ... na wart', mein Lieber, wart', mein Lieber! Ich bin grad gut aufgelegt ... Dich hau' ich zu Krenfleisch!

Reichenau, 13.–17. Juli 1900.

Fräulein Else

»*Du willst wirklich nicht mehr weiterspielen, Else?*« – »Nein, Paul, ich kann nicht mehr. Adieu. – Auf Wiedersehen, gnädige Frau.« – »*Aber Else, sagen Sie mir doch: Frau Cissy. – Oder lieber noch: Cissy, ganz einfach.*« – »Auf Wiedersehen, Frau Cissy.« – »*Aber warum gehen Sie denn schon, Else? Es sind noch volle zwei Stunden bis zum Dinner.*« »Spielen Sie nur Ihr Single mit Paul, Frau Cissy, mit mir ist's doch heut' wahrhaftig kein Vergnügen.« – »*Lassen Sie sie, gnädige Frau, sie hat heut' ihren ungnädigen Tag. – Steht dir übrigens ausgezeichnet zu Gesicht, das Ungnädigsein, Else. – Und der rote Sweater noch besser.*« – »Bei Blau wirst du hoffentlich mehr Gnade finden, Paul. Adieu.«

Das war ein ganz guter Abgang. Hoffentlich glauben die Zwei nicht, daß ich eifersüchtig bin. – Daß sie was miteinander haben, Cousin Paul und Cissy Mohr, darauf schwör' ich. Nichts auf der Welt ist mir gleichgültiger. – Nun wende ich mich noch einmal um und winke ihnen zu. Winke und lächle. Sehe ich nun gnädig aus? – Ach Gott, sie spielen schon wieder. Eigentlich spiele ich besser als Cissy Mohr; und Paul ist auch nicht gerade ein Matador. Aber gut sieht er aus – mit dem offenen Kragen und dem Bösen-Jungen-Gesicht. Wenn er nur weniger affektiert wäre. Brauchst keine Angst zu haben, Tante Emma ...

Was für ein wundervoller Abend! Heut' wär' das richtige Wetter gewesen für die Tour auf die Rosetta-Hütte. Wie herrlich der Cimone in den Himmel ragt! – Um fünf Uhr früh wär' man aufgebrochen. Anfangs wär' mir natürlich übel gewesen, wie gewöhnlich. Aber das verliert sich. – Nichts köstlicher als das Wandern im Morgengrauen. – Der einäugige Amerikaner auf der Rosetta hat ausgesehen wie ein Boxkämpfer. Vielleicht hat ihm beim Boxen wer das Aug' ausgeschlagen. Nach Amerika würd' ich ganz gern heiraten, aber keinen Amerikaner. Oder ich heirat' einen Amerikaner und wir leben in Europa. Villa an der Riviera. Marmorstufen ins Meer. Ich liege nackt auf dem Marmor. – Wie lang ist's her, daß wir in Mentone waren? Sieben oder acht Jahre. Ich war dreizehn oder vierzehn. Ach ja, damals waren wir noch in besseren Verhältnissen. – Es war eigentlich ein Unsinn, die Partie aufzuschieben. Jetzt wären wir jedenfalls schon zurück. – Um vier, wie ich zum Tennis gegangen bin, war der telegraphisch angekündigte Expreßbrief von Mama noch nicht da. Wer weiß, ob jetzt. Ich hätt' noch ganz gut ein Set spielen können. – Warum grüßen mich diese zwei jungen Leute? Ich kenn' sie gar nicht. Seit gestern wohnen sie im Hotel, sitzen beim Essen links am Fenster, wo früher die Holländer gesessen sind. Hab' ich ungnädig gedankt? Oder gar hochmütig? Ich bin's ja gar nicht. Wie sagte Fred auf dem Weg vom ›Coriolan‹ nach Hause? Frohgemut. Nein, hochgemut. Hochgemut sind Sie, nicht hochmütig, Else. – Ein schönes Wort. Er findet immer schöne Worte. – Warum geh' ich so langsam? Fürcht' ich mich am Ende vor Mamas Brief? Nun, Angenehmes wird er wohl nicht enthalten. Expreß! Vielleicht muß ich wieder zurückfahren. O weh. Was für ein Leben – trotz rotem Seidensweater und Seidenstrümpfen. Drei Paar! Die arme Verwandte, von der reichen Tante eingeladen. Sicher bereut sie's schon. Soll ich's dir schriftlich geben, teure Tante, daß ich an Paul nicht im Traum denke? Ach, an niemanden denke ich. Ich bin nicht verliebt. In niemanden. Und war noch nie verliebt. Auch in Albert bin ich's nicht gewesen, obwohl ich es mir acht Tage lang eingebildet habe. Ich glaube, ich kann mich nicht verlieben. Eigentlich merkwürdig. Denn sinnlich bin ich gewiß. Aber auch hochgemut und ungnädig Gott sei Dank. Mit dreizehn war ich vielleicht das einzige Mal wirklich verliebt. In den Van Dyck – oder vielmehr in den Abbé Des Grieux, und in die Renard auch. Und wie ich sechzehn war, am Wörthersee. – Ach nein, das war nichts. Wozu nachdenken, ich schreibe ja keine Memoiren. Nicht einmal ein Tagebuch wie die Bertha. Fred ist mir sympathisch, nicht mehr. Vielleicht, wenn er eleganter wäre. Ich bin ja doch ein Snob. Der Papa findet's auch und lacht mich aus. Ach, lieber Papa, du machst mir viel Sorgen. Ob er die Mama einmal betrogen hat? Sicher. Öfters. Mama ist ziemlich dumm. Von mir hat sie keine Ahnung. Andere Menschen auch nicht. Fred? – Aber eben nur eine Ahnung. – Himmlischer Abend. Wie festlich das Hotel aussieht. Man spürt: Lauter Leute, denen es gutgeht und die keine Sorgen haben. Ich zum Beispiel. Haha! Schad'. Ich wär' zu einem sorgenlosen Leben geboren. Es könnt' so schön sein. Schad'. – Auf dem Cimone liegt ein roter Glanz. Paul würde sagen: Alpenglühen. Das ist noch lang' kein Alpenglühen. Es ist zum Weinen schön. Ach, warum muß man wieder zurück in die Stadt!

»*Guten Abend, Fräulein Else.*« – »Küss' die Hand, gnädige Frau.« – »*Vom Tennis?*« – Sie sieht's doch, warum fragt sie? »Ja, gnädige Frau. Beinah drei Stunden lang haben wir gespielt. – Und gnädige Frau machen noch einen Spaziergang?« – »*Ja, meinen gewohnten Abendspaziergang. Den Rolleweg. Der geht so schön zwischen den Wiesen, bei Tag ist er beinahe zu sonnig.*« – »Ja, die Wiesen hier sind herrlich. Besonders im Mondenschein von meinem Fenster aus.«

»*Guten Abend, Fräulein Else. – Küss' die Hand, gnädige Frau.*« – »Guten Abend, Herr von Dorsday.« – »*Vom Tennis, Fräulein Else?*« – »Was für ein Scharfblick, Herr von Dorsday.« – »*Spotten Sie nicht, Else.*« – Warum sagt er nicht ›Fräulein Else‹? – »*Wenn man mit dem Rakett so gut ausschaut, darf man es gewissermaßen auch als Schmuck tragen.*« – Esel, darauf antworte ich gar nicht. »Den ganzen Nachmittag haben wir gespielt. Wir waren leider nur Drei. Paul, Frau Mohr und ich.« – »*Ich war früher ein engagierter Tennisspieler.*« – »Und jetzt nicht mehr?« – »*Jetzt bin ich zu alt dazu.*« – »Ach, alt, in Marienlust, da war ein fünfundsechzigjähriger Schwede, der spielte jeden Abend von sechs bis acht Uhr. Und im Jahr vorher hat er sogar noch bei einem Turnier mitgespielt.« – »*Nun, fünfundsechzig bin ich Gott sei Dank noch nicht, aber leider auch kein Schwede.*« – Warum leider? Das hält er wohl für einen Witz. Das Beste, ich lächle höflich und gehe. »Küss' die Hand, gnädige Frau. Adieu, Herr von Dorsday.« Wie tief er sich verbeugt und was für Augen er macht. Kalbsaugen. Hab' ich ihn am Ende verletzt mit dem fünfundsechzigjährigen Schweden? Schad't auch nichts. Frau Winawer muß eine unglückliche Frau sein. Gewiß schon nah an Fünfzig. Diese Tränensäcke, – als wenn sie viel geweint hätte. Ach wie furchtbar, so alt zu sein. Herr von Dorsday nimmt sich ihrer an. Da geht er an ihrer Seite. Er sieht noch immer ganz gut aus mit dem graumelierten Spitzbart. Aber sympathisch ist er nicht. Schraubt sich künstlich hinauf. Was hilft Ihnen Ihr erster Schneider, Herr von Dorsday? Dorsday! Sie haben sicher einmal anders geheißen. – Da kommt das süße kleine Mädel von Cissy mit ihrem Fräulein. – »Grüß dich Gott, Fritzi. Bon soir, Mademoiselle. Vous allez bien?« – »Merci, Mademoiselle. Et vous?« – »Was seh' ich, Fritzi, du hast ja einen Bergstock. Willst du am End' den Cimone besteigen?« – »Aber nein, so hoch hinauf darf ich noch nicht.« – »Im nächsten Jahr wirst du es schon dürfen. Pah, Fritzi. A bientôt, Mademoiselle.« – »Bon soir, Mademoiselle.«

Eine hübsche Person. Warum ist sie eigentlich Bonne? Noch dazu bei Cissy. Ein bitteres Los. Ach Gott, kann mir auch noch blühen. Nein, ich wüßte mir jedesfalls was Besseres. – Besseres? Köstlicher Abend. ›Die Luft ist wie Champagner‹, sagte gestern Doktor Waldberg. Vorgestern hat es auch einer gesagt. – Warum die Leute bei dem wundervollen Wetter in der Halle sitzen? Unbegreiflich. Oder wartet jeder auf einen Expreßbrief? Der Portier hat mich schon gesehen; – wenn ein Expreßbrief für mich da wäre, hätte er mir ihn sofort hergebracht. Also keiner da. Gott sei Dank. Ich werde mich noch ein bißl hinlegen vor dem Diner. Warum sagt Cissy ›Dinner‹? Dumme Affektation. Passen zusammen, Cissy und Paul. – Ach, wär der Brief lieber schon da. Am Ende kommt er während des ›Dinner‹. Und wenn er nicht kommt, hab' ich eine unruhige Nacht. Auch die vorige Nacht hab' ich so miserabel geschlafen. Freilich, es sind gerade diese Tage. Drum hab' ich auch das Ziehen in den Beinen. Dritter September ist heute. Also wahrscheinlich am sechsten. Ich werde heute Veronal nehmen. O, ich werde mich nicht daran gewöhnen. Nein, lieber Fred, du mußt nicht besorgt sein. In Gedanken bin ich immer per Du mit ihm. – Versuchen sollte man alles, – auch Haschisch. Der Marinefähnrich Brandel hat sich aus China, glaub' ich, Haschisch mitgebracht. Trinkt man oder raucht man Haschisch? Man soll prachtvolle Visionen haben. Brandel hat mich eingeladen mit ihm Haschisch zu trinken oder – zu rauchen – Frecher Kerl. Aber hübsch. –

»Bitte sehr, Fräulein, ein Brief.« – Der Portier! Also doch! – Ich wende mich ganz unbefangen um. Es könnte auch ein Brief von der Karoline sein oder von der Bertha oder von Fred oder Miß Jackson? »Danke schön.« Doch von Mama. Expreß. Warum sagt er nicht gleich: ein Expreßbrief? »O, ein Expreß!« Ich mach' ihn erst auf dem Zimmer auf und les' ihn in aller Ruhe. – Die Marchesa. Wie jung sie im Halbdunkel aussieht. Sicher fünfundvierzig. Wo werd' ich mit fünfundvierzig sein? Vielleicht schon tot. Hoffentlich. Sie lächelt mich so nett an, wie immer. Ich lasse sie vorbei, nicke ein wenig, – nicht als wenn ich mir eine besondere Ehre daraus machte, daß mich eine Marchesa anlächelt. – *»Buona sera.«* – Sie sagt mir buona sera. Jetzt muß ich mich doch wenigstens verneigen. War das zu tief? Sie ist ja um so viel älter. Was für einen herrlichen Gang sie hat. Ist sie geschieden? Mein Gang ist auch schön. Aber – ich weiß es. Ja, das ist der Unterschied. – Ein Italiener könnte mir gefährlich werden. Schade, daß der schöne Schwarze mit dem Römerkopf schon wieder fort ist. ›Er sieht aus wie ein Filou‹, sagte Paul. Ach Gott, ich hab' nichts gegen Filous, im Gegenteil. – So, da wär' ich. Nummer siebenundsiebzig. Eigentlich eine Glücksnummer. Hübsches Zimmer. Zirbelholz. Dort steht mein jungfräuliches Bett. – Nun ist es richtig ein Alpenglühen geworden. Aber Paul gegenüber werde ich es abstreiten. Eigentlich ist Paul schüchtern. Ein Arzt, ein Frauenarzt! Vielleicht gerade deshalb. Vorgestern im Wald, wie wir so weit voraus waren, hätt' er schon etwas unternehmender sein dürfen. Aber dann wäre es ihm übel ergangen. Wirklich unternehmend war eigentlich mir gegenüber noch niemand. Höchstens am Wörthersee vor drei Jahren im Bad. Unternehmend? Nein, unanständig war er ganz einfach. Aber schön. Apoll vom Belvedere. Ich hab' es ja eigentlich nicht ganz verstanden damals. Nun ja mit – sechzehn Jahren. Meine himmlische Wiese! Meine –! Wenn man sich die nach Wien mitnehmen könnte. Zarte Nebel. Herbst? Nun ja, dritter September, Hochgebirge.

Nun, Fräulein Else, möchten Sie sich nicht doch entschließen, den Brief zu lesen? Er muß sich ja gar nicht auf den Papa beziehen. Könnte es nicht auch etwas mit meinem Bruder sein? Vielleicht hat er sich verlobt mit einer seiner Flammen? Mit einer Choristin oder einem Handschuhmädel. Ach nein, dazu ist er wohl doch zu gescheit. Eigentlich weiß ich ja nicht viel von ihm. Wie ich sechzehn war und er einundzwanzig, da waren wir eine Zeitlang geradezu befreundet. Von einer gewissen Lotte hat er mir viel erzählt. Dann hat er plötzlich aufgehört. Diese Lotte muß ihm irgend etwas angetan haben. Und seitdem erzählt er mir nichts mehr. – Nun ist er offen, der Brief, und ich hab' gar nicht bemerkt, daß ich ihn aufgemacht habe. Ich setze mich aufs Fensterbrett und lese ihn. Achtgeben, daß ich nicht hinunterstürze. Wie uns aus San Martino gemeldet wird, hat sich dort im Hotel Fratazza ein beklagenswerter Unfall ereignet. Fräulein Else T., ein neunzehnjähriges bildschönes Mädchen, Tochter des bekannten Advokaten ... Natürlich würde es heißen, ich hätte mich umgebracht aus unglücklicher Liebe oder weil ich in der Hoffnung war. Unglückliche Liebe, ah nein.

›Mein liebes Kind‹ – Ich will mir vor allem den Schluß anschaun. – ›Also nochmals, sei uns nicht böse, mein liebes gutes Kind und sei tausendmal‹ – Um Gottes willen, sie werden sich doch nicht umgebracht haben! Nein, – in dem Fall wär' ein Telegramm von Rudi da. – ›Mein liebes Kind, du kannst mir glauben, wie leid es mir tut, daß ich dir in deine schönen Ferialwochen‹ – Als wenn ich nicht immer Ferien hätt', leider – ›mit einer so unangenehmen Nachricht hineinplatze.‹ – Einen furchtbaren Stil schreibt Mama – ›Aber nach reiflicher Überlegung bleibt mir wirklich nichts anderes übrig. Also, kurz und gut, die Sache mit Papa ist akut geworden. Ich weiß mir nicht zu raten, noch zu helfen.‹ – Wozu die vielen Worte? – ›Es handelt sich um eine verhältnismäßig lächerliche Summe – dreißigtausend Gulden‹, lächerlich? – ›die in drei Tagen herbeigeschafft sein müssen, sonst ist alles verloren.‹ – Um Gottes willen, was heißt das? – ›Denk dir, mein geliebtes Kind, daß der Baron Höning‹, – wie, der Staatsanwalt? ›sich heut' früh den Papa hat kommen lassen. Du weißt ja, wie der Baron den Papa hochschätzt, ja geradezu liebt. Vor anderthalb Jahren, damals, wie es auch an einem Haar gehangen hat, hat er persönlich mit den Hauptgläubigern gesprochen und die Sache noch im letzten Moment in Ordnung gebracht. Aber diesmal ist absolut nichts zu machen, wenn das Geld nicht beschafft wird. Und abgesehen davon, daß wir alle ruiniert sind, wird es ein Skandal, wie er noch nicht da war. Denk' dir, ein Advokat, ein berühmter Advokat, – der, – nein, ich kann es gar nicht niederschreiben. Ich kämpfe immer mit den Tränen. Du weißt ja, Kind, du bist ja klug, wir waren ja, Gott sei's geklagt, schon ein paar Mal in einer ähnlichen Situation und die Familie hat immer herausgeholfen. Zuletzt hat es sich gar um hundertzwanzigtausend gehandelt. Aber damals hat der Papa einen Revers unterschreiben müssen, daß er niemals wieder an die Verwandten, speziell an den Onkel Bernhard, herantreten wird.‹ – Na weiter, weiter, wo will denn das hin? Was kann denn ich dabei tun? – ›Der Einzige, an den man eventuell noch denken könnte, wäre der Onkel Viktor, der befindet sich aber unglücklicherweise auf einer Reise zum Nordkap oder nach Schottland‹ – Ja, der hat's gut, der ekelhafte Kerl – ›und ist absolut unerreichbar, wenigstens für den Moment. An die Kollegen, speziell Dr. Sch., der Papa schon öfter ausgeholfen hat‹ – Herrgott, wie stehn wir da – ›ist nicht mehr zu denken, seit er sich wieder verheiratet hat‹ – also was denn, was denn, was wollt ihr denn von mir? – ›Und da ist nun dein Brief gekommen, mein liebes Kind, wo du unter andern Dorsday erwähnst, der sich auch im Fratazza aufhält, und das ist uns wie ein Schicksalswink erschienen. Du weißt ja, wie oft Dorsday in früheren Jahren zu uns gekommen ist‹ – na, gar so oft – ›es ist der reine Zufall, daß er sich seit zwei, drei Jahren seltener blicken läßt; er soll in ziemlich festen Banden sein – unter uns, nichts sehr Feines‹ – warum ›unter uns?‹ – ›Im Residenzklub hat Papa jeden Donnerstag noch immer seine Whistpartie mit ihm, und im verflossenen Winter hat er ihm im Prozeß gegen einen andern Kunsthändler ein hübsches Stück Geld gerettet. Im übrigen, warum sollst du es nicht wissen, er ist schon früher einmal dem Papa beigesprungen.‹ – Hab' ich mir gedacht – ›Es hat sich damals um eine Bagatelle gehandelt, achttausend Gulden, – aber schließlich – dreißig bedeuten für Dorsday auch keinen Betrag. Darum hab' ich mir gedacht, ob du uns nicht die Liebe erweisen und mit Dorsday reden könntest‹ – Was? – ›Dich hat er ja immer besonders gern gehabt‹ – Hab' nichts davon gemerkt. Die Wange hat er mir gestreichelt, wie ich zwölf oder dreizehn Jahre alt war. ›Schon ein ganzes Fräulein.‹ – ›Und da Papa seit den achttausend glücklicherweise nicht mehr an ihn herangetreten ist, so wird er ihm diesen Liebesdienst nicht verweigern. Neulich soll er an einem Rubens, den er nach Amerika verkauft hat, allein achtzigtausend verdient haben. Das darfst du selbstverständlich nicht erwähnen.‹ – Hältst du mich für eine Gans, Mama? – ›Aber im übrigen kannst du ganz aufrichtig zu ihm reden. Auch, daß der Baron Höning sich den Papa hat kommen lassen, kannst du erwähnen, wenn es sich so ergeben sollte. Und daß mit den dreißigtausend tatsächlich das Schlimmste abgewendet ist, nicht nur für den Moment, sondern, so Gott will, für immer.‹ – Glaubst du wirklich, Mama? – ›Denn der Prozeß Erbesheimer, der glänzend steht, trägt dem Papa sicher hunderttausend, aber selbstverständlich kann er gerade in diesem Stadium von den Erbesheimers nichts verlangen. Also, ich bitte dich, Kind, sprich mit Dorsday. Ich versichere dich, es ist nichts dabei. Papa hätte ihm ja einfach telegraphieren können, wir haben es ernstlich überlegt, aber es ist doch etwas ganz anderes, Kind, wenn man mit einem Menschen persönlich spricht. Am sechsten um zwölf muß das Geld da sein, Doktor F.‹ – Wer ist Doktor F.? Ach ja, Fiala – ›ist unerbittlich. Natürlich ist da auch persönliche Rancune dabei. Aber da es sich unglücklicherweise um Mündelgelder handelt‹ – Um Gottes willen! Papa, was hast du getan? – ›kann man nichts machen. Und wenn das Geld am fünften um zwölf Uhr mittags nicht in Fialas Händen ist, wird der Haftbefehl erlassen, vielmehr so lange hält der Baron Höning ihn noch zurück. Also Dorsday müßte die Summe telegraphisch durch seine Bank an Doktor F. überweisen lassen. Dann sind wir gerettet. Im andern Fall weiß Gott was geschieht. Glaub' mir, du vergibst dir nicht das Geringste, mein geliebtes Kind. Papa hatte ja anfangs Bedenken gehabt. Er hat sogar noch Versuche gemacht auf zwei verschiedenen Seiten. Aber er ist ganz verzweifelt nach Hause gekommen.‹ – Kann Papa überhaupt verzweifelt sein? – ›Vielleicht nicht einmal so sehr wegen des Geldes, als darum, weil die Leute sich so schändlich gegen ihn benehmen. Der eine von ihnen war einmal Papas bester Freund. Du kannst dir denken, wen ich meine.‹ – Ich kann mir gar nichts denken. Papa hat so viel beste Freunde gehabt und in Wirklichkeit keinen. Warnsdorf vielleicht? – ›Um ein Uhr ist Papa nach Hause gekommen, und jetzt ist es vier Uhr früh. Jetzt schläft er endlich, Gott sei Dank.‹ – Wenn er lieber nicht aufwachte, das wär' das beste für ihn. – ›Ich gebe den Brief in aller früh selbst auf die Post, expreß, da mußt du ihn vormittag am dritten haben.‹ – Wie hat sich Mama das vorgestellt? Sie kennt sich doch in diesen Dingen nie aus. – ›Also sprich sofort mit Dorsday, ich beschwöre dich und telegraphiere sofort, wie es ausgefallen ist. Vor Tante Emma laß dir um Gottes willen nichts merken, es ist ja traurig genug, daß man sich in einem solchen Fall an die eigene Schwester nicht wenden kann, aber da könnte man ja ebensogut zu einem Stein reden. Mein liebes, liebes Kind, mir tut es ja so leid, daß du in deinen jungen Jahren solche Dinge mitmachen mußt, aber glaub' mir, der Papa ist zum geringsten Teil selber daran schuld.‹ – Wer denn, Mama? – ›Nun, hoffen wir zu Gott, daß der Prozeß Erbesheimer in jeder Hinsicht einen Abschnitt in unserer Existenz bedeutet. Nur über diese paar Wochen müssen wir hinaus sein. Es wäre doch ein wahrer Hohn, wenn wegen der dreißigtausend Gulden ein Unglück geschähe?‹ – Sie meint doch nicht im Ernst, daß Papa sich selber ... Aber wäre – das andere nicht noch schlimmer? – ›Nun schließe ich, mein Kind, ich hoffe, du wirst unter allen Umständen‹ – Unter allen Umständen? – ›noch über die Feiertage, wenigstens bis neunten oder zehnten in San Martino bleiben können. Unseretwegen mußt du keineswegs zurück. Grüße die Tante, sei nur weiter nett mit ihr. Also nochmals, sei uns nicht böse, mein liebes gutes Kind, und sei tausendmal‹ – ja, das weiß ich schon.

Also, ich soll Herrn Dorsday anpumpen ... Irrsinnig. Wie stellt sich Mama das vor? Warum hat sich Papa nicht einfach auf die Bahn gesetzt und ist hergefahren? – Wär' grad' so geschwind gegangen wie der Expreßbrief. Aber vielleicht hätten sie ihn auf dem Bahnhof wegen Fluchtverdacht – – Furchtbar, furchtbar! Auch mit den dreißigtausend wird uns ja nicht geholfen sein. Immer diese Geschichten! Seit sieben Jahren! Nein – länger. Wer möcht' mir das ansehen? Niemand sieht mir was an, auch dem Papa nicht. Und doch wissen es alle Leute. Rätselhaft, daß wir uns immer noch halten. Wie man alles gewöhnt! Dabei leben wir eigentlich ganz gut. Mama ist wirklich eine Künstlerin. Das Souper am letzten Neujahrstag für vierzehn Personen – unbegreiflich. Aber dafür meine zwei Paar Ballhandschuhe, die waren eine Affäre. Und wie der Rudi neulich dreihundert Gulden gebraucht hat, da hat die Mama beinah' geweint. Und der Papa ist dabei immer gut aufgelegt. Immer? Nein. O nein. In der Oper neulich bei Figaro sein Blick, – plötzlich ganz leer – ich bin erschrocken. Da war er wie ein ganz anderer Mensch. Aber dann haben wir im Grand Hotel soupiert und er war so glänzend aufgelegt wie nur je.

Und da halte ich den Brief in der Hand. Der Brief ist ja irrsinnig. Ich soll mit Dorsday sprechen? Zu Tod' würde ich mich schämen. – – Schämen, ich mich? Warum? Ich bin ja nicht schuld. – Wenn ich doch mit Tante Emma spräche? Unsinn. Sie hat wahrscheinlich gar nicht so viel Geld zur Verfügung. Der Onkel ist ja ein Geizkragen. Ach Gott, warum habe ich kein Geld? Warum hab' ich mir noch nichts verdient? Warum habe ich nichts gelernt? O, ich habe was gelernt! Wer darf sagen, daß ich nichts gelernt habe? Ich spiele Klavier, ich kann Französisch, Englisch, auch ein bißl Italienisch, habe kunstgeschichtliche Vorlesungen besucht – Haha! Und wenn ich schon was Gescheiteres gelernt hätte, was hülfe es mir? Dreißigtausend Gulden hätte ich mir keineswegs erspart. – –

Aus ist es mit dem Alpenglühen. Der Abend ist nicht mehr wunderbar. Traurig ist die Gegend. Nein, nicht die Gegend, aber das Leben ist traurig. Und ich sitz' da ruhig auf dem Fensterbrett. Und der Papa soll eingesperrt werden. Nein. Nie und nimmer. Es darf nicht sein. Ich werde ihn retten. Ja, Papa, ich werde dich retten. Es ist ja ganz einfach. Ein paar Worte ganz nonchalant, das ist ja mein Fall, ›hochgemut‹, – haha, ich werde Herrn Dorsday behandeln, als wenn es eine Ehre für ihn wäre, uns Geld zu leihen. Es ist ja auch eine. – Herr von Dorsday, haben Sie vielleicht einen Moment Zeit für mich? Ich bekomme da eben einen Brief von Mama, sie ist in augenblicklicher Verlegenheit, – vielmehr der Papa – – ›Aber selbstverständlich, mein Fräulein, mit dem größten Vergnügen. Um wieviel handelt es sich denn?‹ – Wenn er mir nur nicht so unsympathisch wäre. Auch die Art, wie er mich ansieht. Nein, Herr Dorsday, ich glaube Ihnen Ihre Eleganz nicht und nicht Ihr Monokel und nicht Ihre Noblesse. Sie könnten ebensogut mit alten Kleidern handeln wie mit alten Bildern. – Aber Else! Else, was fällt dir denn ein. – O, ich kann mir das erlauben. Mir sieht's niemand an. Ich bin sogar blond, rötlichblond, und Rudi sieht absolut aus wie ein Aristokrat. Bei der Mama merkt man es freilich gleich, wenigstens im Reden. Beim Papa wieder gar nicht. Übrigens sollen sie es merken. Ich verleugne es durchaus nicht und Rudi erst recht nicht. Im Gegenteil. Was täte der Rudi, wenn der Papa eingesperrt würde? Würde er sich erschießen? Aber Unsinn! Erschießen und Kriminal, all die Sachen gibt's ja gar nicht, die stehn nur in der Zeitung.

Die Luft ist wie Champagner. In einer Stunde ist das Diner, das ›Dinner‹. Ich kann die Cissy nicht leiden. Um ihr Mäderl kümmert sie sich überhaupt nicht. Was zieh' ich an? Das Blaue oder das Schwarze? Heut' wär vielleicht das Schwarze richtiger. Zu dekolletiert? Toilette de circonstance heißt es in den französischen Romanen. Jedenfalls muß ich berückend aussehen, wenn ich mit Dorsday rede. Nach dem Dinner, nonchalant. Seine Augen werden sich in meinen Ausschnitt bohren. Widerlicher Kerl. Ich hasse ihn. Alle Menschen hasse ich. Muß es gerade Dorsday sein? Gibt es denn wirklich nur diesen Dorsday auf der Welt, der dreißigtausend Gulden hat? Wenn ich mit Paul spräche? Wenn er der Tante sagte, er hat Spielschulden, – da würde sie sich das Geld sicher verschaffen können. –

Beinah schon dunkel. Nacht, Grabesnacht. Am liebsten möcht' ich tot sein. – Es ist ja gar nicht wahr. Wenn ich jetzt gleich hinunterginge, Dorsday noch vor dem Diner spräche? Ah, wie entsetzlich! – Paul, wenn du mir die dreißigtausend verschaffst, kannst du von mir haben, was du willst. Das ist ja schon wieder aus einem Roman. Die edle Tochter verkauft sich für den geliebten Vater, und hat am End' noch ein Vergnügen davon. Pfui Teufel! Nein, Paul, auch für dreißigtausend kannst du von mir nichts haben. Niemand. Aber für eine Million? – Für ein Palais? Für eine Perlenschnur? Wenn ich einmal heirate, werde ich es wahrscheinlich billiger tun. Ist es denn gar so schlimm? Die Fanny hat sich am Ende auch verkauft. Sie hat mir selber gesagt, daß sie sich vor ihrem Manne graust. Nun, wie wär's, Papa, wenn ich mich heute Abend versteigerte? Um dich vor dem Zuchthaus zu retten. Sensation –! Ich habe Fieber, ganz gewiß. Oder bin ich schon unwohl? Nein, Fieber habe ich. Vielleicht von der Luft. Wie Champagner. – Wenn Fred hier wäre, könnte er mir raten? Ich brauche keinen Rat. Es gibt ja auch nichts zu raten. Ich werde mit Herrn Dorsday aus Eperies sprechen, werde ihn anpumpen, ich die Hochgemute, die Aristokratin, die Marchesa, die Bettlerin, die Tochter des Defraudanten. Wie komm' ich dazu? Wie komm' ich dazu? Keine klettert so gut wie ich, keine hat so viel Schneid, – sporting girl, in England hätte ich auf die Welt kommen sollen, oder als Gräfin.

Da hängen die Kleider im Kasten! Ist das grüne Loden überhaupt schon bezahlt, Mama? Ich glaube nur eine Anzahlung. Das Schwarze zieh' ich an. Sie haben mich gestern alle angestarrt. Auch der blasse kleine Herr mit dem goldenen Zwicker. Schön bin ich eigentlich nicht, aber interessant. Zur Bühne hätte ich gehen sollen. Bertha hat schon drei Liebhaber, keiner nimmt es ihr übel ... In Düsseldorf war es der Direktor. Mit einem verheirateten Manne war sie in Hamburg und hat im Atlantic gewohnt, Appartement mit Badezimmer. Ich glaub' gar, sie ist stolz darauf. Dumm sind sie alle. Ich werde hundert Geliebte haben, tausend, warum nicht? Der Ausschnitt ist nicht tief genug; wenn ich verheiratet wäre, dürfte er tiefer sein. – Gut, daß ich Sie treffe, Herr von Dorsday, ich bekomme da eben einen Brief aus Wien ... Den Brief stecke ich für alle Fälle zu mir. Soll ich dem Stubenmädchen läuten? Nein, ich mache mich allein fertig. Zu dem schwarzen Kleid brauche ich niemanden. Wäre ich reich, würde ich nie ohne Kammerjungfer reisen.

Ich muß Licht machen. Kühl wird es. Fenster zu. Vorhang herunter? – Überflüssig. Steht keiner auf dem Berg drüben mit einem Fernrohr. Schade. – Ich bekomme da eben einen Brief, Herr von Dorsday. – Nach dem Dinner wäre es doch vielleicht besser. Man ist in leichterer Stimmung. Auch Dorsday – ich könnt' ja ein Glas Wein vorher trinken. Aber wenn die Sache vor dem Dinner abgetan wäre, würde mir das Essen besser schmecken. Pudding à la merveille, fromage et fruits divers. Und wenn Herr von Dorsday Nein sagt? – Oder wenn er gar frech wird? Ah nein, mit mir ist noch keiner frech gewesen. Das heißt, der Marineleutnant Brandl, aber es war nicht bös gemeint. – Ich bin wieder etwas schlanker geworden. Das steht mir gut. – Die Dämmerung starrt herein. Wie ein Gespenst starrt sie herein. Wie hundert Gespenster. Aus meiner Wiese herauf steigen die Gespenster. Wie weit ist Wien? Wie lange bin ich schon fort? Wie allein bin ich da! Ich habe keine Freundin, ich habe auch keinen Freund. Wo sind sie alle? Wen werd' ich heiraten? Wer heiratet die Tochter eines Defraudanten? – Eben erhalte ich einen Brief, Herr von Dorsday. – ›Aber es ist doch gar nicht der Rede wert, Fräulein Else, gestern erst habe ich einen Rembrandt verkauft, Sie beschämen mich, Fräulein Else.‹ Und jetzt reißt er ein Blatt aus seinem Scheckbuch und unterschreibt mit seiner goldenen Füllfeder; und morgen früh fahr' ich mit dem Scheck nach Wien. Jedesfalls; auch ohne Scheck. Ich bleibe nicht mehr hier. Ich könnte ja gar nicht, ich dürfte ja gar nicht. Ich lebe hier als elegante junge Dame und Papa steht mit einem Fuß im Grab – nein im Kriminal. Das vorletzte Paar Seidenstrümpfe. Den kleinen Riß grad unterm Knie merkt niemand. Niemand? Wer weiß. Nicht frivol sein, Else. – Bertha ist einfach ein Luder. Aber ist die Christine um ein Haar besser? Ihr künftiger Mann kann sich freuen. Mama war gewiß immer eine treue Gattin. Ich werde nicht treu sein. Ich bin hochgemut, aber ich werde nicht treu sein. Die Filous sind mir gefährlich. Die Marchesa hat gewiß einen Filou zum Liebhaber. Wenn Fred mich wirklich kennte, dann wäre es aus mit seiner Verehrung. – ›Aus Ihnen hätte alles Mögliche werden können, Fräulein, eine Pianistin, eine Buchhalterin, eine Schauspielerin, es stecken so viele Möglichkeiten in Ihnen. Aber es ist Ihnen immer zu gut gegangen.‹ Zu gut gegangen. Haha. Fred überschätzt mich. Ich hab' ja eigentlich zu nichts Talent. – Wer weiß? So weit wie Bertha hätte ich es auch noch gebracht. Aber mir fehlt es an Energie. Junge Dame aus guter Familie. Ha, gute Familie. Der Vater veruntreut Mündelgelder. Warum tust du mir das an, Papa? Wenn du noch etwas davon hättest! Aber an der Börse verspielt! Ist das der Mühe wert? Und die dreißigtausend werden dir auch nichts helfen. Für ein Vierteljahr vielleicht. Endlich wird er doch durchgehen müssen. Vor anderthalb Jahren war es ja fast schon soweit. Da kam noch Hilfe. Aber einmal wird sie nicht kommen – und was geschieht dann mit uns? Rudi wird nach Rotterdam gehen zu Vanderhulst in die Bank. Aber ich? Reiche Partie. O, wenn ich es darauf anlegte! Ich bin heute wirklich schön. Das macht wahrscheinlich die Aufregung. Für wen bin ich schön? Wäre ich froher, wenn Fred hier wäre? Ach Fred ist im Grunde nichts für mich. Kein Filou! Aber ich nähme ihn, wenn er Geld hätte. Und dann käme ein Filou – und das Malheur wäre fertig. – Sie möchten wohl gern ein Filou sein, Herr von Dorsday? – Von weitem sehen Sie manchmal auch so aus. Wie ein verlebter Vicomte, wie ein Don Juan – mit Ihrem blöden Monocle und Ihrem weißen Flanellanzug. Aber ein Filou sind Sie noch lange nicht. – Habe ich alles? Fertig zum ›Dinner‹? – Was tue ich aber eine Stunde lang, wenn ich Dorsday nicht treffe? Wenn er mit der unglücklichen Frau Winawer spazieren geht? Ach, sie ist gar nicht unglücklich, sie braucht keine dreißigtausend Gulden. Also ich werde mich in die Halle setzen, großartig in einen Fauteuil, schau mir die ›Illustrated News‹ an und die ›Vie parisienne‹, schlage die Beine übereinander, – den Riß unter dem Knie wird man nicht sehen. Vielleicht ist gerade ein Milliardär angekommen. – Sie oder keine. – Ich nehme den weißen Schal, der steht mir gut. Ganz ungezwungen lege ich ihn um meine herrlichen Schultern. Für wen habe ich sie denn, die herrlichen Schultern? Ich könnte einen Mann sehr glücklich machen. Wäre nur der rechte Mann da. Aber Kind will ich keines haben. Ich bin nicht mütterlich. Marie Weil ist mütterlich. Mama ist mütterlich, Tante

Irene ist mütterlich. Ich habe eine edle Stirn und eine schöne Figur. – ›Wenn ich Sie malen dürfte, wie ich wollte, Fräulein Else.‹ – Ja, das möchte Ihnen passen. Ich weiß nicht einmal seinen Namen mehr. Tizian hat er keineswegs geheißen, also war es eine Frechheit. – Eben erhalte ich einen Brief, Herr von Dorsday. – Noch etwas Puder auf den Nacken und Hals, einen Tropfen Verveine ins Taschentuch, Kasten zusperren, Fenster wieder auf, ah, wie wunderbar! Zum Weinen. Ich bin nervös. Ach, soll man nicht unter solchen Umständen nervös sein. Die Schachtel mit dem Veronal hab' ich bei den Hemden. Auch neue Hemden brauchte ich. Das wird wieder eine Affäre sein. Ach Gott.

Unheimlich, riesig der Cimone, als wenn er auf mich herunterfallen wollte! Noch kein Stern am Himmel. Die Luft ist wie Champagner. Und der Duft von den Wiesen! Ich werde auf dem Land leben. Einen Gutsbesitzer werde ich heiraten und Kinder werde ich haben. Doktor Froriep war vielleicht der Einzige, mit dem ich glücklich geworden wäre. Wie schön waren die beiden Abende hintereinander, der erste bei Kniep, und dann der auf dem Künstlerball. Warum ist er plötzlich verschwunden – wenigstens für mich? Wegen Papa vielleicht? Wahrscheinlich. Ich möchte einen Gruß in die Luft hinausrufen, ehe ich wieder hinuntersteige unter das Gesindel. Aber zu wem soll der Gruß gehen? Ich bin ja ganz allein. Ich bin ja so furchtbar allein, wie es sich niemand vorstellen kann. Sei gegrüßt, mein Geliebter. Wer? Sei gegrüßt, mein Bräutigam! Wer? Sei gegrüßt, mein Freund! Wer? – Fred? – Aber keine Spur. So, das Fenster bleibt offen. Wenn's auch kühl wird. Licht abdrehen. So. – ja richtig, den Brief. Ich muß ihn zu mir nehmen für alle Fälle. Das Buch aufs Nachtkastel, ich lese heut' nacht noch weiter in ›Notre Coeur‹, unbedingt, was immer geschieht. Guten Abend, schönstes Fräulein im Spiegel, behalten Sie mich in gutem Angedenken, auf Wiedersehen ...

Warum sperre ich die Tür zu? Hier wird nichts gestohlen. Ob Cissy in der Nacht ihre Türe offen läßt? Oder sperrt sie ihm erst auf, wenn er klopft? Ist es denn ganz sicher? Aber natürlich. Dann liegen sie zusammen im Bett. Unappetitlich. Ich werde kein gemeinsames

Schlafzimmer haben mit meinem Mann und mit meinen tausend Geliebten. – Leer ist das ganze Stiegenhaus! Immer um diese Zeit. Meine Schritte hallen. Drei Wochen bin ich jetzt da. Am zwölften August bin ich von Gmunden abgereist. Gmunden war langweilig. Woher hat der Papa das Geld gehabt, Mama und mich aufs Land zu schicken? Und Rudi war sogar vier Wochen auf Reisen. Weiß Gott wo. Nicht zweimal hat er geschrieben in der Zeit. Nie werde ich unsere Existenz verstehen. Schmuck hat die Mama freilich keinen mehr. – Warum war Fred nur zwei Tage in Gmunden? Hat sicher auch eine Geliebte! Vorstellen kann ich es mir zwar nicht. Ich kann mir überhaupt gar nichts vorstellen. Acht Tage sind es, daß er mir nicht geschrieben hat. Er schreibt schöne Briefe. – Wer sitzt denn dort an dem kleinen Tisch? Nein, Dorsday ist es nicht. Gott sei Dank. Jetzt vor dem Diner wäre es doch unmöglich, ihm etwas zu sagen. – Warum schaut mich der Portier so merkwürdig an? Hat er am Ende den Expreßbrief von der Mama gelesen? Mir scheint, ich bin verrückt. Ich muß ihm nächstens wieder ein Trinkgeld geben. – Die Blonde da ist auch schon zum Diner angezogen. Wie kann man so dick sein! – Ich werde noch vors Hotel hinaus und ein bißchen auf und abgehen. Oder ins Musikzimmer? Spielt da nicht wer? Eine Beethovensonate! Wie kann man hier eine Beethovensonate spielen! Ich vernachlässige mein Klavierspiel. In Wien werde ich wieder regelmäßig üben. Überhaupt ein anderes Leben anfangen. Das müssen wir alle. So darf es nicht weitergehen. Ich werde einmal ernsthaft mit Papa sprechen – wenn noch Zeit dazu sein sollte. Es wird, es wird. Warum habe ich es noch nie getan? Alles in unserem Haus wird mit Scherzen erledigt, und keinem ist scherzhaft zumut. Jeder hat eigentlich Angst vor dem andern, jeder ist allein. Die Mama ist allein, weil sie nicht gescheit genug ist und von niemandem was weiß, nicht von mir, nicht von Rudi und nicht vom Papa. Aber sie spürt es nicht und Rudi spürt es auch nicht. Er ist ja ein netter eleganter Kerl, aber mit einundzwanzig hat er mehr versprochen. Es wird gut für ihn sein, wenn er nach Holland geht. Aber wo werde ich hingehen? Ich möchte fortreisen und tun können was ich will. Wenn Papa nach Amerika durchgeht, begleite ich ihn. Ich bin schon ganz konfus ... Der Portier wird mich für wahnsinnig halten, wie ich da auf der Lehne sitze und in die Luft starre. Ich werde mir eine Zigarette anzünden. Wo ist meine Zigarettendose? Oben. Wo nur? Das Veronal habe ich bei der Wäsche. Aber wo habe ich die Dose? Da kommen Cissy und Paul. Ja, sie muß sich endlich umkleiden zum ›Dinner‹, sonst hätten sie noch im Dunkeln weitergespielt. – Sie sehen mich nicht. Was sagt er ihr denn? Warum lacht sie so blitzdumm? Wär' lustig, ihrem Gatten einen anonymen Brief nach Wien zu schreiben. Wäre ich so was imstande? Nie. Wer weiß? Jetzt haben sie mich gesehen. Ich nicke ihnen zu. Sie ärgert sich, daß ich so hübsch aussehe. Wie verlegen sie ist.

»*Wie, Else, Sie sind schon fertig zum Diner?*« – Warum sagt sie jetzt Diner und nicht Dinner. Nicht einmal konsequent ist sie. »Wie Sie sehen, Frau Cissy.« – »*Du siehst wirklich entzückend aus, Else, ich hätte große Lust, dir den Hof zu machen.*« – »Erspar' dir die Mühe, Paul, gib mir lieber eine Zigarette.« – »*Aber mit Wonne.*« – »Dank' schön. Wie ist das Single ausgefallen?« – »*Frau Cissy hat mich dreimal hintereinander geschlagen.*« – »*Er war nämlich zerstreut. Wissen Sie übrigens, Else, daß morgen der Kronprinz von Griechenland hier ankommt?*« – Was kümmert mich der Kronprinz von Griechenland? »So wirklich?« O Gott, – Dorsday mit Frau Winawer! Sie grüßen. Sie gehen weiter. Ich habe zu höflich zurückgegrüßt. Ja, ganz anders als sonst. O, was bin ich für eine Person. – »*Deine Zigarette brennt ja nicht, Else?*« – »Also, gib mir noch einmal Feuer. Danke.« – »*Ihr Schal ist sehr hübsch, Else, zu dem schwarzen Kleid steht er Ihnen fabelhaft. Übrigens muß ich mich jetzt auch umziehen.*« – Sie soll lieber nicht weggehen, ich habe Angst vor Dorsday. – »*Und für sieben habe ich mir die Friseurin bestellt, sie ist famos. Im Winter ist sie in Mailand. Also adieu, Else, adieu, Paul.*« – »*Küss' die Hand, gnädige Frau.*« – »Adieu, Frau Cissy.« – Fort ist sie. Gut, daß Paul wenigstens da bleibt. »*Darf ich mich einen Moment zu dir setzen, Else, oder stör' ich dich in deinen Träumen?*« – »Warum in meinen Träumen? Vielleicht in meinen Wirklichkeiten.« Das heißt eigentlich gar nichts. Er soll lieber fortgehen. Ich muß ja doch mit Dorsday sprechen. Dort steht er noch immer mit der unglücklichen Frau Winawer, er langweilt sich, ich seh' es ihm an, er möchte zu mir herüberkommen. – »*Gibt es denn solche Wirklichkeiten, in denen du nicht gestört sein willst?*« – Was sagt er da? Er soll zum Teufel gehen. Warum lächle ich ihn so kokett an? Ich mein' ihn ja gar nicht. Dorsday schielt herüber. Wo bin ich? Wo bin ich? »*Was hast du denn heute, Else?*« – »Was soll ich denn haben?« – »*Du bist geheimnisvoll, dämonisch, verführerisch.*« – »Red' keinen Unsinn, Paul.« – »*Man könnte geradezu toll werden, wenn man dich ansieht.*« – Was fällt ihm denn ein? Wie redet er denn zu mir? Hübsch ist er. Der Rauch meiner Zigarette verfängt sich in seinen Haaren. Aber ich kann ihn jetzt nicht brauchen. – »*Du siehst so über mich hinweg. Warum denn, Else?*« – Ich antworte gar nichts. Ich kann ihn jetzt nicht brauchen. Ich mache mein unausstehliches Gesicht. Nur keine Konversation jetzt. – »*Du bist mit deinen Gedanken ganz woanders.*« – »Das dürfte stimmen.« Er ist Luft für mich. Merkt Dorsday, daß ich ihn erwarte? Ich sehe nicht hin, aber ich weiß, daß er hersieht. – »*Also, leb' wohl, Else.*« – Gott sei Dank. Er küßt mir die Hand. Das tut er sonst nie. »Adieu, Paul.« Wo hab' ich die schmelzende Stimme her? Er geht, der Schwindler. Wahrscheinlich muß er noch etwas abmachen mit Cissy wegen heute nacht. Wünsche viel Vergnügen. Ich ziehe den Schal um meine Schulter und stehe auf und geh' vors Hotel hinaus. Wird freilich schon etwas kühl sein. Schad', daß ich meinen Mantel – Ah, ich habe ihn ja heute früh in die Portierloge hineingehängt. Ich fühle den Blick von Dorsday auf meinem Nacken, durch den Schal. Frau Winawer geht jetzt hinauf in ihr Zimmer. Wieso weiß ich denn das? Telepathie. »Ich bitte Sie, Herr Portier –« – »*Fräulein wünschen den Mantel?*« – »Ja, bitte.« – »*Schon etwas kühl die Abende, Fräulein. Das kommt bei uns so plötzlich.*« – »Danke.« Soll ich wirklich vors Hotel? Gewiß, was denn? Jedesfalls zur Türe hin. Jetzt kommt einer nach dem andern. Der Herr mit dem goldenen Zwicker. Der lange Blonde mit der grünen Weste. Alle sehen sie mich an. Hübsch ist diese kleine Genferin. Nein, aus Lausanne ist sie. Es ist eigentlich gar nicht so kühl.

»*Guten Abend, Fräulein Else.*« – Um Gottes willen, er ist es. Ich sage nichts von Papa. Kein Wort. Erst nach dem Essen. Oder ich reise morgen nach Wien. Ich gehe persönlich zu Doktor Fiala. Warum ist mir das nicht gleich eingefallen? Ich wende mich um mit einem Gesicht, als wüßte ich nicht, wer hinter mir steht. »Ah, Herr von Dorsday.« – »*Sie wollen noch einen Spaziergang machen, Fräulein Else?*« – »Ach, nicht gerade einen Spaziergang, ein bißchen auf und abgehen vor dem Diner.« – »*Es ist fast noch eine Stunde bis dahin.*« – »Wirklich?« Es ist gar nicht so kühl. Blau sind die Berge. Lustig wär's, wenn er plötzlich um meine Hand anhielte. – »*Es gibt doch auf der Welt keinen schöneren Fleck als diesen hier.*« – »Finden Sie, Herr von Dorsday? Aber bitte, sagen Sie nicht, daß die Luft hier wie Champagner ist.« – »*Nein, Fräulein Else, das sage ich erst von zweitausend Metern an. Und hier stehen wir kaum sechzehnhundertfünfzig über dem Meeresspiegel.*« – »Macht das einen solchen Unterschied?« – »*Aber selbstverständlich. Waren Sie schon einmal im Engadin?*« – »Nein, noch nie. Also dort ist die Luft wirklich wie Champagner?« – »*Man könnte es beinah' sagen. Aber Champagner ist nicht mein Lieblingsgetränk. Ich ziehe diese Gegend vor. Schon wegen der wundervollen Wälder.*« – Wie langweilig er ist. Merkt er das nicht? Er weiß offenbar nicht recht, was er mit mir reden soll. Mit einer verheirateten Frau wäre es einfacher. Man sagt eine kleine Unanständigkeit und die Konversation geht weiter. – »*Bleiben Sie noch längere Zeit hier in San Martino, Fräulein Else?*« – Idiotisch. Warum schau' ich ihn so kokett an? Und schon lächelt er in der gewissen Weise. Nein, wie dumm die Männer sind. »Das hängt zum Teil von den Dispositionen meiner Tante ab.« Ist ja gar nicht wahr. Ich kann ja allein nach Wien fahren. »Wahrscheinlich bis zum zehnten.« – »*Die Mama ist wohl noch in Gmunden?*« – »Nein, Herr von Dorsday. Sie ist schon in Wien. Schon seit drei Wochen. Papa ist auch in Wien. Er hat sich heuer kaum acht Tage Urlaub genommen. Ich glaube, der Prozeß Erbesheimer macht ihm sehr viel Arbeit.« – »*Das kann ich mir denken. Aber Ihr Papa ist wohl der Einzige, der Erbesheimer herausreißen kann ... Es bedeutet ja schon einen Erfolg, daß es überhaupt eine Zivilsache geworden ist.*« – Das ist gut, das ist gut. »Es ist mir angenehm zu hören, daß auch Sie ein so günstiges Vorgefühl haben.« – »*Vorgefühl? Inwiefern?*« – »Ja, daß der Papa den Prozeß für Erbesheimer gewinnen wird.« – »*Das will ich nicht einmal mit Bestimmtheit behauptet haben.«* – Wie, weicht er schon zurück? Das soll ihm nicht gelingen. »O, ich halte etwas von Vorgefühlen und von Ahnungen. Denken Sie, Herr von Dorsday, gerade heute habe ich einen Brief von zu Hause bekommen.« Das war nicht sehr geschickt. Er macht ein etwas verblüfftes Gesicht. Nur weiter, nicht schlucken. Er ist ein guter alter Freund von Papa. Vorwärts. Vorwärts. Jetzt oder nie. »Herr von Dorsday, Sie haben eben so lieb von Papa gesprochen, es wäre geradezu häßlich von mir, wenn ich nicht ganz aufrichtig zu Ihnen wäre.« Was macht er denn für Kalbsaugen? O weh, er merkt was. Weiter, weiter. »Nämlich in dem Brief ist auch von Ihnen die Rede, Herr von Dorsday. Es ist nämlich ein Brief von Mama.« – »So.« – »Eigentlich ein sehr trauriger Brief. Sie kennen ja die Verhältnisse in unserem Haus, Herr von Dorsday.« – Um Himmels willen, ich habe ja Tränen in der Stimme. Vorwärts, vorwärts, jetzt gibt es kein Zurück mehr. Gott sei Dank. »Kurz und gut, Herr von Dorsday, wir wären wieder einmal soweit.« – Jetzt möchte er am liebsten verschwinden. »Es handelt sich – um eine Bagatelle. Wirklich nur um eine Bagatelle, Herr von Dorsday. Und doch, wie Mama schreibt, steht alles auf dem Spiel.« Ich rede so blöd' daher wie eine Kuh. – *»Aber beruhigen Sie sich doch, Fräulein Else.«* – Das hat er nett gesagt. Aber meinen Arm brauchte er darum nicht zu berühren. – *»Also, was gibt's denn eigentlich, Fräulein Else? Was steht denn in dem traurigen Brief von Mama?«* – »Herr von Dorsday, der Papa« – Mir zittern die Knie. »Die Mama schreibt mir, daß der Papa« – *»Aber um Gottes willen, Else, was ist Ihnen denn? Wollen Sie nicht lieber – hier ist eine Bank. Darf ich Ihnen den Mantel umgeben? Es ist etwas kühl.«* – »Danke, Herr von Dorsday, o, es ist nichts, gar nichts besonderes.« So, da sitze ich nun plötzlich auf der Bank. Wer ist die Dame, die da vorüberkommt? Kenn' ich gar nicht. Wenn ich nur nicht weiterreden müßte. Wie er mich ansieht! Wie konntest du das von mir verlangen, Papa? Das war nicht recht von dir, Papa. Nun ist es einmal geschehen. Ich hätte bis nach dem Diner warten sollen. – *»Nun, Fräulein Else?«* – Sein Monokel baumelt. Dumm sieht das aus. Soll ich ihm antworten? Ich muß ja. Also geschwind, damit ich es hinter mir habe. Was kann mir denn passieren? Er ist ein Freund von Papa. »Ach Gott, Herr von Dorsday, Sie sind ja ein alter Freund unseres Hauses.« Das habe ich sehr gut gesagt. »Und es wird Sie wahrscheinlich nicht wundern, wenn ich Ihnen erzähle, daß Papa sich wieder einmal in einer recht fatalen Situation befindet.« Wie merkwürdig meine Stimme klingt. Bin das ich, die da redet? Träume ich vielleicht? Ich habe gewiß jetzt auch ein ganz anderes Gesicht als sonst. – *»Es wundert mich allerdings nicht übermäßig. Da haben Sie schon recht, liebes Fräulein Else, – wenn ich es auch lebhaft bedauere.«* – Warum sehe ich denn so flehend zu ihm auf? Lächeln, lächeln. Geht schon. – *»Ich empfinde für Ihren Papa eine so aufrichtige Freundschaft, für Sie alle.«* – Er soll mich nicht so ansehen, es ist unanständig. Ich will anders zu ihm reden und nicht lächeln. Ich muß mich würdiger benehmen. »Nun, Herr von Dorsday, jetzt hätten Sie Gelegenheit, Ihre Freundschaft für meinen Vater zu beweisen.« Gott sei Dank, ich habe meine alte Stimme wieder. »Es scheint nämlich, Herr von Dorsday, daß alle unsere Verwandten und Bekannten – die Mehrzahl ist noch nicht in Wien – sonst wäre Mama wohl nicht auf die Idee gekommen. – Neulich habe ich nämlich zufällig in einem Brief an Mama Ihrer Anwesenheit hier in Martino Erwähnung getan – unter anderm natürlich.« – *»Ich vermutete gleich, Fräulein Else, daß ich nicht das einzige Thema Ihrer Korrespondenz mit Mama vorstelle.«* – Warum drückt er seine Knie an meine, während er da vor mir steht. Ach, ich lasse es mir gefallen. Was tut's! Wenn man einmal so tief gesunken ist. – »Die Sache verhält sich nämlich so, Doktor Fiala ist es, der diesmal dem Papa besondere Schwierigkeiten zu bereiten scheint.« – *»Ach Doktor Fiala.«* – Er weiß offenbar auch, was er von diesem Fiala zu halten hat. »Ja, Doktor Fiala. Und die Summe, um die es sich handelt, soll am fünften, das ist übermorgen um zwölf Uhr Mittag, – vielmehr, sie muß in seinen Händen sein, wenn nicht der Baron Höning – ja, denken Sie, der Baron hat Papa zu sich bitten lassen, privat, er liebt ihn nämlich sehr.« Warum red' ich denn von Höning, das wär' ja gar nicht notwendig gewesen. – *»Sie wollen sagen, Else, daß andernfalls eine Verhaftung unausbleiblich wäre?«* – Warum sagt er das so hart? Ich antworte nicht, ich nicke nur. »Ja.«

Nun habe ich doch ja gesagt. – »*Hm, das ist ja – schlimm, das ist ja wirklich sehr – dieser hochbegabte geniale Mensch. – Und um welchen Betrag handelt es sich denn eigentlich, Fräulein Else?*« – Warum lächelt er denn? Er findet es schlimm und er lächelt. Was meint er mit seinem Lächeln? Daß es gleichgültig ist wieviel? Und wenn er Nein sagt! Ich bring' mich um, wenn er Nein sagt. Also, ich soll die Summe nennen. »Wie, Herr von Dorsday, ich habe noch nicht gesagt, wieviel? Eine Million.« Warum sag' ich das? Es ist doch jetzt nicht der Moment zum Spaßen? Aber wenn ich ihm dann sage, um wieviel weniger es in Wirklichkeit ist, wird er sich freuen. Wie er die Augen aufreißt? Hält er es am Ende wirklich für möglich, daß ihn der Papa um eine Million – »Entschuldigen Sie, Herr von Dorsday, daß ich in diesem Augenblick scherze. Es ist mir wahrhaftig nicht scherzhaft zumute.« – Ja, ja, drück' die Knie nur an, du darfst es dir ja erlauben. »Es handelt sich natürlich nicht um eine Million, es handelt sich im ganzen um dreißigtausend Gulden, Herr von Dorsday, die bis übermorgen mittag um zwölf Uhr in den Händen des Herrn Doktor Fiala sein müssen. Ja. Mama schreibt mir, daß Papa alle möglichen Versuche gemacht hat, aber wie gesagt, die Verwandten, die in Betracht kämen, befinden sich nicht in Wien.« – O, Gott, wie ich mich erniedrige. – »Sonst wäre es dem Papa natürlich nicht eingefallen, sich an Sie zu wenden, Herr von Dorsday, respektive mich zu bitten –« – Warum schweigt er? Warum bewegt er keine Miene? Warum sagt er nicht Ja? Wo ist das Scheckbuch und die Füllfeder? Er wird doch um Himmels willen nicht Nein sagen? Soll ich mich auf die Knie vor ihm werfen? O Gott! O Gott –

»*Am fünften sagten Sie, Fräulein Else?*« – Gott sei Dank, er spricht. »Jawohl übermorgen, Herr von Dorsday, um zwölf Uhr mittags. Es wäre also nötig – ich glaube, brieflich ließe sich das kaum mehr erledigen.« – »*Natürlich nicht, Fräulein Else, das müßten wir wohl auf telegraphischem Wege*« – ›Wir‹, das ist gut, das ist sehr gut. – »*Nun, das wäre das wenigste. Wieviel sagten Sie, Else?*« – Aber er hat es ja gehört, warum quält er mich denn? »Dreißigtausend, Herr von Dorsday. Eigentlich eine lächerliche Summe.« Warum habe ich das gesagt?

Wie dumm. Aber er lächelt. Dummes Mädel, denkt er. Er lächelt ganz liebenswürdig. Papa ist gerettet. Er hätte ihm auch fünfzigtausend geliehen, und wir hätten uns allerlei anschaffen können. Ich hätte mir neue Hemden gekauft. Wie gemein ich bin. So wird man. – »*Nicht ganz so lächerlich, liebes Kind*« – Warum sagt er ›liebes Kind‹? Ist das gut oder schlecht? – »*wie Sie sich das vorstellen. Auch dreißigtausend Gulden wollen verdient sein.*« – »Entschuldigen Sie, Herr von Dorsday, nicht so habe ich es gemeint. Ich dachte nur, wie traurig es ist, daß Papa wegen einer solchen Summe, wegen einer solchen Bagatelle« – Ach Gott, ich verhasple mich ja schon wieder. »Sie können sich gar nicht denken, Herr von Dorsday, – wenn Sie auch einen gewissen Einblick in unsere Verhältnisse haben, wie furchtbar es für mich und besonders für Mama ist.« – Er stellt den einen Fuß auf die Bank. Soll das elegant sein – oder was? – »*O, ich kann mir schon denken, liebe Else.*« – Wie seine Stimme klingt, ganz anders, merkwürdig. – »*Und ich habe mir selbst schon manchesmal gedacht: schade, schade um diesen genialen Menschen.*« – Warum sagt er ›schade‹? Will er das Geld nicht hergeben? Nein, er meint es nur im allgemeinen. Warum sagt er nicht endlich Ja? Oder nimmt er das als selbstverständlich an? Wie er mich ansieht! Warum spricht er nicht weiter? Ah, weil die zwei Ungarinnen vorbeigehen. Nun steht er wenigstens wieder anständig da, nicht mehr mit dem Fuß auf der Bank. Die Krawatte ist zu grell für einen älteren Herrn. Sucht ihm die seine Geliebte aus? Nichts besonders Feines ›unter uns‹, schreibt Mama. Dreißigtausend Gulden! Aber ich lächle ihn ja an. Warum lächle ich denn? O, ich bin feig. – »*Und wenn man wenigstens annehmen dürfte, mein liebes Fräulein Else, daß mit dieser Summe wirklich etwas getan wäre? Aber* – *Sie sind doch ein so kluges Geschöpf, Else, was wären diese dreißigtausend Gulden? Ein Tropfen auf einen heißen Stein.*« – Um Gottes willen, er will das Geld nicht hergeben? Ich darf kein so erschrockenes Gesicht machen. Alles steht auf dem Spiel. Jetzt muß ich etwas Vernünftiges sagen und energisch. »O nein, Herr von Dorsday, diesmal wäre es kein Tropfen auf einen heißen Stein. Der Prozeß Erbesheimer steht bevor, vergessen Sie das nicht, Herr von Dorsday, und der ist schon heute so gut wie gewonnen. Sie hatten ja selbst diese Empfindung, Herr von Dorsday. Und Papa hat auch noch andere Prozesse. Und außerdem habe ich die Absicht, Sie dürfen nicht lachen, Herr von Dorsday, mit Papa zu sprechen, sehr ernsthaft. Er hält etwas auf mich. Ich darf sagen, wenn jemand einen gewissen Einfluß auf ihn zu nehmen imstande ist, so bin es noch am ehesten ich.« – »*Sie sind ja ein rührendes, ein entzückendes Geschöpf, Fräulein Else.*« – Seine Stimme klingt schon wieder. Wie zuwider ist mir das, wenn es so zu klingen anfängt bei den Männern. Auch bei Fred mag ich es nicht. – »*Ein entzückendes Geschöpf in der Tat.*« – Warum sagt er ›in der Tat‹? Das ist abgeschmackt. Das sagt man doch nur im Burgtheater. »*Aber so gern ich Ihren Optimismus teilen möchte – wenn der Karren einmal so verfahren ist.*« – »Das ist er nicht, Herr von Dorsday. Wenn ich an Papa nicht glauben würde, wenn ich nicht ganz überzeugt wäre, daß diese dreißigtausend Gulden« – Ich weiß nicht, was ich weiter sagen soll. Ich kann ihn doch nicht geradezu anbetteln. Er überlegt. Offenbar. Vielleicht weiß er die Adresse von Fiala nicht? Unsinn. Die Situation ist unmöglich. Ich sitze da wie eine arme Sünderin. Er steht vor mir und bohrt mir das Monokel in die Stirn und schweigt. Ich werde jetzt aufstehen, das ist das beste. Ich lasse mich nicht so behandeln. Papa soll sich umbringen. Ich werde mich auch umbringen. Eine Schande dieses Leben. Am besten wär's, sich dort von dem Felsen hinunterzustürzen und aus wär's. Geschähe euch recht, allen. Ich stehe auf. – »*Fräulein Else.*« – »Entschuldigen Sie, Herr von Dorsday, daß ich Sie unter diesen Umständen überhaupt bemüht habe. Ich kann Ihr ablehnendes Verhalten natürlich vollkommen verstehen.« – So, aus, ich gehe. – »*Bleiben Sie, Fräulein Else.*« – Bleiben Sie, sagt er? Warum soll ich bleiben? Er gibt das Geld her. Ja. Ganz bestimmt. Er muß ja. Aber ich setze mich nicht noch einmal nieder. Ich bleibe stehen, als wär' es nur für eine halbe Sekunde. Ich bin ein bißchen größer als er. – »*Sie haben meine Antwort noch nicht abgewartet, Else. Ich war ja schon einmal, verzeihen Sie, Else, daß ich das in diesem Zusammenhang erwähne*« – Er müßte nicht so oft Else sagen – »*in der Lage, dem Papa aus einer Verlegenheit zu helfen. Allerdings mit einer – noch lächerlicheren Summe als diesmal, und schmeichelte mir kei-*

neswegs mit der Hoffnung, diesen Betrag jemals wiedersehen zu dürfen, – und so wäre eigentlich kein Grund vorhanden, meine Hilfe diesmal zu verweigern. Und gar wenn ein junges Mädchen wie Sie, Else, wenn Sie selbst als Fürbitterin vor mich hintreten –« – Worauf will er hinaus? Seine Stimme ›klingt‹ nicht mehr. Oder anders! Wie sieht er mich denn an? Er soll achtgeben!! – *»Also, Else, ich bin bereit – Doktor Fiala soll übermorgen um zwölf Uhr mittags die dreißigtausend Gulden haben – unter einer Bedingung«* – Er soll nicht weiterreden, er soll nicht. »Herr von Dorsday, ich, ich persönlich übernehme die Garantie, daß mein Vater diese Summe zurückerstatten wird, sobald er das Honorar von Erbesheimer erhalten hat. Erbesheimers haben bisher überhaupt noch nichts gezahlt. Noch nicht einmal einen Vorschuß – Mama selbst schreibt mir« – *»Lassen Sie doch, Else, man soll niemals eine Garantie für einen anderen Menschen übernehmen, – nicht einmal für sich selbst.«* – Was will er? Seine Stimme klingt schon wieder. Nie hat mich ein Mensch so angeschaut. Ich ahne, wo er hinauswill. Wehe ihm! – *»Hätte ich es vor einer Stunde für möglich gehalten, daß ich in einem solchen Falle überhaupt mir jemals einfallen lassen würde, eine Bedingung zu stellen? Und nun tue ich es doch. ja, Else, man ist eben nur ein Mann, und es ist nicht meine Schuld, daß Sie so schön sind, Else.«* – Was will er? Was will er –? *»Vielleicht hätte ich heute oder morgen das Gleiche von Ihnen erbeten, was ich jetzt erbitten will, auch wenn Sie nicht eine Million, pardon – dreißigtausend Gulden von mir gewünscht hätten. Aber freilich, unter anderen Umständen hätten Sie mir wohl kaum Gelegenheit vergönnt, so lange Zeit unter vier Augen mit Ihnen zu reden.«* – »O, ich habe Sie wirklich allzu lange in Anspruch genommen, Herr von Dorsday.« Das habe ich gut gesagt. Fred wäre zufrieden. Was ist das? Er faßt nach meiner Hand? Was fällt ihm denn ein? – *»Wissen Sie es denn nicht schon lange, Else?«* – Er soll meine Hand loslassen! Nun, Gott sei Dank, er läßt sie los. Nicht so nah, nicht so nah. – *»Sie müßten keine Frau sein, Else, wenn Sie es nicht gemerkt hätten. Je vous désire.«* – Er hätte es auch deutsch sagen können, der Herr Vicomte. – *»Muß ich noch mehr sagen?«* – »Sie haben schon zuviel gesagt, Herr Dorsday.« Und ich stehe noch da. Warum denn? Ich gehe, ich gehe ohne Gruß. – *»Else! Else!«* – Nun ist er wieder neben mir. – *»Verzeihen Sie mir, Else. Auch ich habe nur einen Scherz gemacht, geradeso wie Sie vorher mit der Million. Auch meine Forderung stelle ich nicht so hoch – als Sie gefürchtet haben, wie ich leider sagen muß, – so daß die geringere Sie vielleicht angenehm überraschen wird. Bitte, bleiben Sie doch stehen, Else.«* – Ich bleibe wirklich stehen. Warum denn? Da stehen wir uns gegenüber. Hätte ich ihm nicht einfach ins Gesicht schlagen sollen? Wäre nicht noch jetzt Zeit dazu? Die zwei Engländer kommen vorbei. Jetzt wäre der Moment. Gerade darum. Warum tu' ich es denn nicht? Ich bin feig, ich bin zerbrochen, ich bin erniedrigt. Was wird er nun wollen statt der Million? Einen Kuß vielleicht? Darüber ließe sich reden. Eine Million zu dreißigtausend verhält sich wie – – Komische Gleichungen gibt es. – *»Wenn Sie wirklich einmal eine Million brauchen sollten, Else, – ich bin zwar kein reicher Mann, dann wollen wir sehen. Aber für diesmal will ich genügsam sein, wie Sie. Und für diesmal will ich nichts anderes, Else als – Sie sehen.«* – Ist er verrückt? Er sieht mich doch. – Ah, so meint er das, so! Warum schlage ich ihm nicht ins Gesicht, dem Schuften! Bin ich rot geworden oder blaß? Nackt willst du mich sehen? Das möchte mancher. Ich bin schön, wenn ich nackt bin. Warum schlage ich ihm nicht ins Gesicht? – Riesengroß ist sein Gesicht. Warum so nah, du Schuft? Ich will deinen Atem nicht auf meinen Wangen. Warum lasse ich ihn nicht einfach stehen? Bannt mich sein Blick? Wir schauen uns ins Auge wie Todfeinde. Ich möchte ihm Schuft sagen, aber ich kann nicht. Oder will ich nicht? – *»Sie sehen mich an, Else, als wenn ich verrückt wäre. Ich bin es vielleicht ein wenig, denn es geht ein Zauber von Ihnen aus, Else, den Sie selbst wohl nicht ahnen. Sie müssen fühlen, Else, daß meine Bitte keine Beleidigung bedeutet. Ja, ›Bitte‹ sage ich, wenn sie auch einer Erpressung zum Verzweifeln ähnlich sieht. Aber ich bin kein Erpresser, ich bin nur ein Mensch, der mancherlei Erfahrungen gemacht hat, – unter andern die, daß alles auf der Welt seinen Preis hat und daß einer, der sein Geld verschenkt, wenn er in der Lage ist, einen Gegenwert dafür zu bekommen, ein ausgemachter Narr ist. Und – was ich mir diesmal kaufen will, Else, so viel es auch ist, Sie werden nicht ärmer dadurch, daß Sie es verkaufen. Und daß es ein Geheimnis bleiben würde zwischen Ihnen und mir, das schwöre ich Ihnen,*

Else, bei – bei all den Reizen, durch deren Enthüllung Sie mich beglücken würden.« – Wo hat er so reden gelernt? Es klingt wie aus einem Buch. – *»Und ich schwöre Ihnen auch, daß ich – von der Situation keinen Gebrauch machen werde, der in unserem Vertrag nicht vorgesehen war. Nichts anderes verlange ich von Ihnen, als eine Viertelstunde dastehen dürfen in Andacht vor Ihrer Schönheit. Mein Zimmer liegt im gleichen Stockwerk wie das Ihre, Else, Nummer fünfundsechzig, leicht zu merken. Der schwedische Tennisspieler, von dem Sie heut' sprachen, war doch gerade fünfundsechzig Jahre alt?«* – Er ist verrückt! Warum lasse ich ihn weiterreden? Ich bin gelähmt. – *»Aber wenn es Ihnen aus irgendeinem Grunde nicht paßt, mich auf Zimmer Nummer fünfundsechzig zu besuchen, Else, so schlage ich Ihnen einen kleinen Spaziergang nach dem Diner vor. Es gibt eine Lichtung im Walde, ich habe sie neulich ganz zufällig entdeckt, kaum fünf Minuten weit von unserem Hotel. – Es wird eine wundervolle Sommernacht heute, beinahe warm, und das Sternenlicht wird Sie herrlich kleiden.«* – Wie zu einer Sklavin spricht er. Ich spucke ihm ins Gesicht. – *»Sie sollen mir nicht gleich antworten, Else. Überlegen Sie. Nach dem Diner werden Sir mir gütigst Ihre Entscheidung kundtun.«* – Warum sagt er denn ›kundtun‹? Was für ein blödes Wort: kundtun. – *»Überlegen Sie in aller Ruhe. Sie werden vielleicht spüren, daß es nicht einfach ein Handel ist, den ich Ihnen vorschlage.«* – Was denn, du klingender Schuft! – *»Sie werden möglicherweise ahnen, daß ein Mann zu Ihnen spricht, der ziemlich einsam und nicht besonders glücklich ist und der vielleicht einige Nachsicht verdient.«* – Affektierter Schuft. Spricht wie ein schlechter Schauspieler. Seine gepflegten Finger sehen aus wie Krallen. Nein, nein, ich will nicht. Warum sag' ich es denn nicht? Bring' dich um, Papa! Was will er denn mit meiner Hand? Ganz schlaff ist mein Arm. Er führt meine Hand an seine Lippen. Heiße Lippen. Pfui! Meine Hand ist kalt. Ich hätte Lust, ihm den Hut herunterzublasen. Ha, wie komisch wär' das. Bald ausgeküßt, du Schuft? – Die Bogenlampen vor dem Hotel brennen schon. Zwei Fenster stehen offen im dritten Stock. Das, wo sich der Vorhang bewegt, ist meines. Oben auf dem Schrank glänzt etwas. Nichts liegt oben, es ist nur der Messingbeschlag. – *»Also auf Wiedersehen, Else.«* – Ich antworte nichts. Regungslos stehe ich da. Er sieht mir ins Auge. Mein Gesicht ist undurchdringlich. Er weiß gar nichts. Er weiß nicht, ob ich kommen werde oder nicht. Ich weiß es auch nicht. Ich weiß nur, daß alles aus ist. Ich bin halbtot. Da geht er. Ein wenig gebückt. Schuft! Er fühlt meinen Blick auf seinem Nacken. Wen grüßt er denn? Zwei Damen. Als wäre er ein Graf, so grüßt er. Paul soll ihn fordern und ihn totschießen. Oder Rudi. Was glaubt er denn eigentlich? Unverschämter Kerl! Nie und nimmer. Es wird dir nichts anderes übrigbleiben, Papa, du mußt dich umbringen. – Die Zwei kommen offenbar von einer Tour. Beide hübsch, er und sie. Haben sie noch Zeit, sich vor dem Diner umzukleiden? Sind gewiß auf der Hochzeitsreise oder vielleicht gar nicht verheiratet. Ich werde nie auf einer Hochzeitsreise sein. Dreißigtausend Gulden. Nein, nein, nein! Gibt es keine dreißigtausend Gulden auf der Welt? Ich fahre zu Fiala. Ich komme noch zurecht. Gnade, Gnade, Herr Doktor Fiala. Mit Vergnügen, mein Fräulein. Bemühen Sie sich in mein Schlafzimmer. – Tu mir doch den Gefallen, Paul, verlange dreißigtausend Gulden von deinem Vater. Sage, du hast Spielschulden, du mußt dich sonst erschießen. Gern, liebe Kusine. Ich habe Zimmer Nummer soundsoviel, um Mitternacht erwarte ich dich. O, Herr von Dorsday, wie bescheiden sind Sie. Vorläufig. Jetzt kleidet er sich um. Smoking. Also entscheiden wir uns. Wiese im Mondenschein oder Zimmer Nummer fünfundsechzig? Wird er mich im Smoking in den Wald begleiten?

Es ist noch Zeit bis zum Diner. Ein bißchen spazierengehen und die Sache in Ruhe überlegen. Ich bin ein einsamer alter Mann, haha. Himmlische Luft, wie Champagner. Gar nicht mehr kühl – dreißigtausend ... dreißigtausend ... Ich muß mich jetzt sehr hübsch ausnehmen in der weiten Landschaft. Schade, daß keine Leute mehr im Freien sind. Dem Herrn dort am Waldesrand gefalle ich offenbar sehr gut. O, mein Herr, nackt bin ich noch viel schöner, und es kostet einen Spottpreis, dreißigtausend Gulden. Vielleicht bringen Sie Ihre Freunde mit, dann kommt es billiger. Hoffentlich haben Sie lauter hübsche Freunde, hübschere und jüngere als Herr von Dorsday? Kennen Sie Herrn von Dorsday? Ein Schuft ist er – ein klingender Schuft ...

Also überlegen, überlegen ... Ein Menschenleben steht auf dem Spiel. Das Leben von Papa. Aber nein, er bringt sich nicht um, er wird sich lieber einsperren lassen. Drei Jahre schwerer Kerker oder fünf. In dieser ewigen Angst lebt er schon fünf oder zehn Jahre ... Mündelgelder ... Und Mama geradeso. Und ich doch auch. – Vor wem werde ich mich das nächste Mal nackt ausziehen müssen? Oder bleiben wir der Einfachheit wegen bei Herrn Dorsday? Seine jetzige Geliebte ist ja nichts Feines ›unter uns gesagt‹. Ich wäre ihm gewiß lieber. Es ist gar nicht so ausgemacht, ob ich viel feiner bin. Tun Sie nicht vornehm, Fräulein Else, ich könnte Geschichten von Ihnen erzählen ... einen gewissen Traum zum Beispiel, den Sie schon dreimal gehabt haben – von dem haben Sie nicht einmal Ihrer Freundin Bertha erzählt. Und die verträgt doch was. Und wie war denn das heuer in Gmunden in der Früh um sechs auf dem Balkon, mein vornehmes Fräulein Else? Haben Sie die zwei jungen Leute im Kahn vielleicht gar nicht bemerkt, die Sie angestarrt haben? Mein Gesicht haben sie vom See aus freilich nicht genau ausnehmen können, aber daß ich im Hemd war, das haben sie schon bemerkt. Und ich hab' mich gefreut. Ah, mehr als gefreut. Ich war wie berauscht. Mit beiden Händen hab' ich mich über die Hüften gestrichen und vor mir selber hab' ich getan, als wüßte ich nicht, daß man mich sieht. Und der Kahn hat sich nicht vom Fleck bewegt. Ja, so bin ich, so bin ich. Ein Luder, ja. Sie spüren es ja alle. Auch Paul spürt es. Natürlich, er ist ja Frauenarzt. Und der Marineleutnant hat es ja auch gespürt und der Maler auch. Nur Fred, der dumme Kerl spürt es nicht. Darum liebt er mich ja. Aber gerade vor ihm möchte ich nicht nackt sein, nie und nimmer. Ich hätte gar keine Freude davon. Ich möchte mich schämen. Aber vor dem Filou mit dem Römerkopf – wie gern. Am allerliebsten vor dem. Und wenn ich gleich nachher sterben müßte. Aber es ist ja nicht notwendig gleich nachher zu sterben. Man überlebt es. Die Bertha hat mehr überlebt. Cissy liegt sicher auch nackt da, wenn Paul zu ihr schleicht durch die Hotelgänge, wie ich heute Nacht zu Herrn von Dorsday schleichen werde.

Nein, nein. Ich will nicht. Zu jedem andern – aber nicht zu ihm.

Zu Paul meinetwegen. Oder ich such' mir einen aus heute abend beim Diner. Es ist ja alles egal. Aber ich kann doch nicht jedem sagen, daß ich dreißigtausend Gulden dafür haben will! Da wäre ich ja wie ein Frauenzimmer von der Kärntnerstraße. Nein, ich verkaufe mich nicht. Niemals. Nie werde ich mich verkaufen. Ich schenke mich her. Ja, wenn ich einmal den Rechten finde, schenke ich mich her. Aber ich verkaufe mich nicht. Ein Luder will ich sein, aber nicht eine Dirne. Sie haben sich verrechnet, Herr von Dorsday. Und der Papa auch. Ja, verrechnet hat er sich. Er muß es ja vorher gesehen haben. Er kennt ja die Menschen. Er kennt doch den Herrn von Dorsday. Er hat sich doch denken können, daß der Herr Dorsday nicht für nichts und wieder nichts. – Sonst hätte er doch telegraphieren oder selber herreisen können. Aber so war es bequemer und sicherer, nicht wahr, Papa? Wenn man eine so hübsche Tochter hat, wozu braucht man ins Zuchthaus zu spazieren? Und die Mama, dumm wie sie ist, setzt sich hin und schreibt den Brief. Der Papa hat sich nicht getraut. Da hätte ich es ja gleich merken müssen. Aber es soll euch nicht glücken. Nein, du hast zu sicher auf meine kindliche Zärtlichkeit spekuliert, Papa, zu sicher darauf gerechnet, daß ich lieber jede Gemeinheit erdulden würde als dich die Folgen deines verbrecherischen Leichtsinns tragen zu lassen. Ein Genie bist du ja. Herr von Dorsday sagt es, alle Leute sagen es. Aber was hilft mir das. Fiala ist eine Null, aber er unterschlägt keine Mündelgelder, sogar Waldheim ist nicht in einem Atem mit dir zu nennen ... Wer hat das nur gesagt? Der Doktor Froriep. Ein Genie ist Ihr Papa. – Und ich hab' ihn erst einmal reden gehört! – Im vorigen Jahr im Schwurgerichtssaal – – zum ersten- und letztenmal! Herrlich! Die Tränen sind mir über die Wangen gelaufen. Und der elende Kerl, den er verteidigt hat, ist freigesprochen worden. Er war vielleicht gar kein so elender Kerl. Er hat jedenfalls nur gestohlen, keine Mündelgelder veruntreut, um Bakkarat zu spielen und auf der Börse zu spekulieren. Und jetzt wird der Papa selber vor den Geschworenen stehen. In allen Zeitungen wird man es lesen. Zweiter Verhandlungstag, dritter Verhandlungstag; der Verteidiger erhob sich zu einer Replik. Wer wird denn sein Verteidiger sein?

Kein Genie. Nichts wird ihm helfen. Einstimmig schuldig. Verurteilt auf fünf Jahre. Stein, Sträflingskleid, geschorene Haare. Einmal im Monat darf man ihn besuchen. Ich fahre mit Mama hinaus, dritter Klasse. Wir haben ja kein Geld. Keiner leiht uns was. Kleine Wohnung in der Lerchenfelderstraße, so wie die, wo ich die Näherin besucht habe vor zehn Jahren. Wir bringen ihm etwas zu essen mit. Woher denn? Wir haben ja selber nichts. Onkel Viktor wird uns eine Rente aussetzen. Dreihundert Gulden monatlich. Rudi wird in Holland sein bei Vanderhulst – wenn man noch auf ihn reflektiert. Die Kinder des Sträflings! Roman von Temme in drei Bänden. Der Papa empfängt uns im gestreiften Sträflingsanzug. Er schaut nicht bös drein, nur traurig. Er kann ja gar nicht bös dreinschauen. – Else, wenn du mir damals das Geld verschafft hättest, das wird er sich denken, aber er wird nichts sagen. Er wird nicht das Herz haben, mir Vorwürfe zu machen. Er ist ja seelengut, nur leichtsinnig ist er. Sein Verhängnis ist die Spielleidenschaft. Er kann ja nichts dafür, es ist eine Art von Wahnsinn. Vielleicht spricht man ihn frei, weil er wahnsinnig ist. Auch den Brief hat er vorher nicht überlegt. Es ist ihm vielleicht gar nicht eingefallen, daß Dorsday die Gelegenheit benützen könnte und so eine Gemeinheit von mir verlangen wird. Er ist ein guter Freund unseres Hauses, er hat dem Papa schon einmal achttausend Gulden geliehen. Wie soll man so was von einem Menschen denken. Zuerst hat der Papa sicher alles andere versucht. Was muß er durchgemacht haben, ehe er die Mama veranlaßt hat, diesen Brief zu schreiben? Von einem zum andern ist er gelaufen, von Warsdorf zu Burin, von Burin zu Wertheimstein und weiß Gott noch zu wem. Bei Onkel Karl war er gewiß auch. Und alle haben sie ihn im Stich gelassen. Alle die sogenannten Freunde. Und nun ist Dorsday seine Hoffnung, seine letzte Hoffnung. Und wenn das Geld nicht kommt, so bringt er sich um. Natürlich bringt er sich um. Er wird sich doch nicht einsperren lassen. Untersuchungshaft, Verhandlung, Schwurgericht, Kerker, Sträflingsgewand. Nein, nein! Wenn der Haftbefehl kommt, erschießt er sich oder hängt sich auf. Am Fensterkreuz wird er hängen. Man wird herüberschicken vom Haus vis-à-vis, der

Schlosser wird aufsperren müssen und ich bin schuld gewesen. Und jetzt sitzt er zusammen mit Mama im selben Zimmer, wo er übermorgen hängen wird, und raucht eine Havannazigarre. Woher hat er immer noch Havannazigarren? Ich höre ihn sprechen, wie er die Mama beruhigt. Verlaß dich drauf, Dorsday weist das Geld an. Bedenke doch, ich habe ihm heuer im Winter eine große Summe durch meine Intervention gerettet. Und dann kommt der Prozeß Erbesheimer ... – Wahrhaftig. – Ich höre ihn sprechen. Telepathie! Merkwürdig. Auch Fred seh ich in diesem Moment. Er geht mit einem Mädel im Stadtpark am Kursalon vorbei. Sie hat eine hellblaue Bluse und lichte Schuhe und ein bißl heiser ist sie. Das weiß ich alles ganz bestimmt. Wenn ich nach Wien komme, werde ich Fred fragen, ob er am dritten September zwischen halb acht und acht Uhr abends mit seiner Geliebten im Stadtpark war.

Wohin denn noch? Was ist denn mit mir? Beinahe ganz dunkel. Wie schön und ruhig. Weit und breit kein Mensch. Nun sitzen sie alle schon beim Diner. Telepathie? Nein, das ist noch keine Telepathie. Ich habe ja früher das Tamtam gehört. Wo ist die Else? wird sich Paul denken. Es wird allen auffallen, wenn ich zur Vorspeise noch nicht da bin. Sie werden zu mir heraufschicken. Was ist das mit Else? Sie ist doch sonst so pünktlich? Auch die zwei Herren am Fenster werden denken: Wo ist denn heute das schöne junge Mädel mit dem rötlichblonden Haar? Und Herr von Dorsday wird Angst bekommen. Er ist sicher feig. Beruhigen Sie sich, Herr von Dorsday, es wird Ihnen nichts geschehen. Ich verachte Sie ja so sehr. Wenn ich wollte, morgen abend wären Sie ein toter Mann. – Ich bin überzeugt, Paul würde ihn fordern, wenn ich ihm die Sache erzählte. Ich schenke Ihnen das Leben, Herr von Dorsday.

Wie ungeheuer weit die Wiesen und wie riesig schwarz die Berge. Keine Sterne beinahe. Ja doch, drei, vier, – es werden schon mehr. Und so still der Wald hinter mir. Schön, hier auf der Bank am Waldesrand zu sitzen. So fern, so fern das Hotel und so märchenhaft leuchtet es her. Und was für Schufte sitzen drin. Ach nein, Menschen, arme Menschen, sie tun mir alle so leid. Auch die Marchesa tut mir leid, ich weiß nicht warum, und die Frau Winawer und die Bonne von Cissys kleinem Mädel. Sie sitzt nicht an der Table d'hôte, sie hat schon früher mit Fritzi gesessen. Was ist das nur mit Else? fragt Cissy. Wie, auf ihrem Zimmer ist sie auch nicht? Alle haben sie Angst um mich, ganz gewiß. Nur ich habe keine Angst. Ja, da bin ich in Martino di Castrozza, sitze auf einer Bank am Waldesrand und die Luft ist wie Champagner und mir scheint gar, ich weine. Ja, warum weine ich denn? Es ist doch kein Grund zu weinen. Das sind die Nerven. Ich muß mich beherrschen. Ich darf mich nicht so gehenlassen. Aber das Weinen ist gar nicht unangenehm. Das Weinen tut mir immer wohl. Wie ich unsere alte Französin besucht habe im Krankenhaus, die dann gestorben ist, habe ich auch geweint. Und beim Begräbnis von der Großmama, und wie die Bertha nach Nürnberg gereist ist, und wie das Kleine von der Agathe gestorben ist, und im Theater bei der Kameliendame hab' ich auch geweint. Wer wird weinen, wenn ich tot bin? O, wie schön wäre das tot zu sein. Aufgebahrt liege ich im Salon, die Kerzen brennen. Lange Kerzen. Zwölf lange Kerzen. Unten steht schon der Leichenwagen. Vor dem Haustor stehen Leute. Wie alt war sie denn? Erst neunzehn. Wirklich erst neunzehn? – Denken Sie sich, ihr Papa ist im Zuchthaus. Warum hat sie sich denn umgebracht? Aus unglücklicher Liebe zu einem Filou. Aber was fällt Ihnen denn ein? Sie hätte ein Kind kriegen sollen. Nein, sie ist vom Cimone heruntergestürzt. Es ist ein Unglücksfall. Guten Tag, Herr Dorsday, Sie erweisen der kleinen Else auch die letzte Ehre? Kleine Else, sagt das alte Weib. – Warum denn? Natürlich, ich muß ihr die letzte Ehre erweisen. Ich habe ihr ja auch die erste Schande erwiesen. O, es war der Mühe wert, Frau Winawer, ich habe noch nie einen so schönen Körper gesehen. Es hat mich nur dreißig Millionen gekostet. Ein Rubens kostet dreimal soviel. Mit Haschisch hat sie sich vergiftet. Sie wollte nur schöne Visionen haben, aber sie hat zuviel genommen und ist nicht mehr aufgewacht. Warum hat er denn ein rotes Monokel der Herr Dorsday? Wem winkt er denn mit dem Taschentuch? Die Mama kommt die Treppe herunter und küßt ihm die Hand. Pfui, pfui. Jetzt flüstern sie miteinander. Ich kann nichts verstehen, weil ich aufgebahrt bin. Der Veilchenkranz um meine Stirn ist von Paul. Die Schleifen fallen bis auf den Boden. Kein Mensch traut sich ins Zimmer. Ich stehe lieber auf und schaue zum Fenster hinaus. Was für ein großer blauer See! Hundert Schiffe mit gelben Segeln –. Die Wellen glitzern. So viel Sonne. Regatta. Die Herren haben alle Ruderleibchen. Die Damen sind im Schwimmkostüm. Das ist unanständig. Sie bilden sich ein, ich bin nackt. Wie dumm sie sind. Ich habe ja schwarze Trauerkleider an, weil ich tot bin. Ich werde es euch beweisen. Ich lege mich gleich wieder auf die Bahre hin. Wo ist sie denn? Fort ist sie. Man hat sie davongetragen. Man hat sie unterschlagen. Darum ist der Papa im Zuchthaus. Und sie haben ihn doch freigesprochen auf drei Jahre. Die Geschworenen sind alle bestochen von Fiala. Ich werde jetzt zu Fuß auf den Friedhof gehen, da erspart die Mama das Begräbnis. Wir müssen uns einschränken. Ich gehe so schnell, daß mir keiner nachkommt. Ah, wie schnell ich gehen kann. Da bleiben sie alle auf den Straßen stehen und wundern sich. Wie darf man jemanden so anschaun, der tot ist! Das ist zudringlich. Ich gehe lieber übers Feld, das ist ganz blau von Vergißmeinnicht und Veilchen. Die Marineoffiziere stehen Spalier. Guten Morgen, meine Herren. Öffnen Sie das Tor, Herr Matador. Erkennen Sie mich nicht? Ich bin ja die Tote ... Sie müssen mir darum nicht die Hand küssen ... Wo ist denn meine Gruft? Hat man die auch unterschlagen? Gott sei Dank, es ist gar nicht der Friedhof. Das ist ja der Park in Mentone. Der Papa wird sich freuen, daß ich nicht begraben bin. Vor den Schlangen habe ich keine Angst. Wenn mich nur keine in den Fuß beißt. O weh.

Was ist denn? Wo bin ich denn? Habe ich geschlafen? Ja. Geschlafen habe ich. Ich muß sogar geträumt haben. Mir ist so kalt in den Füßen. Im rechten Fuß ist mir kalt. Wieso denn? Da ist am Knöchel ein kleiner Riß im Strumpf. Warum sitze ich denn noch im Wald? Es muß ja längst geläutet haben zum Dinner. Dinner.

O Gott, wo war ich denn? So weit war ich fort. Was hab' ich denn geträumt? Ich glaube ich war schon tot. Und keine Sorgen habe ich gehabt und mir nicht den Kopf zerbrechen müssen. Dreißigtausend,

dreißigtausend ... ich habe sie noch nicht. Ich muß sie mir erst verdienen. Und da sitz' ich allein am Waldesrand. Das Hotel leuchtet bis her. Ich muß zurück. Es ist schrecklich, daß ich zurück muß. Aber es ist keine Zeit mehr zu verlieren. Herr von Dorsday erwartet meine Entscheidung. Entscheidung. Entscheidung! Nein. Nein, Herr von Dorsday, kurz und gut, nein. Sie haben gescherzt, Herr von Dorsday, selbstverständlich. Ja, das werde ich ihm sagen. O, das ist ausgezeichnet. Ihr Scherz war nicht sehr vornehm, Herr von Dorsday, aber ich will Ihnen verzeihen. Ich telegraphiere morgen früh an Papa, Herr von Dorsday, daß das Geld pünktlich in Doktor Fialas Händen sein wird. Wunderbar. Das sage ich ihm. Da bleibt ihm nichts übrig, er muß das Geld abschicken. Muß? Muß er? Warum muß er denn? Und wenn er's täte, so würde er sich dann rächen irgendwie. Er würde es so einrichten, daß das Geld zu spät kommt. Oder er würde das Geld schicken und dann überall erzählen, daß er mich gehabt hat. Aber er schickt ja das Geld gar nicht ab. Nein, Fräulein Else, so haben wir nicht gewettet. Telegraphieren Sie dem Papa, was Ihnen beliebt, ich schicke das Geld nicht ab. Sie sollen nicht glauben, Fräulein Else, daß ich mich von so einem kleinen Mädel übertölpeln lasse, ich, der Vicomte von Eperies.

Ich muß vorsichtig gehen. Der Weg ist ganz dunkel. Sonderbar, es ist mir wohler als vorher. Es hat sich doch gar nichts geändert und mir ist wohler. Was habe ich denn nur geträumt? Von einem Matador? Was war denn das für ein Matador? Es ist doch weiter zum Hotel, als ich gedacht habe. Sie sitzen gewiß noch alle beim Diner. Ich werde mich ruhig an den Tisch setzen und sagen, daß ich Migräne gehabt habe und lasse mir nachservieren. Herr von Dorsday wird am Ende selbst zu mir kommen und mir sagen, daß das Ganze nur ein Scherz war. Entschuldigen Sie, Fräulein Else, entschuldigen Sie den schlechten Spaß, ich habe schon an meine Bank telegraphiert. Aber er wird es nicht sagen. Er hat nicht telegraphiert. Es ist alles noch genauso wie früher. Er wartet. Herr von Dorsday wartet. Nein, ich will ihn nicht sehen. Ich kann ihn nicht mehr sehen. Ich will niemanden mehr sehen. Ich will nicht mehr ins Hotel, ich will nicht mehr nach Hause, ich will nicht nach Wien, zu niemandem will ich, zu keinem Menschen, nicht zu Papa und nicht zu Mama, nicht zu Rudi und nicht zu Fred, nicht zu Bertha und nicht zu Tante Irene. Die ist noch die Beste, die würde alles verstehen. Aber ich habe nichts mehr mit ihr zu tun und mit niemandem mehr. Wenn ich zaubern könnte, wäre ich ganz woanders in der Welt. Auf irgendeinem herrlichen Schiff im Mittelländischen Meer, aber nicht allein. Mit Paul zum Beispiel. Ja, das könnte ich mir ganz gut vorstellen. Oder ich wohnte in einer Villa am Meer, und wir lägen auf den Marmorstufen, die ins Wasser führen, und er hielte mich fest in seinen Armen und bisse mich in die Lippen, wie es Albert vor zwei Jahren getan hat beim Klavier, der unverschämte Kerl. Nein. Allein möchte ich am Meer liegen auf den Marmorstufen und warten. Und endlich käme einer oder mehrere, und ich hätte die Wahl und die andern, die ich verschmähe, die stürzen sich aus Verzweiflung alle ins Meer. Oder sie müßten Geduld haben bis zum nächsten Tag. Ach, was wäre das für ein köstliches Leben. Wozu habe ich denn meine herrlichen Schultern und meine schönen schlanken Beine? Und wozu bin ich denn überhaupt auf der Welt? Und es geschähe ihnen ganz recht, ihnen allen, sie haben mich ja doch nur daraufhin erzogen, daß ich mich verkaufe, so oder so. Vom Theaterspielen haben sie nichts wissen wollen. Da haben sie mich ausgelacht. Und es wäre ihnen ganz recht gewesen im vorigen Jahr, wenn ich den Doktor Wilomitzer geheiratet hätte, der bald fünfzig ist. Nur daß sie mir nicht zugeredet haben. Da hat sich der Papa doch geniert. Aber die Mama hat ganz deutliche Anspielungen gemacht.

Wie riesig es dasteht das Hotel, wie eine ungeheure beleuchtete Zauberburg. Alles ist so riesig. Die Berge auch. Man könnte sich fürchten. Noch nie waren sie so schwarz. Der Mond ist noch nicht da. Der geht erst zur Vorstellung auf, zur großen Vorstellung auf der Wiese, wenn der Herr von Dorsday seine Sklavin nackt tanzen läßt. Was geht mich denn der Herr Dorsday an? Nun, Mademoiselle Else, was machen Sie denn für Geschichten? Sie waren doch schon bereit auf und davon zu gehen, die Geliebte von fremden Männern zu werden, von einem nach dem andern. Und auf die Kleinigkeit, die Herr von Dorsday von Ihnen verlangt, kommt es Ihnen an? Für einen Perlenschmuck, für schöne Kleider, für eine Villa am Meer sind Sie bereit sich zu verkaufen? Und das Leben Ihres Vaters ist Ihnen nicht soviel wert? Es wäre gerade der richtige Anfang. Es wäre dann gleich die Rechtfertigung für alles andere. Ihr wart es, könnt ich sagen, Ihr habt mich dazu gemacht, Ihr alle seid schuld, daß ich so geworden bin, nicht nur Papa und Mama. Auch der Rudi ist schuld und der Fred und alle, alle, weil sich ja niemand um einen kümmert. Ein bißchen Zärtlichkeit, wenn man hübsch aussieht, und ein bißl Besorgtheit, wenn man Fieber hat, und in die Schule schicken sie einen, und zu Hause lernt man Klavier und Französisch, und im Sommer geht man aufs Land und zum Geburtstag kriegt man Geschenke und bei Tisch reden sie über allerlei. Aber was in mir vorgeht und was in mir wühlt und Angst hat, habt ihr euch darum je gekümmert? Manchmal im Blick von Papa war eine Ahnung davon, aber ganz flüchtig. Und dann war gleich wieder der Beruf da, und die Sorgen und das Börsenspiel – und wahrscheinlich irgendein Frauenzimmer ganz im geheimen, ›nichts sehr Feines unter uns‹, – und ich war wieder allein. Nun, was tätst du Papa, was tätst du heute, wenn ich nicht da wäre?

Da stehe ich, ja da stehe ich vor dem Hotel. – Furchtbar, da hineingehen zu müssen, alle die Leute sehen, den Herrn von Dorsday, die Tante, Cissy. Wie schön war das früher auf der Bank am Waldesrand, wie ich schon tot war. Matador – wenn ich nur drauf käm', was – eine Regatta war es, richtig und ich habe vom Fenster aus zugesehen. Aber wer war der Matador? – Wenn ich nur nicht so müd wäre, so furchtbar müde. Und da soll ich bis Mitternacht aufbleiben und mich dann ins Zimmer von Herrn von Dorsday schleichen? Vielleicht begegne ich der Cissy auf dem Gang. Hat sie was an unter dem Schlafrock, wenn sie zu ihm kommt? Es ist schwer, wenn man in solchen Dingen nicht geübt ist. Soll ich sie nicht um Rat fragen, die Cissy? Natürlich würde ich nicht sagen, daß es sich um Dorsday handelt, sondern sie müßte sich denken, ich habe ein nächtliches Rendezvous mit einem von den hübschen jungen Leuten hier im Hotel. Zum Beispiel mit dem langen blonden Menschen, der die leuchtenden Augen hat.

Aber der ist ja nicht mehr da. Plötzlich war er verschwunden. Ich habe doch gar nicht an ihn gedacht bis zu diesem Augenblick. Aber es ist leider nicht der lange blonde Mensch mit den leuchtenden Augen, auch der Paul ist es nicht, es ist der Herr von Dorsday. Also wie mach' ich es denn? Was sage ich ihm? Einfach Ja? Ich kann doch nicht zu Herrn Dorsday ins Zimmer kommen. Er hat sicher lauter elegante Flakons auf dem Waschtisch, und das Zimmer riecht nach französischem Parfüm. Nein, nicht um die Welt zu ihm. Lieber im Freien. Da geht er mich nichts an. Der Himmel ist so hoch und die Wiese ist so groß. Ich muß gar nicht an den Herrn Dorsday denken. Ich muß ihn nicht einmal anschauen. Und wenn er es wagen würde, mich anzurühren, einen Tritt bekäme er mit meinen nackten Füßen. Ach, wenn es doch ein anderer wäre, irgendein anderer. Alles, alles könnte er von mir haben heute nacht, jeder andere, nur Dorsday nicht. Und gerade der! Gerade der! Wie seine Augen stechen und bohren werden. Mit dem Monokel wird er dastehen und grinsen. Aber nein, er wird nicht grinsen. Er wird ein vornehmes Gesicht schneiden. Elegant. Er ist ja solche Dinge gewohnt. Wie viele hat er schon so gesehen? Hundert oder tausend? Aber war schon eine darunter wie ich? Nein, gewiß nicht. Ich werde ihm sagen, daß er nicht der Erste ist, der mich so sieht. Ich werde ihm sagen, daß ich einen Geliebten habe. Aber erst, wenn die dreißigtausend Gulden an Fiala abgesandt sind. Dann werde ich ihm sagen, daß er ein Narr war, daß er mich auch hätte haben können um dasselbe Geld. – Daß ich schon zehn Liebhaber gehabt habe, zwanzig, hundert. – Aber das wird er mir ja alles nicht glauben. – Und wenn er es mir glaubt, was hilft es mir? – Wenn ich ihm nur irgendwie die Freude verderben könnte. Wenn noch einer dabei wäre? Warum nicht? Er hat ja nicht gesagt, daß er mit mir allein sein muß. Ach, Herr von Dorsday, ich habe solche Angst vor Ihnen. Wollen Sie mir nicht freundlichst gestatten, einen guten Bekannten mitzubringen? O, das ist keineswegs gegen die Abrede, Herr von Dorsday. Wenn es mir beliebte, dürfte ich das ganze Hotel dazu einladen, und Sie wären trotzdem verpflichtet, die dreißigtausend Gulden abzuschicken. Aber ich begnüge mich damit, meinen Vetter Paul mitzubringen. Oder ziehen Sie etwa einen andern vor? Der lange blonde Mensch ist leider nicht mehr da und der Filou mit dem Römerkopf leider auch nicht. Aber ich find' schon noch wen andern. Sie fürchten Indiskretion? Darauf kommt es ja nicht an. Ich lege keinen Wert auf Diskretion. Wenn man einmal so weit ist wie ich, dann ist alles ganz egal. Das ist heute ja nur der Anfang. Oder denken Sie, aus diesem Abenteuer fahre ich wieder nach Hause als anständiges Mädchen aus guter Familie? Nein, weder gute Familie noch anständiges junges Mädchen. Das wäre erledigt. Ich stelle mich jetzt auf meine eigenen Beine. Ich habe schöne Beine, Herr von Dorsday, wie Sie und die übrigen Teilnehmer des Festes bald zu bemerken Gelegenheit haben werden. Also die Sache ist in Ordnung, Herr von Dorsday. Um zehn Uhr, während alles noch in der Halle sitzt, wandern wir im Mondenschein über die Wiese, durch den Wald nach Ihrer berühmten selbstentdeckten Lichtung. Das Telegramm an die Bank bringen Sie für alle Fälle gleich mit. Denn eine Sicherheit darf ich doch wohl verlangen von einem solchen Spitzbuben wie Sie. Und um Mitternacht können Sie wieder nach Hause gehen, und ich bleibe mit meinem Vetter oder sonstwem auf der Wiese im Mondenschein. Sie haben doch nichts dagegen, Herr von Dorsday? – Das dürfen Sie gar nicht. Und wenn ich morgen früh zufällig tot sein sollte, so wundern Sie sich weiter nicht. Dann wird eben Paul das Telegramm aufgeben. Dafür wird schon gesorgt sein. Aber bilden Sie sich dann um Gottes willen nicht ein, daß Sie, elender Kerl, mich in den Tod getrieben haben. Ich weiß ja schon lange, daß es so mit mir enden wird. Fragen Sie doch nur meinen Freund Fred, ob ich es ihm nicht schon öfters gesagt habe. Fred, das ist nämlich Herr Friedrich Wenkheim, nebstbei der einzige anständige Mensch, den ich in meinem Leben kennengelernt habe. Der einzige, den ich geliebt hätte, wenn er nicht ein gar so anständiger Mensch wäre. Ja, ein so verworfenes Geschöpf bin ich. Bin nicht geschaffen für eine bürgerliche Existenz, und Talent habe ich auch keines. Für unsere Familie wäre es sowieso das Beste, sie stürbe aus. Mit dem Rudi wird auch schon irgendein Malheur geschehen. Der wird sich in Schulden stürzen für eine holländische Chansonette und bei Vanderhulst defraudieren. Das ist schon so in unserer Familie. Und der jüngste Bruder von meinem Vater, der hat sich erschossen, wie er fünfzehn Jahre alt war. Kein Mensch weiß warum. Ich habe ihn nicht gekannt. Lassen Sie sich die Photographie zeigen, Herr von Dorsday. Wir haben sie in einem Album ... Ich soll ihm ähnlich sehen. Kein Mensch weiß, warum er sich umgebracht hat. Und von mir wird es auch keiner wissen. Ihretwegen keinesfalls, Herr von Dorsday. Die Ehre tue ich Ihnen nicht an. Ob mit neunzehn oder einundzwanzig, das ist doch egal. Oder soll ich Bonne werden oder Telephonistin oder einen Herrn Wilomitzer heiraten oder mich von Ihnen aushalten lassen? Es ist alles gleich ekelhaft, und ich komme überhaupt gar nicht mit Ihnen auf die Wiese. Nein, das ist alles viel zu anstrengend und zu dumm und zu widerwärtig. Wenn ich tot bin, werden Sie schon die Güte haben und die paar tausend Gulden für den Papa absenden, denn es wäre doch zu traurig, wenn er gerade an dem Tage verhaftet würde, an dem man meine Leiche nach Wien bringt. Aber ich werde einen Brief hinterlassen mit testamentarischer Verfügung: Herr von Dorsday hat das Recht, meinen Leichnam zu sehen: Meinen schönen nackten Mädchenleichnam. So können Sie sich nicht beklagen, Herr von Dorsday, daß ich Sie übers Ohr gehaut habe. Sie haben doch was für Ihr Geld. Daß ich noch lebendig sein muß, das steht nicht in unserem Kontrakt. O nein. Das steht nirgends geschrieben. Also den Anblick meines Leichnams vermache ich dem Kunsthändler Dorsday, und Herrn Fred Wenkheim vermache ich mein Tagebuch aus meinem siebzehnten Lebensjahr – weiter habe ich nichts geschrieben – und dem Fräulein bei Cissy vermache ich die fünf Zwanzigfranks-Stücke, die ich vor Jahren aus der Schweiz mitgebracht habe. Sie liegen im Schreibtisch neben den Briefen. Und Bertha vermache ich das schwarze Abendkleid. Und Agathe meine Bücher. Und meinem Vetter Paul, dem vermache ich einen Kuß auf meine blassen Lippen. Und der Cissy vermache ich mein Rakett, weil ich edel bin. Und man soll mich gleich hier begraben in San Martino di Castrozza auf dem schönen kleinen Friedhof. Ich will nicht mehr zurück nach Hause.

Auch als Tote will ich nicht mehr zurück. Und Papa und Mama sollen sich nicht kränken, mir geht es besser als ihnen. Und ich verzeihe ihnen. Es ist nicht schade um mich. – Haha, was für ein komisches Testament. Ich bin wirklich gerührt. Wenn ich denke, daß ich morgen um die Zeit, während die andern beim Diner sitzen, schon tot bin? – Die Tante Emma wird natürlich nicht zum Diner heruntergekommen und Paul auch nicht. Sie werden sich auf dem Zimmer servieren lassen. Neugierig bin ich, wie sich Cissy benehmen wird. Nur werde ich es leider nicht erfahren. Gar nichts mehr werde ich erfahren. Oder vielleicht weiß man noch alles, solange man nicht begraben ist? Und am Ende bin ich nur scheintot. Und wenn der Herr von Dorsday an meinen Leichnam tritt, so erwache ich und schlage die Augen auf, da läßt er vor Schreck das Monokel fallen.

Aber es ist ja leider alles nicht wahr. Ich werde nicht scheintot sein und tot auch nicht. Ich werde mich überhaupt gar nicht umbringen, ich bin ja viel zu feig. Wenn ich auch eine couragierte Kletterin bin, feig bin ich doch. Und vielleicht habe ich nicht einmal genug Veronal. Wieviel Pulver braucht man denn? Sechs glaube ich. Aber zehn ist sicherer. Ich glaube, es sind noch zehn. Ja, das werden genug sein.

Zum wievielten Mal lauf' ich jetzt eigentlich um das Hotel herum? Also was jetzt? Da steh' ich vor dem Tor. In der Halle ist noch niemand. Natürlich – sie sitzen ja noch alle beim Diner. Seltsam sieht die Halle aus so ganz ohne Menschen. Auf dem Sessel dort liegt ein Hut, ein Touristenhut, ganz fesch. Hübscher Gemsbart. Dort im Fauteuil sitzt ein alter Herr. Hat wahrscheinlich keinen Appetit mehr. Liest Zeitung. Dem geht's gut. Er hat keine Sorgen. Er liest ruhig Zeitung, und ich muß mir den Kopf zerbrechen, wie ich dem Papa dreißigtausend Gulden verschaffen soll. Aber nein. Ich weiß ja wie. Es ist ja so furchtbar einfach. Was will ich denn? Was will ich denn? Was tu' ich denn da in der Halle? Gleich werden sie alle kommen vom Diner. Was soll ich denn tun? Herr von Dorsday sitzt gewiß auf Nadeln. Wo bleibt sie, denkt er sich. Hat sie sich am Ende umgebracht? Oder engagiert sie jemanden, daß er mich umbringt? Oder hetzt sie ihren Vetter Paul auf mich? Haben Sie keine Angst, Herr von Dorsday, ich bin keine so gefährliche Person. Ein kleines Luder bin ich, weiter nichts. Für die Angst, die Sie ausgestanden haben, sollen Sie auch Ihren Lohn haben. Zwölf Uhr, Zimmer Nummer fünfundsechzig. Im Freien wäre es mir doch zu kühl. Und von Ihnen aus, Herr von Dorsday, begebe ich mich direkt zu meinem Vetter Paul. Sie haben doch nichts dagegen, Herr von Dorsday?

»*Else! Else!*«

Wie? Was? Das ist ja Pauls Stimme. Das Diner schon aus? – »*Else!*« – »Ach, Paul, was gibt's denn, Paul?« – Ich stell' mich ganz unschuldig. – »*Ja, wo steckst du denn, Else?*« – »Wo soll ich denn stecken? Ich bin spazierengegangen.« – »*Jetzt, während des Diners?*« – »Na, wann denn? Es ist doch die schönste Zeit dazu.« Ich red' Blödsinn. – »*Die Mama hat sich schon alles Mögliche eingeredet. Ich war an deiner Zimmertür, hab' geklopft.*« – »Hab' nichts gehört.« – »*Aber im Ernst, Else, wie kannst du uns in eine solche Unruhe versetzen! Du hättest Mama doch wenigstens verständigen können, daß du nicht zum Diner kommst.*« – »Du hast ja recht, Paul, aber wenn du eine Ahnung hättest, was ich für Kopfschmerzen gehabt habe.« Ganz schmelzend red' ich. O, ich Luder. – »*Ist dir jetzt wenigstens besser?*« – »Könnt' ich eigentlich nicht sagen.« – »*Ich will vor allem der Mama*« – »Halt Paul, noch nicht. Entschuldige mich bei der Tante, ich will nur für ein paar Minuten auf mein Zimmer, mich ein bißl herrichten. Dann komme ich gleich herunter und werde mir eine Kleinigkeit nachservieren lassen.« – »*Du bist so blaß, Else? – Soll ich dir die Mama hinaufschicken?*« – »Aber mach' doch keine solchen Geschichten mit mir, Paul, und schau' mich nicht so an. Hast du noch nie ein weibliches Wesen mit Kopfschmerzen gesehen? Ich komme bestimmt noch herunter. In zehn Minuten spätestens. Grüß dich Gott, Paul.« – »*Also auf Wiedersehen Else.*« – Gott sei Dank, daß er geht. Dummer Bub', aber lieb. Was will denn der Portier von mir? Wie, ein Telegramm? »Danke. Wann ist denn die Depesche gekommen, Herr Portier?« – »*Vor einer Viertelstunde, Fräulein.*« – Warum schaut er mich denn so an, so – bedauernd. Um Himmels willen, was wird denn da drin stehn? Ich mach' sie erst oben auf, sonst fall' ich vielleicht in Ohnmacht. Am Ende hat sich der Papa – Wenn der Papa tot ist, dann ist ja alles in Ordnung, dann muß ich nicht mehr mit Herrn von Dorsday auf die Wiese gehn ... O, ich elende Person. Lieber Gott, mach', daß in der Depesche nichts Böses steht. Lieber Gott, mach', daß der Papa lebt. Verhaftet meinetwegen, nur nicht tot. Wenn nichts Böses drin steht, dann will ich ein Opfer bringen. Ich werde Bonne, ich nehme eine Stellung in einem Bureau an. Sei nicht tot, Papa. Ich bin ja bereit. Ich tue ja alles, was du willst ...

Gott sei Dank, daß ich oben bin. Licht gemacht, Licht gemacht. Kühl ist es geworden. Das Fenster war zu lange offen. Courage, Courage. Ha, vielleicht steht drin, daß die Sache geordnet ist. Vielleicht hat der Onkel Bernhard das Geld hergegeben und sie telegraphieren mir: Nicht mit Dorsday reden. Ich werde es ja gleich sehen. Aber wenn ich auf den Plafond schaue, kann ich natürlich nicht lesen, was in der Depesche steht. Trala, trala, Courage. Es muß ja sein. ›Wiederhole flehentlich Bitte mit Dorsday reden. Summe nicht dreißig, sondern fünfzig. Sonst alles vergeblich. Adresse bleibt Fiala.‹ – Sondern fünfzig. Sonst alles vergeblich. Trala, trala. Fünfzig. Adresse bleibt Fiala. Aber gewiß, ob fünfzig oder dreißig, darauf kommt es ja nicht an. Auch dem Herrn von Dorsday nicht. Das Veronal liegt unter der Wäsche, für alle Fälle. Warum habe ich nicht gleich gesagt: fünfzig. Ich habe doch daran gedacht! Sonst alles vergeblich. Also hinunter, geschwind, nicht da auf dem Bett sitzen bleiben. Ein kleiner Irrtum, Herr von Dorsday, verzeihen Sie. Nicht dreißig, sondern fünfzig, sonst alles vergeblich. Adresse bleibt Fiala. – ›Sie halten mich wohl für einen Narren, Fräulein Else?‹ Keineswegs, Herr Vicomte, wie sollte ich. Für fünfzig müßte ich jedenfalls entsprechend mehr fordern, Fräulein. Sonst alles vergeblich, Adresse bleibt Fiala. Wie Sie wünschen, Herr von Dorsday. Bitte, befehlen Sie nur. Vor allem aber, schreiben Sie die Depesche an Ihr Bankhaus, natürlich, sonst habe ich ja keine Sicherheit. –

Ja, so mach' ich es. Ich komme zu ihm ins Zimmer und erst, wenn er vor meinen Augen die Depesche geschrieben – ziehe ich mich aus. Und die Depesche behalte ich in der Hand. Ha, wie unappetitlich. Und wo soll ich denn meine Kleider hinlegen? Nein, nein, ich ziehe mich schon hier aus und nehme den großen schwarzen Mantel um, der mich ganz einhüllt. So ist es am bequemsten. Für beide Teile. Adresse bleibt Fiala. Mir klappern die Zähne. Das Fenster ist noch offen. Zugemacht. Im Freien? Den Tod hätte ich davon haben können. Schuft! Fünfzigtausend. Er kann nicht Nein sagen. Zimmer fünfundsechzig. Aber vorher sag' ich Paul, er soll in seinem Zimmer auf mich warten. Von Dorsday geh' ich direkt zu Paul und erzähle ihm alles. Und dann soll Paul ihn ohrfeigen. Ja, noch heute nacht. Ein reichhaltiges Programm. Und dann kommt das Veronal. Nein, wozu denn? Warum denn sterben? Keine Spur. Lustig, lustig, jetzt fängt ja das Leben erst an. Ihr sollt euere Freude haben. Ihr sollt stolz werden auf euer Töchterlein. Ein Luder will ich werden, wie es die Welt noch nicht gesehen hat. Adresse bleibt Fiala. Du sollst deine fünfzigtausend Gulden haben, Papa. Aber die nächsten, die ich mir verdiene, um die kaufe ich mir neue Nachthemden mit Spitzen besetzt, ganz durchsichtig und köstliche Seidenstrümpfe. Man lebt nur einmal. Wozu schaut man denn so aus wie ich. Licht gemacht, – die Lampe über dem Spiegel schalt' ich ein. Wie schön meine blondroten Haare sind, und meine Schultern; meine Augen sind auch nicht übel. Hu, wie groß sie sind. Es wär' schad' um mich. Zum Veronal ist immer noch Zeit. – Aber ich muß ja hinunter. Tief hinunter. Herr Dorsday wartet, und er weiß noch nicht einmal, daß es indes fünfzigtausend geworden sind. Ja, ich bin im Preis gestiegen, Herr von Dorsday. Ich muß ihm das Telegramm zeigen, sonst glaubt er mir am Ende nicht und denkt, ich will ein Geschäft bei der Sache machen. Ich werde die Depesche auf sein Zimmer schicken und etwas dazu schreiben. Zu meinem lebhaften Bedauern sind es nun fünfzigtausend geworden, Herr von Dorsday, das kann Ihnen ja ganz egal sein. Und ich bin überzeugt, Ihre Gegenforderung war gar nicht ernstgemeint. Denn Sie sind ein Vicomte und ein Gentleman. Morgen früh werden Sie die fünfzigtausend, an denen das Leben meines Vaters hängt, ohne weiters an Fiala senden. Ich rechne darauf. – ›Selbstverständlich, mein Fräulein, ich sende für alle Fälle gleich hunderttausend, ohne jede Gegenleistung und verpflichte mich überdies, von heute an für den

Lebensunterhalt Ihrer ganzen Familie zu sorgen, die Börsenschulden Ihres Herr Papas zu zahlen und sämtliche veruntreute Mündelgelder zu ersetzen.‹ Adresse bleibt Fiala. Hahaha! Ja, genauso ist der Vicomte von Eperies. Das ist ja alles Unsinn. Was bleibt mir denn übrig? Es muß ja sein, ich muß es ja tun, alles muß ich tun, was Herr von Dorsday verlangt, damit der Papa morgen das Geld hat, – damit er nicht eingesperrt wird, damit er sich nicht umbringt. Und ich werde es auch tun. Ja, ich werde es tun, obzwar doch alles für die Katz' ist. In einem halben Jahr sind wir wieder gerade soweit wie heute! In vier Wochen! – Aber dann geht es mich nichts mehr an. Das eine Opfer bringe ich – und dann keines mehr. Nie, nie, niemals wieder. Ja, das sage ich dem Papa, sobald ich nach Wien komme. Und dann fort aus dem Haus, wo immer hin. Ich werde mich mit Fred beraten. Er ist der einzige, der mich wirklich gern hat. Aber soweit bin ich ja noch nicht. Ich bin nicht in Wien, ich bin noch in Martino di Castrozza. Noch nichts ist geschehen. Also wie, wie, was? Da ist das Telegramm. Was tue ich denn mit dem Telegramm? Ich habe es ja schon gewußt. Ich muß es ihm auf sein Zimmer schicken. Aber was sonst? Ich muß ihm etwas dazu schreiben. Nun ja, was soll ich ihm schreiben? Erwarten Sie mich um zwölf. Nein, nein, nein! Den Triumph soll er nicht haben. Ich will nicht, will nicht, will nicht. Gott sei Dank, daß ich die Pulver da habe. Das ist die einzige Rettung. Wo sind sie denn? Um Gottes willen, man wird sie mir doch nicht gestohlen haben. Aber nein, da sind sie ja. Da in der Schachtel. Sind sie noch alle da? Ja, da sind sie. Eins, zwei, drei, vier, fünf, sechs. Ich will sie ja nur ansehen, die lieben Pulver. Es verpflichtet ja zu nichts. Auch daß ich sie ins Glas schütte, verpflichtet ja zu nichts. Eins, zwei, – aber ich bringe mich ja sicher nicht um. Fällt mir gar nicht ein. Drei, vier, fünf – davon stirbt man auch noch lange nicht. Es wäre schrecklich, wenn ich das Veronal nicht mithätte. Da müßte ich mich zum Fenster hinunterstürzen und dazu hätt' ich doch nicht den Mut. Aber das Veronal, – man schläft langsam ein, wacht nicht mehr auf, keine Qual, keinen Schmerz. Man legt sich ins Bett; in einem Zuge trinkt man es aus, träumt, und alles ist vorbei. Vorgestern habe ich auch ein Pulver genommen und neulich sogar zwei. Pst, niemandem sagen. Heut' werden es halt ein bißl mehr sein. Es ist ja nur für alle Fälle. Wenn es mich gar gar zu sehr grausen sollte. Aber warum soll es mich denn grausen? Wenn er mich anrührt, so spucke ich ihm ins Gesicht. Ganz einfach.

Aber wie soll ich ihm denn den Brief zukommen lassen? Ich kann doch nicht dem Herrn von Dorsday durch das Stubenmädchen einen Brief schicken. Das beste, ich gehe hinunter und rede mit ihm und zeige ihm das Telegramm. Hinunter muß ich ja jedenfalls. Ich kann doch nicht da heroben im Zimmer bleiben. Ich hielte es ja gar nicht aus, drei Stunden lang – bis der Moment kommt. Auch wegen der Tante muß ich hinunter. Ha, was geht mich denn die Tante an. Was gehen mich die Leute an? Sehen Sie, meine Herrschaften, da steht das Glas mit dem Veronal. So, jetzt nehme ich es in die Hand. So, jetzt führe ich es an die Lippen. Ja, jeden Moment kann ich drüben sein, wo es keine Tanten gibt und keinen Dorsday und keinen Vater, der Mündelgelder defraudiert ...

Aber ich werde mich nicht umbringen. Das habe ich nicht notwendig. Ich werde auch nicht zu Herrn von Dorsday ins Zimmer gehen. Fällt mir gar nicht ein. Ich werde mich doch nicht um fünfzigtausend Gulden nackt hinstellen vor einen alten Lebemann, um einen Lumpen vor dem Kriminal zu retten. Nein, nein, entweder oder. Wie kommt denn der Herr von Dorsday dazu? Gerade der? Wenn einer mich sieht, dann sollen mich auch andere sehen. Ja! – Herrlicher Gedanke! – Alle sollen sie mich sehen. Die ganze Welt soll mich sehen. Und dann kommt das Veronal. Nein, nicht das Veronal, – wozu denn?! dann kommt die Villa mit den Marmorstufen und die schönen Jünglinge und die Freiheit und die weite Welt! Guten Abend, Fräulein Else, so gefallen Sie mir. Haha. Da unten werden sie meinen, ich bin verrückt geworden. Aber ich war noch nie so vernünftig. Zum erstenmal in meinem Leben bin ich wirklich vernünftig. Alle, alle sollen sie mich sehen! – Dann gibt es kein Zurück, kein nach Hause zu Papa und Mama, zu den Onkeln und Tanten. Dann bin ich nicht mehr das Fräulein Else, das man an irgendeinen Direktor Wilomitzer verkuppeln möchte; alle hab' ich sie so zum Narren;

– den Schuften Dorsday vor allem – und komme zum zweitenmal auf die Welt ... sonst alles vergeblich – Adresse bleibt Fiala. Haha!

Keine Zeit mehr verlieren, nicht wieder feig werden. Herunter das Kleid. Wer wird der erste sein? Wirst du es sein, Vetter Paul? Dein Glück, daß der Römerkopf nicht mehr da ist. Wirst du diese schönen Brüste küssen heute nacht? Ah, wie bin ich schön. Bertha hat ein schwarzes Seidenhemd. Raffiniert. Ich werde noch viel raffinierter sein. Herrliches Leben. Fort mit den Strümpfen, das wäre unanständig. Nackt, ganz nackt. Wie wird mich Cissy beneiden! Und andere auch. Aber sie trauen sich nicht. Sie möchten ja alle so gern. Nehmt euch ein Beispiel. Ich, die Jungfrau, ich traue mich. Ich werde mich ja zu Tod lachen über Dorsday. Da bin ich, Herr von Dorsday. Rasch auf die Post. Fünfzigtausend. Soviel ist es doch wert?

Schön, schön bin ich! Schau' mich an, Nacht! Berge schaut mich an! Himmel schau' mich an, wie schön ich bin. Aber ihr seid ja blind. Was habe ich von euch. Die da unten haben Augen. Soll ich mir die Haare lösen? Nein. Da säh' ich aus wie eine Verrückte. Aber ihr sollt mich nicht für verrückt halten. Nur für schamlos sollt ihr mich halten. Für eine Kanaille. Wo ist das Telegramm? Um Gottes willen, wo habe ich denn das Telegramm? Da liegt es, friedlich neben dem Veronal. ›Wiederhole flehentlich – fünfzigtausend – sonst alles vergeblich. Adresse bleibt Fiala.‹ Ja, das ist das Telegramm. Das ist ein Stück Papier und da stehen Worte darauf. Aufgegeben in Wien vier Uhr dreißig. Nein, ich träume nicht, es ist alles wahr. Und zu Hause warten sie auf die fünfzigtausend Gulden. Und Herr von Dorsday wartet auch. Er soll nur warten. Wir haben ja Zeit. Ah, wie hübsch ist es, so nackt im Zimmer auf- und abzuspazieren. Bin ich wirklich so schön wie im Spiegel? Ach, kommen Sie doch näher, schönes Fräulein. Ich will Ihre blutroten Lippen küssen. Ich will Ihre Brüste an meine Brüste pressen. Wie schade, daß das Glas zwischen uns ist, das kalte Glas. Wie gut würden wir uns miteinander vertragen. Nicht wahr? Wir brauchten gar niemanden andern. Es gibt vielleicht gar keine andern Menschen. Es gibt Telegramme und Hotels und Berge und Bahnhöfe und Wälder, aber Menschen gibt es nicht. Die träumen wir nur. Nur der Doktor Fiala existiert mit der Adresse. Es bleibt immer dieselbe. O, ich bin keineswegs verrückt. Ich bin nur ein wenig erregt. Das ist doch ganz selbstverständlich, bevor man zum zweitenmal auf die Welt kommt. Denn die frühere Else ist schon gestorben. Ja, ganz bestimmt bin ich tot. Da braucht man kein Veronal dazu. Soll ich es nicht weggießen? Das Stubenmädel könnte es aus Versehen trinken. Ich werde einen Zettel hinlegen und darauf schreiben: Gift; nein, lieber: Medizin, – damit dem Stubenmädel nichts geschieht. So edel bin ich. So. Medizin, zweimal unterstrichen und drei Ausrufungszeichen. Jetzt kann nichts passieren. Und wenn ich dann heraufkomme und keine Lust habe mich umzubringen und nur schlafen will, dann trinke ich eben nicht das ganze Glas aus, sondern nur ein Viertel davon oder noch weniger. Ganz einfach. Alles habe ich in meiner Hand. Am einfachsten wäre, ich liefe hinunter – so wie ich bin über Gang und Stiegen. Aber nein, da könnte ich aufgehalten werden, ehe ich unten bin – und ich muß doch die Sicherheit haben, daß der Herr von Dorsday dabei ist! Sonst schickt er natürlich das Geld nicht ab, der Schmutzian. – Aber ich muß ihm ja noch schreiben. Das ist doch das Wichtigste. O, kalt ist die Sessellehne, aber angenehm. Wenn ich meine Villa am italienischen See haben werde, dann werde ich in meinem Park immer nackt herumspazieren ... Die Füllfeder vermache ich Fred, wenn ich einmal sterbe. Aber vorläufig habe ich etwas Gescheiteres zu tun als zu sterben. ›Hochverehrter Herr Vicomte‹ – also vernünftig Else, keine Aufschrift, weder hochverehrt, noch hochverachtet. ›Ihre Bedingung, Herr von Dorsday, ist erfüllt‹ – – – ›In dem Augenblick, da Sie diese Zeilen lesen, Herr von Dorsday, ist Ihre Bedingung erfüllt, wenn auch nicht ganz in der von Ihnen vorgesehenen Weise.‹ – ›Nein, wie gut das Mädel schreibt‹, möcht' der Papa sagen. – ›Und so rechne ich darauf, daß Sie Ihrerseits Ihr Wort halten und die fünfzigtausend Gulden telegraphisch an die bekannte Adresse unverzüglich anweisen lassen werden. Else.‹ Nein, nicht Else. Gar keine Unterschrift. So. Mein schönes gelbes Briefpapier! Hab' ich zu Weihnachten bekommen. Schad' drum. So – und jetzt Telegramm und Brief ins Kuvert. – ›Herrn von Dorsday‹, Zimmer Nummer fünfundsechzig. Wozu die Nummer? Ich lege ihm den Brief einfach vor die Tür im Vorbeigehen. Aber ich muß nicht. Ich muß überhaupt gar nichts. Wenn es mir beliebt, kann ich mich jetzt auch ins Bett legen und schlafen und mich um nichts mehr kümmern. Nicht um den Herrn von Dorsday und nicht um den Papa. Ein gestreifter Sträflingsanzug ist auch ganz elegant. Und erschossen haben sich schon viele. Und sterben müssen wir alle.

Aber du hast ja das alles vorläufig nicht nötig, Papa. Du hast ja deine herrlich gewachsene Tochter, und Adresse bleibt Fiala. Ich werde eine Sammlung einleiten. Mit dem Teller werde ich herumgehen. Warum sollte nur Herr von Dorsday zahlen? Das wäre ein Unrecht. Jeder nach seinen Verhältnissen. Wieviel wird Paul auf den Teller legen? Und wieviel der Herr mit dem goldenen Zwicker? Aber bildet euch nur ja nicht ein, daß das Vergnügen lange dauern wird. Gleich hülle ich mich wieder ein, laufe die Treppen hinauf in mein Zimmer, sperre mich ein und, wenn es mir beliebt, trinke ich das ganze Glas auf einen Zug. Aber es wird mir nicht belieben. Es wäre nur eine Feigheit. Sie verdienen gar nicht soviel Respekt, die Schufte. Schämen vor euch? Ich mich schämen vor irgendwem? Das habe ich wirklich nicht nötig. Laß dir noch einmal in die Augen sehen, schöne Else. Was du für Riesenaugen hast, wenn man näher kommt. Ich wollte, es küßte mich einer auf meine Augen, auf meinen blutroten Mund. Kaum über die Knöchel reicht mein Mantel. Man wird sehen, daß meine Füße nackt sind. Was tut's, man wird noch mehr sehen! Aber ich bin nicht verpflichtet. Ich kann gleich wieder umkehren, noch bevor ich unten bin. Im ersten Stock kann ich umkehren. Ich muß überhaupt nicht hinuntergehen. Aber ich will ja. Ich freue mich drauf. Hab' ich mir nicht mein ganzes Leben lang so was gewünscht?

Worauf warte ich denn noch? Ich bin ja bereit. Die Vorstellung kann beginnen. Den Brief nicht vergessen. Eine aristokratische Schrift, behauptet Fred. Auf Wiedersehen, Else. Du bist schön mit dem Mantel. Florentinerinnen haben sich so malen lassen. In den Galerien hängen ihre Bilder und es ist eine Ehre für sie. – Man muß gar nichts bemerken, wenn ich den Mantel umhabe. Nur die Füße, nur die Füße. Ich nehme die schwarzen Lackschuhe, dann denkt man, es sind fleischfarbene Strümpfe. So werde ich durch die Halle gehen, und kein Mensch wird ahnen, daß unter dem Mantel nichts ist, als ich, ich selber. Und dann kann ich immer noch herauf ... – Wer spielt denn da unten so schön Klavier? Chopin? – Herr von Dorsday wird etwas nervös sein. Vielleicht hat er Angst vor Paul. Nur Geduld, Geduld, wird sich alles finden. Ich weiß noch gar nichts, Herr von Dorsday, ich bin selber schrecklich gespannt. Licht ausschalten! Ist alles in Ordnung in meinem Zimmer? Leb' wohl, Veronal, auf Wiedersehen. Leb' wohl, mein heißgeliebtes Spiegelbild. Wie du im Dunkel leuchtest. Ich bin schon ganz gewohnt, unter dem Mantel nackt zu sein. Ganz angenehm. Wer weiß, ob nicht manche so in der Halle sitzen und keiner weiß es? Ob nicht manche Dame so ins Theater geht und so in ihrer Loge sitzt – zum Spaß oder aus anderen Gründen.

Soll ich zusperren? Wozu? Hier wird ja nichts gestohlen. Und wenn auch – ich brauche ja nichts mehr. Schluß ... Wo ist denn Nummer fünfundsechzig? Niemand ist auf dem Gang. Alles noch unten beim Diner. Einundsechzig ... zweiundsechzig ... das sind ja riesige Bergschuhe, die da vor der Türe stehen. Da hängt eine Hose am Haken. Wie unanständig. Vierundsechzig, fünfundsechzig. So. Da wohnt er, der Vicomte ... Da unten lehn' ich den Brief hin, an die Tür. Da muß er ihn gleich sehen. Es wird ihn doch keiner stehlen? So, da liegt er ... Macht nichts ... Ich kann noch immer tun, was ich will. Hab' ich ihn halt zum Narren gehalten ... Wenn ich ihm nur jetzt nicht auf der Treppe begegne. Da kommt ja ... nein, das ist er nicht! ... Der ist viel hübscher als der Herr von Dorsday, sehr elegant, mit dem kleinen schwarzen Schnurrbart. Wann ist denn der angekommen? Ich könnte eine kleine Probe veranstalten – ein ganz klein wenig den Mantel lüften. Ich habe große Lust dazu. Schauen Sie mich nur an, mein Herr. Sie ahnen nicht, an wem Sie da vorübergehen. Schade, daß Sie gerade jetzt sich heraufbemühen. Warum bleiben Sie nicht in der Halle? Sie versäumen etwas. Große Vorstellung.

Warum halten Sie mich nicht auf? Mein Schicksal liegt in Ihrer Hand. Wenn Sie mich grüßen, so kehre ich wieder um. So grüßen Sie mich doch. Ich sehe Sie doch so liebenswürdig an ... Er grüßt nicht. Vorbei ist er. Er wendet sich um, ich spüre es. Rufen Sie, grüßen Sie! Retten Sie mich! Vielleicht sind Sie an meinem Tode schuld, mein Herr! Aber Sie werden es nie erfahren. Adresse bleibt Fiala ...

Wo bin ich? Schon in der Halle? Wie bin ich dahergekommen? So wenig Leute und so viele Unbekannte. Oder sehe ich so schlecht? Wo ist Dorsday? Er ist nicht da. Ist es ein Wink des Schicksals? Ich will zurück. Ich will einen andern Brief an Dorsday schreiben. Ich erwarte Sie in meinem Zimmer um Mitternacht. Bringen Sie die Depesche an Ihre Bank mit. Nein. Er könnte es für eine Falle halten. Könnte auch eine sein. Ich könnte Paul bei mir versteckt haben, und er könnte ihn mit dem Revolver zwingen, uns die Depesche auszuliefern. Erpressung. Ein Verbrecherpaar. Wo ist Dorsday? Dorsday, wo bist du? Hat er sich vielleicht umgebracht aus Reue über meinen Tod? Im Spielzimmer wird er sein. Gewiß. An einem Kartentisch wird er sitzen. Dann will ich ihm von der Tür aus mit den Augen ein Zeichen geben. Er wird sofort aufstehen. ›Hier bin ich, mein Fräulein.‹ Seine Stimme wird klingen. ›Wollen wir ein wenig promenieren, Herr Dorsday?‹ ›Wie es beliebt, Fräulein Else.‹ Wir gehen über den Marienweg zum Walde hin. Wir sind allein. Ich schlage den Mantel auseinander. Die fünfzigtausend sind fällig. Die Luft ist kalt, ich bekomme eine Lungenentzündung und sterbe ... Warum sehen mich die zwei Damen an? Merken sie was? Warum bin ich denn da? Bin ich verrückt? Ich werde zurückgehen in mein Zimmer, mich geschwind ankleiden, das blaue, drüber den Mantel wie jetzt, aber offen, da kann niemand glauben, daß ich vorher nichts angehabt habe ... Ich kann nicht zurück. Ich will auch nicht zurück. Wo ist Paul? Wo ist Tante Emma? Wo ist Cissy? Wo sind sie denn alle? Keiner wird es merken ... Man kann es ja gar nicht merken. Wer spielt so schön? Chopin? Nein, Schumann.

Ich irre in der Halle umher wie eine Fledermaus. Fünfzigtausend! Die Zeit vergeht. Ich muß diesen verfluchten Herrn von Dorsday finden. Nein, ich muß in mein Zimmer zurück ... Ich werde Veronal trinken. Nur einen kleinen Schluck, dann werde ich gut schlafen ... Nach getaner Arbeit ist gut ruhen ... Aber die Arbeit ist noch nicht getan ... Wenn der Kellner den schwarzen Kaffee dem alten Herrn dort serviert, so geht alles gut aus. Und wenn er ihn dem jungen Ehepaar in der Ecke bringt, so ist alles verloren. Wieso? Was heißt das? Zu dem alten Herrn bringt er den Kaffee. Triumph! Alles geht gut aus. Ha, Cissy und Paul! Da draußen vor dem Hotel gehen sie auf und ab. Sie reden ganz vergnügt miteinander. Er regt sich nicht sonderlich auf wegen meiner Kopfschmerzen. Schwindler! ... Cissy hat keine so schönen Brüste wie ich. Freilich, sie hat ja ein Kind ... Was reden die Zwei? Wenn man es hören könnte! Was geht es mich an, was sie reden? Aber ich könnte auch vors Hotel gehen, ihnen guten Abend wünschen und dann weiter, weiterflattern über die Wiese, in den Wald, hinaufsteigen, klettern, immer höher, bis auf den Cimone hinauf, mich hinlegen, einschlafen, erfrieren. Geheimnisvoller Selbstmord einer jungen Dame der Wiener Gesellschaft. Nur mit einem schwarzen Abendmantel bekleidet, wurde das schöne Mädchen an einer unzugänglichen Stelle des Cimone della Pala tot aufgefunden ... Aber vielleicht findet man mich nicht ... Oder erst im nächsten Jahr. Oder noch später. Verwest. Als Skelett. Doch besser, hier in der geheizten Halle sein und nicht erfrieren. Nun, Herr von Dorsday, wo stecken Sie denn eigentlich? Bin ich verpflichtet zu warten? Sie haben mich zu suchen, nicht ich Sie. Ich will noch im Spielsaal nachschauen. Wenn er dort nicht ist, hat er sein Recht verwirkt. Und ich schreibe ihm: Sie waren nicht zu finden, Herr von Dorsday, Sie haben freiwillig verzichtet; das entbindet Sie nicht von der Verpflichtung, das Geld sofort abzuschicken. Das Geld. Was für ein Geld denn? Was kümmert mich das? Es ist mir doch ganz gleichgültig, ob er das Geld abschickt oder nicht. Ich habe nicht das geringste Mitleid mehr mit Papa. Mit keinem Menschen habe ich Mitleid. Auch mit mir selber nicht. Mein Herz ist tot. Ich glaube, es schlägt gar nicht mehr. Vielleicht habe ich das Veronal schon getrunken ... Warum schaut mich die holländische Familie so an? Man kann doch unmöglich was merken. Der Portier sieht mich auch so verdächtig an. Ist vielleicht noch eine Depesche angekommen? Achtzigtausend? Hunderttausend? Adresse bleibt Fiala. Wenn eine Depesche da wäre, würde er es mir sagen. Er sieht mich hochachtungsvoll an. Er weiß nicht, daß ich unter dem Mantel nichts an habe. Niemand weiß es. Ich gehe zurück in mein Zimmer. Zurück, zurück, zurück! Wenn ich über die Stufen stolperte, das wäre eine nette Geschichte. Vor drei Jahren auf dem Wörthersee ist eine Dame ganz nackt hinausgeschwommen. Aber noch am selben Nachmittag ist sie abgereist. Die Mama hat gesagt, es ist eine Operettensängerin aus Berlin. Schumann? Ja, Karneval. Die oder der spielt ganz schön. Das Kartenzimmer ist aber rechts. Letzte Möglichkeit, Herr von Dorsday. Wenn er dort ist, winke ich ihn mit den Augen zu mir her und sage ihm, um Mitternacht werde ich bei Ihnen sein, Sie Schuft. – Nein, Schuft sage ich ihm nicht. Aber nachher sage ich es ihm ... Irgendwer geht mir nach. Ich wende mich nicht um. Nein, nein. –

»Else!« – Um Gottes willen die Tante. Weiter, weiter! »Else!« – Ich muß mich umdrehen, es hilft mir nichts. »O, guten Abend, Tante.« – »*Ja, Else, was ist denn mit dir? Grad wollte ich zu dir hinaufschauen. Paul hat mir gesagt – – Ja, wie schaust du denn aus?«* – »Wie schau ich denn aus, Tante? Es geht mir schon ganz gut. Ich habe auch eine Kleinigkeit gegessen.« Sie merkt was, sie merkt was. – »*Else – du hast ja – keine Strümpfe an!«* – »Was sagst du da, Tante? Meiner Seel, ich habe keine Strümpfe an. Nein –!« – »*Ist dir nicht wohl, Else? Deine Augen – du hast Fieber.«* – »Fieber? Ich glaub' nicht. Ich hab' nur so furchtbare Kopfschmerzen gehabt, wie nie in meinem Leben noch.« – »*Du mußt sofort zu Bett, Kind, du bist totenblaß.«* – »Das kommt von der Beleuchtung, Tante. Alle Leute sehen hier blaß aus in der Halle.« Sie schaut so sonderbar an mir herab. Sie kann doch nichts merken? Jetzt nur die Fassung bewahren. Papa ist verloren, wenn ich nicht die Fassung bewahre. Ich muß etwas reden. »Weißt du, Tante, was mir heuer in Wien passiert ist? Da bin ich einmal mit einem gelben und einem schwarzen Schuh auf die Straße gegangen.« Kein Wort ist wahr. Ich muß weiterreden. Was sag' ich nur? »Weißt du, Tante, nach

Migräneanfällen habe ich manchmal solche Anfälle von Zerstreutheit. Die Mama hat das auch früher gehabt.« Nicht ein Wort ist wahr. – *»Ich werde jedesfalls um den Doktor schicken.«* – »Aber ich bitte dich, Tante, es ist ja gar keiner im Hotel. Man müßt' einen aus einer anderen Ortschaft holen. Der würde schön lachen, daß man ihn holen läßt, weil ich keine Strümpfe anhabe. Haha.« Ich sollte nicht so laut lachen. Das Gesicht von der Tante ist angstverzerrt. Die Sache ist ihr unheimlich. Die Augen fallen ihr heraus. – *»Sag', Else, hast du nicht zufällig Paul gesehen?«* – Ah, sie will sich Sukkurs verschaffen. Fassung, alles steht auf dem Spiel. »Ich glaube, er geht auf und ab vor dem Hotel mit Cissy Mohr, wenn ich nicht irre.« – *»Vor dem Hotel? Ich werde sie beide hereinholen. Wir wollen noch alle einen Tee trinken, nicht wahr?«* – »Gern.« Was für ein dummes Gesicht sie macht. Ich nicke ihr ganz freundlich und harmlos zu. Fort ist sie. Ich werde jetzt in mein Zimmer gehen. Nein, was soll ich denn in meinem Zimmer tun? Es ist höchste Zeit, höchste Zeit. Fünfzigtausend, fünfzigtausend. Warum laufe ich denn so? Nur langsam, langsam ... Was will ich denn? Wie heißt der Mann? Herr von Dorsday. Komischer Name ... Da ist ja das Spielzimmer. Grüner Vorhang vor der Tür. Man sieht nichts. Ich stelle mich auf die Zehenspitzen. Die Whistpartie. Die spielen jeden Abend. Dort spielen zwei Herren Schach. Herr von Dorsday ist nicht da. Viktoria. Gerettet! Wieso denn? Ich muß weitersuchen. Ich bin verdammt, Herrn von Dorsday zu suchen bis an mein Lebensende. Er sucht mich gewiß auch. Wir verfehlen uns immerfort. Vielleicht sucht er mich oben. Wir werden uns auf der Stiege treffen. Die Holländer sehen mich wieder an. Ganz hübsch die Tochter. Der alte Herr hat eine Brille, eine Brille, eine Brille ... Fünfzigtausend. Es ist ja nicht soviel. Fünfzigtausend, Herr von Dorsday. Schumann? Ja, Karneval ... Hab' ich auch einmal studiert. Schön spielt sie. Warum denn sie? Vielleicht ist es ein Er? Vielleicht ist es eine Virtuosin? Ich will einen Blick in den Musiksalon tun.

Da ist ja die Tür. – – Dorsday! Ich falle um. Dorsday! Dort steht er am Fenster und hört zu. Wie ist das möglich? Ich verzehre mich – ich werde verrückt – ich bin tot – und er hört einer fremden Dame Kla-

vierspielen zu. Dort auf dem Diwan sitzen zwei Herren. Der Blonde ist erst heute angekommen. Ich hab' ihn aus dem Wagen steigen sehen. Die Dame ist gar nicht mehr jung. Sie ist schon ein paar Tage lang hier. Ich habe nicht gewußt, daß sie so schön Klavier spielt. Sie hat es gut. Alle Menschen haben es gut ... nur ich bin verdammt ... Dorsday! Dorsday! Ist er das wirklich? Er sieht mich nicht. Jetzt schaut er aus, wie ein anständiger Mensch. Er hört zu. Fünfzigtausend! Jetzt oder nie. Leise die Tür aufgemacht. Da bin ich, Herr von Dorsday! Er sieht mich nicht. Ich will ihm nur ein Zeichen mit den Augen geben, dann werde ich den Mantel ein wenig lüften, das ist genug. Ich bin ja ein junges Mädchen. Bin ein anständiges junges Mädchen aus guter Familie. Bin ja keine Dirne ... Ich will fort. Ich will Veronal nehmen und schlafen. Sie haben sich geirrt, Herr von Dorsday, ich bin keine Dirne. Adieu, adieu! ... Ha, er schaut auf. Da bin ich, Herr von Dorsday. Was für Augen er macht. Seine Lippen zittern. Er bohrt seine Augen in meine Stirn. Er ahnt nicht, daß ich nackt bin unter dem Mantel. Lassen Sie mich fort, lassen Sie mich fort! Seine Augen glühen. Seine Augen drohen. Was wollen Sie von mir? Sie sind ein Schuft. Keiner sieht mich als er. Sie hören zu. So

kommen Sie doch, Herr von Dorsday! Merken Sie nichts? Dort im Fauteuil – Herrgott, im Fauteuil – das ist ja der Filou! Himmel, ich danke dir. Er ist wieder da, er ist wieder da! Er war nur auf einer Tour! Jetzt ist er wieder da. Der Römerkopf ist wieder da. Mein Bräutigam, mein Geliebter. Aber er sieht mich nicht. Er soll mich auch nicht sehen. Was wollen Sie, Herr von Dorsday? Sie schauen mich an, als wenn ich Ihre Sklavin wäre. Ich bin nicht Ihre Sklavin. Fünfzigtausend! Bleibt es bei unserer Abmachung, Herr von Dorsday? Ich bin bereit. Da bin ich. Ich bin ganz ruhig. Ich lächle. Verstehen Sie meinen Blick? Sein Auge spricht zu mir: komm! Sein Auge spricht: ich will dich nackt sehen. Nun, du Schuft, ich bin ja nackt. Was willst du denn noch? Schick die Depesche ab ... Sofort ... Es rieselt durch meine Haut. Die Dame spielt weiter. Köstlich rieselt es durch meine Haut. Wie wundervoll ist es nackt zu sein. Die Dame spielt weiter, sie weiß nicht, was hier geschieht. Niemand weiß es. Keiner noch sieht mich. Filou, Filou! Nackt stehe ich da. Dorsday reißt die Augen auf. Jetzt endlich glaubt er es. Der Filou steht auf. Seine Augen leuchten. Du verstehst mich, schöner Jüngling. »Haha!« Die Dame spielt nicht mehr. Der Papa ist gerettet. Fünfzigtausend! Adresse bleibt Fiala! »Ha, ha, ha!« Wer lacht denn da? Ich selber? »Ha, ha, ha!« Was sind denn das für Gesichter um mich? »Ha, ha, ha!« Zu dumm, daß ich lache. Ich will nicht lachen, ich will nicht. »Haha!« »*Else!*« – Wer ruft Else? Das ist Paul. Er muß hinter mir sein. Ich spüre einen Luftzug über meinen nackten Rücken. Es saust in meinen Ohren. Vielleicht bin ich schon tot? Was wollen Sie, Herr von Dorsday? Warum sind Sie so groß und stürzen über mich her? »Ha, ha, ha!«

Was habe ich denn getan? Was habe ich getan? Was habe ich getan? Ich falle um. Alles ist vorbei. Warum ist denn keine Musik mehr? Ein Arm schlingt sich um meinen Nacken. Das ist Paul. Wo ist denn der Filou? Da lieg ich. »Ha, ha, ha!« Der Mantel fliegt auf mich herab. Und ich liege da. Die Leute halten mich für ohnmächtig. Nein, ich bin nicht ohnmächtig. Ich bin bei vollem Bewußtsein. Ich bin hundertmal wach, ich bin tausendmal wach. Ich will nur immer lachen.

»Ha, ha, ha!« Jetzt haben Sie Ihren Willen, Herr von Dorsday, Sie müssen Geld für Papa schicken. Sofort. »Haaaah!« Ich will nicht schreien, und ich muß immer schreien. Warum muß ich denn schreien? – Meine Augen sind zu. Niemand kann mich sehen. Papa ist gerettet. – »*Else!*« – Das ist die Tante. – »*Else! Else!*« – »*Ein Arzt, ein Arzt!*« – »*Geschwind zum Portier!*« – »*Was ist denn passiert?*« – »*Das ist ja nicht möglich.*« – »*Das arme Kind.*« – Was reden sie denn da? Was murmeln sie denn da? Ich bin kein armes Kind. Ich bin glücklich. Der Filou hat mich nackt gesehen. O, ich schäme mich so. Was habe ich getan? Nie wieder werde ich die Augen öffnen. – »*Bitte, die Türe schließen.*« – Warum soll man die Türe schließen? Was für Gemurmel. Tausend Leute sind um mich. Sie halten mich alle für ohnmächtig. Ich bin nicht ohnmächtig. Ich träume nur. – »*Beruhigen Sie sich doch, gnädige Frau.*« – »*Ist schon um den Arzt geschickt?*« – »*Es ist ein Ohnmachtsanfall.*« – Wie weit sie alle weg sind. Sie sprechen alle vom Cimone herunter. – »*Man kann sie doch nicht auf dem Boden liegen lassen.*« – »*Hier ist ein Plaid.*« – »*Eine Decke.*« – »*Decke oder Plaid, das ist ja gleichgültig.*« – »*Bitte doch um Ruhe.*« – »*Auf den Diwan.*« – »*Bitte doch *endlich die Türe zu schließen.«* – *»Nicht so nervös sein, sie ist ja geschlossen.«* – *»Else! Else!«* – Wenn die Tante nur endlich still wär! – *»Hörst du mich Else?«* – *»Du siehst doch, Mama, daß sie ohnmächtig ist.«* – Ja, Gott sei Dank, für euch bin ich ohnmächtig. Und ich bleibe auch ohnmächtig. – *»Wir müssen sie auf ihr Zimmer bringen.«* – *»Was ist denn da geschehen? Um Gottes willen!«* – Cissy. Wie kommt denn Cissy auf die Wiese. Ach, es ist ja nicht die Wiese. – *»Else!«* – *»Bitte um Ruhe.«* – *»Bitte ein wenig zurückzutreten.«* – Hände, Hände unter mir. Was wollen sie denn? Wie schwer ich bin. Pauls Hände. Fort, fort. Der Filou ist in meiner Nähe, ich spüre es. Und Dorsday ist fort. Man muß ihn suchen. Er darf sich nicht umbringen, ehe er die fünfzigtausend abgeschickt hat. Meine Herrschaften, er ist mir Geld schuldig. Verhaften sie ihn. *»Hast du eine Ahnung, von wem die Depesche war, Paul?«* – *»Guten Abend, meine Herrschaften.«* – *»Else, hörst du mich?«* – *»Lassen Sie sie doch, Frau Cissy.«* – *»Ach Paul.«* – *»Der Direktor sagt, es kann vier Stunden dauern, bis der Doktor da ist.«* – *»Sie sieht aus, als wenn sie schliefe.«* – Ich liege auf dem Diwan. Paul hält meine Hand, er fühlt mir den Puls. Richtig, er ist ja Arzt. – *»Von Gefahr ist keine Rede, Mama. Ein – Anfall.«* – *»Keinen Tag länger bleibe ich im Hotel.«* – *»Bitte dich, Mama.«* – *»Morgen früh reisen wir ab.«* – *»Aber einfach über die Dienerschaftsstiege. Die Tragbare wird sofort hier sein.«* – Bahre? Bin ich nicht heute schon auf einer Bahre gelegen? War ich nicht schon tot? Muß ich denn noch einmal sterben? – *»Wollen Sie nicht dafür sorgen, Herr Direktor, daß die Leute sich endlich von der Türe entfernen.«* – *»Rege dich doch nicht auf, Mama.«* – *»Es ist eine Rücksichtslosigkeit von den Leuten.«* – Warum flüstern sie denn alle? Wie in einem Sterbezimmer. Gleich wird die Bahre da sein. Mach' auf das Tor, Herr Matador! – *»Der Gang ist frei.«* – *»Die Leute könnten doch wenigstens so viel Rücksicht haben.«* – *»Ich bitte dich, Mama, beruhige dich doch.«* – *»Bitte, gnädige Frau.«* – *»Wollen Sie sich nicht ein wenig meiner Mutter annehmen, Frau Cissy?«* – Sie ist seine Geliebte, aber sie ist nicht so schön wie ich. Was ist denn schon wieder? Was geschieht denn da? Sie bringen die Bahre. Ich sehe es mit geschlossenen Augen. Das ist die Bahre, auf der sie die Verunglückten tragen. Auf der ist auch der Doktor Zigmondi gelegen, der vom Cimone abgestürzt ist. Und jetzt werde ich auf der Bahre liegen. Ich bin auch abgestürzt. »Ha!« Nein, ich will nicht noch einmal schreien. Sie flüstern. Wer beugt sich über meinen Kopf? Es riecht gut nach Zigaretten. Seine Hand ist unter meinem Kopf. Hände unter meinem Rücken, Hände unter meinen Beinen. Fort, fort, rührt mich nicht an. Ich bin ja nackt. Pfui, pfui. Was wollt Ihr denn? Laßt mich in Ruhe. Es war nur für Papa. – »*Bitte vorsichtig, so, langsam.*« – »*Der Plaid?*« – »*Ja, danke, Frau Cissy.*« – Warum dankt er ihr? Was hat sie denn getan? Was geschieht mit mir? Ah, wie gut, wie gut. Ich schwebe. Ich schwebe. Ich schwebe hinüber. Man trägt mich, man trägt mich, man trägt mich zu Grabe. – »*Aber mir sein das g'wohnt, Herr Doktor. Da sind schon Schwerere darauf gelegen. Im vorigen Herbst einmal zwei zugleich.*« – »*Pst, pst.*« – »*Vielleicht sind Sie so gut, vorauszugehen, Frau Cissy, und sehen, ob in Elses Zimmer alles in Ordnung ist.*« – Was hat Cissy in meinem Zimmer zu tun? Das Veronal, das Veronal! Wenn sie es nur nicht weggießen. Dann müßte ich mich doch zum Fenster hinunterstürzen. – »*Danke sehr, Herr Direktor, bemühen Sie sich nicht weiter.*« – »*Ich werde mir erlauben, später wieder nachzufragen.*« – Die Treppe knarrt, die Träger haben schwere Bergstiefel. Wo sind meine Lackschuhe? Im Musikzimmer geblieben. Man wird sie stehlen. Ich habe sie der Agathe vermachen wollen. Fred kriegt meine Füllfeder. Sie tragen mich, sie tragen mich. Trauerzug. Wo ist Dorsday, der Mörder? Fort ist er. Auch der Filou ist fort. Er ist gleich wieder auf die Wanderschaft gegangen. Er ist nur zurückgekommen, um einmal meine weißen Brüste zu sehen. Und jetzt ist er wieder fort. Er geht einen schwindligen Weg zwischen Felsen und Abgrund; – leb' wohl, leb' wohl. – Ich schwebe, ich schwebe. Sie sollen mich nur hinauftragen, immer weiter, bis zum Dache, bis zum Himmel. Das wäre so bequem. – »*Ich habe es ja kommen gesehen, Paul.*« – Was hat die Tante kommen gesehen? – »*Schon die ganzen letzten Tage habe ich so etwas kommen gesehen. Sie ist überhaupt nicht normal. Sie muß natürlich in eine Anstalt.*« – »*Aber Mama, jetzt ist doch nicht der Moment davon zu reden.*« – Anstalt –? Anstalt –?! – »*Du denkst doch nicht, Paul, daß ich in ein und demselben Coupé mit dieser Person nach Wien fahren werde. Da könnte man schöne Sachen erleben.« – »Es wird nicht das Geringste passieren, Mama. Ich garantiere dir, daß du keinerlei Ungelegenheiten haben wirst.« – »Wie kannst du das garantieren?«* – Nein, Tante, du sollst keine Ungelegenheiten haben. Niemand wird Ungelegenheiten haben. Nicht einmal Herr von Dorsday. Wo sind wir denn? Wir bleiben stehen. Wir sind im zweiten Stock. Ich werde blinzeln. Cissy steht in der Tür und spricht mit Paul. – *»Hieher bitte. So. So. Hier. Danke. Rücken Sie die Bahre ganz nah ans Bett heran.«* – Sie heben die Bahre. Sie tragen mich. Wie gut. Nun bin ich wieder zu Hause. Ah! – *»Danke. So, es ist schon recht. Bitte die Türe zu schließen. – Wenn Sie so gut sein wollten mir zu helfen, Cissy.«* – *»O, mit Vergnügen, Herr Doktor.«* – *»Langsam, bitte. Hier, bitte, Cissy, fassen Sie sie an. Hier an den Beinen. Vorsichtig. Und dann – – Else – –? Hörst du mich, Else?«* – Aber natürlich höre ich dich, Paul. Ich höre alles. Aber was geht euch das an. Es ist ja so schön, ohnmächtig zu sein. Ach, macht, was ihr wollt. *»Paul!«* – *»Gnädige Frau?«* – *»Glaubst du wirklich, daß sie bewußtlos ist, Paul?«* – Du? Sie sagt ihm du. Hab' ich euch erwischt! Du sagt sie ihm! – *»Ja, sie ist vollkommen bewußtlos. Das kommt nach solchen Anfällen gewöhnlich vor.«* – *»Nein, Paul, du bist zum Kranklachen, wenn du dich so erwachsen als Doktor benimmst.«* – Hab' ich euch, Schwindelbande! Hab' ich euch? *»Still, Cissy.«* – *»Warum denn, wenn sie nichts hört?!«* – Was ist denn geschehen? Nackt liege ich im Bett unter der Decke. Wie haben sie das gemacht? – *»Nun, wie geht's? Besser?«* – Das ist ja die Tante. Was will sie denn da? – *»Noch immer ohnmächtig?«* – Auf den Zehenspitzen schleicht sie heran. Sie soll zum Teufel gehen. Ich laß mich in keine Anstalt bringen. Ich bin nicht irrsinnig. – *»Kann man sie nicht zum Bewußtsein erwecken?«* – *»Sie wird bald wieder zu sich kommen, Mama. Jetzt braucht sie nichts als Ruhe. Übrigens du auch, Mama. Möchtest du nicht schlafen gehen? Es besteht absolut keine Gefahr. Ich werde zusammen mit Frau Cissy bei Else Nachtwache halten.«* – *»Jawohl, gnädige Frau, ich bin die Gardedame. Oder Else, wie man's nimmt.«* – Elendes Frauenzimmer. Ich liege hier ohnmächtig und sie macht Späße. *»Und ich kann mich darauf verlassen, Paul, daß du mich wecken läßt, sobald der Arzt kommt?«* – *»Aber Mama, der kommt nicht vor morgen früh.«* – *»Sie sieht* *aus, als wenn sie schliefe. Ihr Atem geht ganz ruhig.«* – *»Es ist ja auch eine Art von Schlaf, Mama.«* – *»Ich kann mich noch immer nicht fassen, Paul, ein solcher Skandal! – Du wirst sehen, es kommt in die Zeitung!«* – *»Mama!«* – *»Aber sie kann doch nichts hören, wenn sie ohnmächtig ist. Wir reden doch ganz leise.«* – *»In diesem Zustand sind die Sinne manchmal unheimlich geschärft.«* – *»Sie haben einen so gelehrten Sohn, gnädige Frau.«* – *»Bitte dich, Mama, geh' zu Bette.«* – *»Morgen reisen wir ab unter jeder Bedingung. Und in Bozen nehmen wir eine Wärterin für Else.«* – Was? Eine Wärterin? Da werdet ihr euch aber täuschen. – *»Über all' das reden wir morgen, Mama. Gute Nacht, Mama.«* – *»Ich will mir einen Tee aufs Zimmer bringen lassen und in einer Viertelstunde schau ich noch einmal her.«* – *»Das ist doch absolut nicht notwendig, Mama.«* – Nein, notwendig ist es nicht. Du sollst überhaupt zum Teufel gehen. Wo ist das Veronal? Ich muß noch warten. Sie begleiten die Tante zur Türe. Jetzt sieht mich niemand. Auf dem Nachttisch muß es ja stehen, das Glas mit dem Veronal. Wenn ich es austrinke, ist alles vorbei. Gleich werde ich es trinken. Die Tante ist fort. Paul und Cissy stehen noch an der Tür. Ha. Sie küßt ihn. Sie küßt ihn. Und ich liege nackt unter der Decke. Schämt ihr euch denn gar nicht? Sie küßt ihn wieder. Schämt ihr euch nicht? – *»Siehst du, Paul, jetzt weiß ich, daß sie ohnmächtig ist. Sonst wäre sie mir unbedingt an die Kehle gesprungen.«* – *»Möchtest du mir nicht den Gefallen tun und schweigen, Cissy?«* – *»Aber was willst du denn, Paul? Entweder ist sie wirklich bewußtlos. Dann hört und sieht sie nichts. Oder sie hält uns zum Narren. Dann geschieht ihr ganz recht.«* – *»Es hat geklopft, Cissy.«* – *»Mir kam es auch so vor.«* – *»Ich will leise aufmachen und sehen wer es ist. – Guten Abend Herr von Dorsday.«* – *»Verzeihen Sie, ich wollte nur fragen, wie sich die Kranke«* – Dorsday! Dorsday! Wagt er es wirklich? Alle Bestien sind losgelassen. Wo ist er denn? Ich höre sie flüstern vor der Tür. Paul und Dorsday. Cissy stellt sich vor den Spiegel hin. Was machen Sie vor dem Spiegel dort? Mein Spiegel ist es. Ist nicht mein Bild noch drin? Was reden sie draußen vor der Tür, Paul und Dorsday? Ich fühle Cissys Blick. Vom Spiegel aus sieht sie zu mir her. Was will sie denn? Warum kommt sie denn näher? Hilfe! Hilfe! Ich schreie doch, und keiner hört mich. Was wollen Sie an meinem Bett,

Cissy?! Warum beugen Sie sich herab? Wollen Sie mich erwürgen? Ich kann mich nicht rühren. – »*Else!*« – Was will sie denn? – »*Else! Hören Sie mich, Else?*« – Ich höre, aber ich schweige. Ich bin ohnmächtig, ich muß schweigen. – »*Else, Sie haben uns in einen schönen Schreck versetzt.*« – Sie spricht zu mir. Sie spricht zu mir, als wenn ich wach wäre. Was will sie denn? – »*Wissen Sie, was Sie getan haben, Else? Denken Sie, nur mit dem Mantel bekleidet sind Sie ins Musikzimmer getreten, sind plötzlich nackt dagestanden vor allen Leuten und dann sind Sie ohnmächtig hingefallen. Ein hysterischer Anfall wird behauptet. Ich glaube kein Wort davon. Ich glaube auch nicht, daß Sie bewußtlos sind. Ich wette, Sie hören jedes Wort, das ich rede.*« – Ja, ich höre, ja, ja, ja. Aber sie hört mein Ja nicht. Warum denn nicht? Ich kann meine Lippen nicht bewegen. Darum hört sie mich nicht. Ich kann mich nicht rühren. Was ist denn mit mir? Bin ich tot? Bin ich scheintot? Träume ich? Wo ist das Veronal? Ich möchte mein Veronal trinken. Aber ich kann den Arm nicht ausstrecken. Gehen Sie fort, Cissy. Warum sind Sie über mich gebeugt? Fort, fort! Nie wird sie wissen, daß ich sie gehört habe. Niemand wird es je wissen. Nie wieder werde ich zu einem Menschen sprechen. Nie wache ich wieder auf. Sie geht zur Türe. Sie wendet sich noch einmal nach mir um. Sie öffnet die Türe. Dorsday! Dort steht er. Ich habe ihn gesehen mit geschlossenen Augen. Nein, ich sehe ihn wirklich. Ich habe ja die Augen offen. Die Türe ist angelehnt. Cissy ist auch draußen. Nun flüstern sie alle. Ich bin allein. Wenn ich mich jetzt rühren könnte.

Ha, ich kann ja, kann ja. Ich bewege die Hand, ich rege die Finger, ich strecke den Arm, ich sperre die Augen weit auf. Ich sehe, ich sehe. Da steht mein Glas. Geschwind, ehe sie wieder ins Zimmer kommen. Sind es nur Pulver genug?! Nie wieder darf ich erwachen. Was ich zu tun hatte auf der Welt, habe ich getan. Der Papa ist gerettet. Niemals könnte ich wieder unter Menschen gehen. Paul guckt durch die Türspalte herein. Er denkt, ich bin noch ohnmächtig. Er sieht nicht, daß ich den Arm beinahe schon ausgestreckt habe. Nun stehen sie wieder alle drei draußen vor der Tür, die Mörder! – Alle sind sie Mörder. Dorsday und Cissy und Paul, auch Fred ist ein Mörder und die Mama ist eine Mörderin. Alle haben sie mich gemordet und machen sich nichts wissen. Sie hat sich selber umgebracht, werden sie sagen. Ihr habt mich umgebracht, ihr alle, ihr alle! Hab' ich es endlich? Geschwind, geschwind! Ich muß. Keinen Tropfen verschütten. So. Geschwind. Es schmeckt gut. Weiter, weiter. Es ist gar kein Gift. Nie hat mir was so gut geschmeckt. Wenn ihr wüßtet, wie gut der Tod schmeckt! Gute Nacht, mein Glas. Klirr, klirr! Was ist denn das? Auf dem Boden liegt das Glas. Unten liegt es. Gute Nacht. – »Else, Else!« – Was wollt ihr denn? – »Else!« – Seid ihr wieder da? Guten Morgen. Da lieg' ich bewußtlos mit geschlossenen Augen. Nie wieder sollt ihr meine Augen sehen. – »*Sie muß sich bewegt haben, Paul, wie hätte es sonst herunterfallen können?*« – »*Eine unwillkürliche Bewegung, das wäre schon möglich.*« – »*Wenn sie nicht wach ist.*« – »*Was fällt dir ein, Cissy. Sieh sie doch nur an.*« – Ich habe Veronal getrunken. Ich werde sterben. Aber es ist geradeso wie vorher. Vielleicht war es nicht genug ... Paul faßt meine Hand. – »*Der Puls geht ruhig. Lach' doch nicht, Cissy. Das arme Kind.*« – »*Ob du mich auch ein armes Kind nennen würdest, wenn ich mich im Musikzimmer nackt hingestellt hätte?*« – »*Schweig' doch, Cissy.*« – »*Ganz nach Belieben, mein Herr. Vielleicht soll ich mich entfernen, dich mit dem nackten Fräulein allein lassen. Aber bitte, geniere dich nicht. Tu' als ob ich nicht da wäre.*« – Ich habe Veronal getrunken. Es ist gut. Ich werde sterben. Gott sei Dank. – »*Übrigens weißt du, was mir vorkommt. Daß dieser Herr von Dorsday in das nackte Fräulein verliebt ist. Er war so erregt, als ginge ihn die Sache persönlich an.*« – Dorsday, Dorsday! Das ist ja der – Fünfzigtausend! Wird er sie abschicken? Um Gottes willen, wenn er sie nicht abschickt? Ich muß es ihnen sagen. Sie müssen ihn zwingen. Um Gottes willen, wenn alles umsonst gewesen ist? Aber jetzt kann man mich noch retten. Paul! Cissy! Warum hört ihr mich denn nicht? Wißt ihr denn nicht, daß ich sterbe? Aber ich spüre nichts. Nur müde bin ich, Paul! Ich bin müde. Hörst du mich denn nicht? Ich bin müde, Paul. Ich kann die Lippen nicht öffnen. Ich kann die Zunge nicht bewegen, aber ich bin noch nicht tot. Das ist das Veronal. Wo seid ihr denn? Gleich schlafe ich ein. Dann wird es zu spät sein! Ich höre sie gar nicht reden. Sie reden und ich weiß nicht was. Ihre Stimmen brausen so. So hilf mir doch, Paul! Die Zunge ist mir so schwer. – »*Ich glaube, Cissy, daß sie bald erwachen wird. Es ist, als wenn sie sich schon mühte, die Augen zu öffnen. Aber Cissy, was tust du denn?*« – »*Nun, ich umarme dich. Warum denn nicht? Sie hat sich auch nicht geniert.*« – Nein, ich habe mich nicht geniert. Nackt bin ich dagestanden vor allen Leuten. Wenn ich nur reden könnte, so würdet ihr verstehen warum. Paul! Paul! Ich will, daß ihr mich hört. Ich habe Veronal getrunken, Paul, zehn Pulver, hundert. Ich hab' es nicht tun wollen. Ich war verrückt. Ich will nicht sterben. Du sollst mich retten, Paul. Du bist ja Doktor. Rette mich! – »*Jetzt scheint sie wieder ganz ruhig geworden. Der Puls – der Puls ist ziemlich regelmäßig.*« – Rette mich, Paul. Ich beschwöre dich. Laß mich doch nicht sterben. Jetzt ist's noch Zeit. Aber dann werde ich einschlafen und ihr werdet es nicht wissen. Ich will nicht sterben. So rette mich doch. Es war nur wegen Papa. Dorsday hat es verlangt. Paul! Paul! – »*Schau mal her, Cissy, scheint dir nicht, daß sie lächelt?*« – »*Wie sollte sie nicht lächeln, Paul, wenn du immerfort zärtlich ihre Hand hältst.*« – Cissy, Cissy, was habe ich dir denn getan, daß du so böse zu mir bist. Behalte deinen Paul – aber laßt mich nicht sterben. Ich bin noch so jung. Die Mama wird sich kränken. Ich will noch auf viele Berge klettern. Ich will noch tanzen. Ich will auch einmal heiraten. Ich will noch reisen. Morgen machen wir die Partie auf den Cimone. Morgen wird ein wunderschöner Tag sein. Der Filou soll mitkommen. Ich lade ihn ergebenst ein. Lauf ihm doch nach, Paul, er geht einen so schwindligen Weg. Er wird dem Papa begegnen. Adresse bleibt Fiala, vergiß nicht. Es sind nur fünfzigtausend, und dann ist alles in Ordnung. Da marschieren sie alle im Sträflingsgewand und singen. Mach' auf das Tor, Herr Matador! Das ist ja alles nur ein Traum. Da geht auch Fred mit dem heiseren Fräulein und unter dem freien Himmel steht das Klavier. Der Klavierstimmer wohnt in der Bartensteinstraße, Mama! Warum hast du ihm denn nicht geschrieben, Kind? Du vergißt aber alles. Sie sollten mehr Skalen üben, Else. Ein Mädel mit dreizehn Jahren sollte fleißiger sein. – Rudi war auf dem Maskenball und ist erst um acht Uhr früh nach Hause gekommen. Was hast du mir mitgebracht, Papa?

Dreißigtausend Puppen. Da brauch ich ein eigenes Haus dazu. Aber sie können auch im Garten spazierengehen. Oder auf den Maskenball mit Rudi. Grüß dich Gott, Else. Ach Bertha, bist du wieder aus Neapel zurück? Ja, aus Sizilien. Erlaube, daß ich dir meinen Mann vorstelle, Else. Enchanté, Monsieur. – »*Else, hörst du mich, Else? Ich bin es, Paul.*« – Haha, Paul. Warum sitzest du denn auf der Giraffe im Ringelspiel? – »*Else, Else!*« – So reit' mir doch nicht davon. Du kannst mich doch nicht hören, wenn du so schnell durch die Hauptallee reitest. Du sollst mich ja retten. Ich habe Veronalica genommen. Das läuft mir über die Beine, rechts und links, wie Ameisen. Ja, fang' ihn nur, den Herrn von Dorsday. Dort läuft er. Siehst du ihn denn nicht? Da springt er über den Teich. Er hat ja den Papa umgebracht. So lauf' ihm doch nach. Ich laufe mit. Sie haben mir die Bahre auf den Rücken geschnallt, aber ich laufe mit. Meine Brüste zittern so. Aber ich laufe mit. Wo bist du denn, Paul? Fred, wo bist du? Mama, wo bist du? Cissy? Warum laßt ihr mich denn allein durch die Wüste laufen? Ich habe ja Angst so allein. Ich werde lieber fliegen. Ich habe ja gewußt, daß ich fliegen kann.

»*Else!*« ...

»*Else!*« ...

Wo seid ihr denn? Ich höre euch, aber ich sehe euch nicht.

»*Else!*«...

»*Else!*« ...

»*Else! ...*«

Was ist denn das? Ein ganzer Chor? Und Orgel auch? Ich singe mit. Was ist es denn für ein Lied? Alle singen mit. Die Wälder auch und die Berge und die Sterne. Nie habe ich etwas so Schönes gehört. Noch nie habe ich eine so helle Nacht gesehen. Gib mir die Hand, Papa. Wir fliegen zusammen. So schön ist die Welt, wenn man fliegen kann. Küss' mir doch nicht die Hand. Ich bin ja dein Kind, Papa.

»*Else! Else!*«

Sie rufen von so weit! Was wollt ihr denn? Nicht wecken. Ich schlafe ja so gut. Morgen früh. Ich träume und fliege. Ich fliege ...

fliege ... fliege ... schlafe und träume ... und fliege ... nicht wecken ... morgen früh ...

»*El...*«

Ich fliege ... ich träume ... ich schlafe ... ich träu ... träu – ich flie ... ...

Ich

Novellette

Bis zu diesem Tage war er ein völlig normaler Mensch gewesen. Früh um sieben Uhr stand er auf, möglichst geräuschlos, um seine Frau nicht zu stören, die gern etwas länger schlief, trank eine Tasse Kaffee, küßte den achtjährigen Buben auf die Stirn, der in die Schule mußte, und bemerkte scherzhaft seufzend zu der sechsjährigen Marie: »Ja, nächstes Jahr kommst du auch dran.« Während er noch mit den Kleinen scherzte, pflegte seine Frau einzutreten, und es gab eine harmlose Unterhaltung, manchmal sogar recht vergnügt und immer ruhig, denn es war eine gute Ehe, ohne Mißverständnisse und ohne Unzufriedenheiten, sie hatten sich gegenseitig nichts vorzuwerfen. Um ein Uhr kam er aus dem Geschäft nach Hause, nicht einmal sonderlich müd, denn was er zu tun hatte, war weder sehr anstrengend noch sehr verantwortungsvoller Natur; er war Abteilungsvorstand, sogenannter Rayonchef in einem Warenhaus mäßigen Ranges in der Währingerstraße. Dann kam ein einfaches, wohlzubereitetes Mittagessen, die Kinder saßen dabei und waren brav und hübsch, der Bub erzählte von der Schule, die Mutter von einem Spaziergang mit der Kleinen, ehe sie den Großen von der Schule abgeholt, und der Vater berichtete allerlei von geringfügigen Erlebnissen, die sich im Warenhaus zugetragen, von neuen Créationen, Sendungen aus Brünn, erwähnte die besondere Trägheit des Chefs, der meist erst um zwölf im Geschäft erschien, [sprach] von irgendeiner komischen Erscheinung unter den Kunden, von einem eleganten Herrn, der weiß Gott durch welchen Zufall sich in das Vorstadtgeschäft verirrt, sich zuerst etwas hochnäsig benommen, dann aber von irgendeinem Krawattenmuster gerade zu entzückt gewesen, erzählte von Fräulein Elly, die wieder einmal einen neuen Verehrer hatte, aber ihn ging das eigentlich nichts an, sie war Verkäuferin in der Abteilung für Damenschuhe.

Dann legte er sich für ein halbes Stündchen hin, blickte flüchtig in eine Zeitung; um halb drei war er wieder im Geschäft, es gab viel zu tun, besonders zwischen vier und sechs, er konnte sich völlig den Kunden widmen, zu Hause ging ja alles den gewohnten Gang, die Frau ging mit den Kindern spazieren oder die verheiratete Schwägerin kam zu Besuch oder ihre Mutter; er traf sie manchmal noch zu Hause an.

Gegen acht aß man zu Abend; die Kinder waren schon früher zu Bett gebracht. An jedem zweiten Samstag erfolgte ein Theaterbesuch, dritte Galerie, dritte oder vierte Reihe, Operette zog er vor, aber zuweilen sah man sich auch ein ernstes Stück an, ein klassisches oder eine Gesellschaftskomödie, und den Beschluß solcher Abende machte ein bescheidenes Restaurant. Die Kinder waren indes in guter Obhut, Frau Wilheim, der kinderlosen Frau des Arztes vom ersten Stock, war es eine rechte Freude, so lange in der Wohnung bei den Kleinen zu wachen, bis die Eltern nach Hause kamen.

Auch an diesem Abend, dem Samstag vor Pfingsten, waren sie im Theater gewesen, das Ehepaar Huber hatte dann im Gasthaus genachtmahlt, und als sie zu Bette gingen, war der Ehegatte so gut aufgelegt gewesen, daß Anna bemerkte, ob er sie nicht vielleicht mit Frau Constantin verwechsle, die heute die Hauptrolle gespielt und ihm so besonders gut gefallen hatte.

Am nächsten Morgen begab er sich, wie es seine Sonntagsgewohnheit war, auf einen kleinen Ausflug, fuhr mit der Straßenbahn nach Sievering, wanderte auf den Dreimarkstein, wo er einem guten Bekannten begegnete, mit ihm stehenblieb und über das schöne Wetter plauderte, dann spazierte er allein hinab nach Neuwaldegg. Er überschritt eine kleine Brücke, wie er es schon hundert Mal vorher getan, die weite große Wiese mit prächtigen Baumgruppen lag vor ihm, die er weiß Gott wie oft gesehen, und sein Blick fiel von ungefähr auf eine roh hölzerne Tafel, die an einen Baum genagelt war und auf der mit großen schwarzen Buchstaben, wie von Kinderhand geschrieben, das Wort ›Park‹ zu lesen stand. Er erinnerte sich nicht, diese Tafel jemals früher gesehen zu haben. Sie fiel ihm auf, aber er dachte gleich: daß sie immer dagewesen war, man sah es ihr an, daß es eine ganz alte

Tafel war. Ja natürlich, dies war ein Park, niemand konnte daran zweifeln, der Schwarzenbergpark war es, Privatbesitz des böhmischen Fürstengeschlechts, aber dem Publikum seit Jahrzehnten freigegeben. Doch da stand nicht Schwarzenbergpark oder Privatbesitz, sondern komischerweise einfach: Park. Man sah doch, daß es ein Park war, niemand konnte daran zweifeln. Er unterschied sich nicht sonderlich von der Umgebung, er war nicht abgeschlossen, es gab kein Entrée, er stand nicht unter besonderen Gesetzen, es war Wald und Wiese und Wege und Bänke, jedenfalls war es ziemlich überflüssig, daß da eine Tafel hing, auf der das Wort ›Park‹ geschrieben stand.

Immerhin mußte es seinen Grund haben. Vielleicht gab es Leute, die nicht so sicher waren, wie er, daß das ein Park war. Vielleicht hielten sie es für ganz gewöhnlichen Wald [an der] Wiese, wie den Wald und die Wiesen, von denen er eben herunterkam. Denen mußte man es freilich in Erinnerung bringen, daß dies ein Park war. Ein schöner Park übrigens, herrlich – vielleicht gab es Leute, die es für ein Paradies gehalten hätten, wenn die Tafel dort nicht gehangen wäre. Haha, ein Paradies. Und da hätte vielleicht einer sich danach benommen – seine Kleider abgeworfen und öffentliches Ärgernis erregt. Wie sollte ich [denn] wissen, sagte er auf der Polizei, daß es nur ein Park war und nicht das Paradies. Nun konnte das nicht mehr passieren. Es war höchst vernünftig gewesen, die Tafel dorthin zu hängen. Er begegnete einem Paar, einem nicht mehr sehr jungen, wohlbeleibten Paar, und er lachte so laut, daß sie erschraken und ihn groß ansahen.

Es war noch nicht spät, er setzte sich auf eine Bank. Ja, es war ganz sicher eine, obzwar nicht darauf geschrieben stand, daß es eine Bank war und der Teich drüben, der wohlbekannte, war ganz bestimmt ein Teich – oder ein Weiher – oder ein kleiner See oder ein Meer, ja, es kam nur darauf an, wie man ihn ansah, für eine Eintagsfliege war es wahrscheinlich ein Meer. Für solche Eintagsfliegen sollte man auch eine Tafel aufhängen: Teich. Aber für die Eintagsfliegen war es ja eben kein Teich, und nebstbei konnten sie nicht lesen. Nun, wer weiß, dachte er weiter, wir wissen verdammt wenig von den Eintagsfliegen. Da schwirrte eine um ihn. Mittag war es – die war just einen halben Tag alt, vielmehr fünfzig Jahre ... im Verhältnis, denn am Abend war sie ja tot. Vielleicht feierte sie soeben ihren fünfzigsten Geburtstag. Und die andern kleinen Fliegen, die um sie schwirrten, die waren Gratulanten. Ein Geburtstagsfest, dem er beiwohnte. Es war ihm, als säße er sehr lange da und er blickte auf die Uhr. Er war nur drei Minuten da gesessen, ja, dies war bestimmt eine Uhr, wenn auch auf dem Deckel nicht eingegraben stand, daß sie eine war. Aber es konnte ja auch sein, daß er träumte. Dann war das keine Uhr, dann lag er im Bett und schlief und auch die Eintagsfliege war nur ein Traum.

Zwei junge Burschen gingen vorüber. Lachten sie über ihn? Über seine dummen Einfälle? Aber die wußten ja nichts davon. So sicher war das freilich nicht. Es gab ja Gedankenleser. Sehr möglich, daß dieser Junge mit der Hornbrille ganz genau wußte, was in ihm vorging und darüber lachte. Die Frage war nur, ob er Grund dazu hatte, dieser Jüngling mit der Hornbrille? Denn es wäre ja möglich, daß dies Ganze wirklich ein Traum war, dann träumte er auch das Lachen dieses Andern.

Mit einem plötzlichen Entschluß trat er sich selbst mit einem Fuß auf den andern, und zum Überfluß faßte er sich an der Nase. Er spürte alles ganz genau. Und das wollte er als Beweis für sein Wachsein gelten lassen. Kein sehr zwingender freilich, denn am Ende konnte er auch den Fußtritt und den Griff an die Nase träumen. Aber er wollte sich für diesmal zufrieden geben.

Er machte sich auf den Heimweg, um eins erwartete ihn das Mittagessen. Er fühlte sich sonderbar leicht, er lief geradezu, er schwebte, nicht nur figürlich. Es kam immer ein Bruchteil einer Sekunde, in der keiner seiner Füße den Boden berührte.

Er nahm die Straßenbahn. Die flog noch rascher als er; geheimnisvoll diese elektrische Kraft. Es war halb zwei. Nun feierte die Eintagsfliege ihren fünfundfünfzigsten Geburtstag. Die Häuser rasten an ihm vorbei. So, nun mußte er umsteigen. Er wußte genau, daß er hier umsteigen mußte. Sonderbar, das alles zu wissen. Wie wenn er vergessen hätte, daß er in der Andreasgasse wohnte? Andreasgasse vierzehn, zweiter Stock, Tür zwölf. Bestimmt. Was alles in einem Gehirne Raum hat. Er wußte auch, daß er morgen acht Uhr früh im Geschäfte sein wollte. Er sah es vor sich, er sah die Krawatten, sah jedes Muster. Hier war die blau-rotgestreifte, hier die gesprenkelte, hier die mit dem gelblichen Ton. Er sah sie alle, und er sah auch die Aufschrift über dem Fach, da stand: Halsbinden, obwohl doch jeder wußte, daß es Halsbinden waren. Ganz klug, daß dort an einem Baum die Tafel ›Park‹ hing. Nicht alle Menschen wären so geistesgegenwärtig und scharfsinnig wie er, daß sie ohne weiteres wußten, dies ist ein Park, und dies ist eine Halsbinde.

Er stand vor seiner Wohnungstür. Er hatte weder bemerkt, daß er die Straßenbahn verlassen, noch daß er durch seine Gasse gegangen, noch daß er durch das Haustor getreten, noch daß er die Treppe hinaufgegangen war. Möglich, daß er heraufgeflogen war. Man setzte sich zu Tisch. Dies war der Suppentopf, dies waren die Suppenteller, Löffel, Gabel, Messer. Er wußte es von allen ganz genau. Für ihn mußte man keine Bezeichnungen hinschreiben. Er betrachtete alle Gegenstände sehr sorgfältig. Es stimmte. Und er erzählte von der Eintagsfliege, die eben ihren Geburtstag feierte. Sie hatte große Assemblé. Das Wort flatterte durch die Luft. Niemals in seinem Leben hatte er dieses Wort ausgesprochen. Wo kam es her? Wo ging es wieder hin?

Nachmittags konnte er nicht schlafen. Er lag auf dem Diwan im Speisezimmer, niemand war bei ihm. Er nahm sein Notizbuch. Es war bestimmt sein Notizbuch und weder seine Brief- noch seine Zigarrentasche, und schrieb auf ein Blatt ›Kredenz‹, auf ein anderes ›Schrank‹, auf ein anderes ›Bett‹, auf ein anderes ›Sessel‹. Das mußte er einige Male schreiben. Dann befestigte er diese Blätter an die Kredenz, an den Schrank, schlich sich ins Schlafzimmer, wo seine Frau ihren Nachmittagsschlummer hielt, und mit einer Stecknadel befestigte er das Blättchen ›Bett‹. Er ging weg, ehe sie aus dem Mittagsschlaf erwacht war. Dann begab er sich in das Kaffeehaus und las Zeitung, vielmehr, er versuchte es nur. All das Gedruckte, das er vor sich sah, erschien ihm verwirrend und beruhigend zugleich. Hier standen

Namen, Bezeichnungen, über die ein Zweifel nicht bestehen konnte. Aber die Dinge, auf die sich diese Namen bezogen, waren weit. Es war ganz sonderbar zu denken, daß eine Beziehung existierte zwischen irgendeinem Wort, das da gedruckt war, z. B.: Theater in der Josefstadt, und dem Haus, das ganz woanders in einer anderen Straße stand. Er las die Namen der Darsteller. Zum Beispiel Dubonet, Advokat – Herr Mayer. Diesen Herrn Dubonet, das war das Allerseltsamste, den gab es gar nicht. Den hatte irgendwer erfunden, aber hier stand sein Name gedruckt: Der Herr Mayer aber, der den Dubonet spielte, der existierte wirklich. Es konnte sein, daß er diesem Herrn Mayer schon oft auf der Straße begegnet war, ohne nur zu ahnen, daß es gerade Herr Mayer war. Er trug ja keine Aufschrift, wenn er auf der Straße spazierenging. Und täglich begegnete er so Hunderten Menschen, von denen er nicht im entferntesten ahnte, woher sie kamen, wohin sie gingen, wie sie hießen, es konnte sein, daß einer von ihnen, kaum um die Ecke, vom Schlag getroffen tot zusammenstürzte. Am nächsten Tag stand es wohl auch in der Zeitung, daß Herr Müller, oder wie er hieß, tot zusammengestürzt sei; er aber, Herr Huber, würde keine Ahnung haben, daß er ihm noch fünf Minuten vor seinem Tode begegnet war. Erdbeben in San Franzisko. Das steht auch hier in der Zeitung. Aber außer diesem Erdbeben, das hier in der Zeitung stand, gab es doch noch ein ganz anderes, das wirkliche. Dann fiel sein Blick auf Inserate, Ankündigungen. Es gab Geschäfte, die ihm bekannt waren. Bei diesem oder jenem Inserat stieg zu gleicher Zeit ein Gebäude vor ihm auf, in dem er jenes Geschäft wußte oder vermutete. Andere aber blieben tot. Er sah nichts als die gedruckten Buchstaben.

Er blickte auf. In der Kassa saß das Fräulein Magdalene. Ja, so hieß sie. Es war ein etwas außergewöhnlicher Name für eine Kaffeehauskassierin. Er hörte nur immer den Namen von den Kellnern ausgesprochen. Er selbst hatte nie das Wort an sie gerichtet. Da saß sie, etwas dick, nicht mehr ganz jung, immerfort beschäftigt. Niemals hatte er sich um sie im geringsten gekümmert. Jetzt plötzlich, nur weil er sie zufällig angesehen, trat sie aus all den andern hervor. Das Kaffeehaus war ziemlich gefüllt, mindestens sechzig, achtzig, vielleicht hundert Menschen waren da. Höchstens von zweien oder dreien kannte er den Namen. Unbegreiflich, daß diese gleichgültige Kassierin plötzlich die wichtigste Person war. Einfach dadurch, daß er sie ansah. Von allen andern wußte er gar nichts, alle waren sie Schatten. Auch seine Frau, seine Kinder, alle waren sie geradezu nichts im Verhältnis zu Fräulein Magdalene. Die Frage war jetzt nur, was für einen Zettel man ihr ankleben sollte. Magdalene? Fräulein Magdalene? Oder Sitzkassierin? Jedenfalls war es unmöglich, dieses Kaffee zu verlassen, ehe er sie richtig bezeichnet. Es war beruhigend zu wissen, daß draußen auf einer Tafel das Wort ›Park‹ geschrieben stand. Die ganze Landschaft, durch die er heute gewandert, verschwand wie hinter einem Vorhang. Sie existierte nicht mehr. Er atmete auf, wenn er an die hölzerne Tafel dachte. ›Park‹.

Indes hatte er seinen schwarzen Kaffee ausgetrunken, der Kellner räumte die Tasse mit Schale und Glas fort, die weiße Marmorplatte lag nackt vor ihm. Unwillkürlich nahm er seinen Bleistift und schrieb mit großen Buchstaben auf die Platte: ›Tisch‹. Auch das erleichterte ihn ein wenig. Aber wie viel gab es noch zu tun?

Als er wieder heimkam, waren alle Zettel entfernt, die er an die verschiedenen Gerätschaften befestigt hatte. Seine Frau fragte ihn, was ihm denn eigentlich eingefallen sei. Er fühlte, daß er sie vorläufig nicht einweihen durfte, und sagte, es sei ein Scherz gewesen. Immerhin, es sei doch ein nützlicher Scherz, nicht wahr? Man sollte die Kleinen rechtzeitig daran gewöhnen, von allen Dingen und Menschen auch zu wissen, wie sie heißen. Welche ungeheure Verwirrung war in der Welt. Niemand kennt sich aus.

Nachmittag kam die Schwiegermutter mit der verheirateten Schwägerin zu Besuch. Während sie drin ihren Kaffee trinken mit Marie (seiner Frau), benützt er die Gelegenheit, schreibt Zettel, ›Schwiegermutter‹, ›Schwägerin‹ und heftet sie an die Mäntel. Die merkten es nicht, als sie fortgingen.

Am nächsten Morgen versieht er die Kleidungsstücke von Sohn und Tochter, ehe sie in die Schule gehen, mit Zetteln.

Im Geschäft läßt er sich beim Chef melden, macht ihm Vorschläge: überall soll man Zettel hinspendeln, auch auf die Krawatten zum Beispiel, sogar die Farben muß man bezeichnen. Graue Krawatte, rote, es gibt ja Farbenblinde. Er besteht auch darauf, daß die einzelnen Verkäuferinnen betitelt werden.

Er kommt nach Hause, ist empört, daß alle Zettel wieder entfernt sind. Die Kinder kommen aus der Schule, er ist beruhigt, da er die Zettel, die aus irgendeinem Grunde nicht entfernt wurden, vorfindet.

Indessen hat die Frau den Arzt verständigt. Wie der hereintritt, tritt ihm der Kranke entgegen mit einem Zettel auf der Brust, auf dem mit großen Buchstaben steht: ›Ich‹. –

Vermischtes

»Selbstbeobachtung«

[1]

Selbstbeobachtung kann höchst Verschiedenes bedeuten.

Es gibt automatische Selbstbeobachter, Menschen, deren Selbstbeobachtung kontinuierlich wirkt; ihre Zweiteilung ist sozusagen physiologisch.

Andere, denen diese Selbstbeobachtung eine stete Freude oder Eitelkeit ist.

Andere, bei denen sie zwangsweise auftritt und die naive Existenz des Selbstbeobachters stört, ja aufhebt.

Es gibt ferner Leute, die ihre Selbstbeobachtung von Fall zu Fall auszuschalten imstande sind.

Endlich Leute, bei denen diese Selbstbeobachtung von Trieben aus gestört oder vernichtet werden kann.

Selbstbeobachtung kann ebensowohl eine Steigerung als auch eine Verringerung des inneren Lebens bedeuten.

Es gibt auch Dilettanten der Selbstbeobachtung sowie Genies der Selbstbeobachtung.

[2]

[...] ich gestehe dem Unbewußten nicht so große Macht zu, – die Erklärer, besonders die Psychoanalytiker biegen zu rasch in diese Gasse [...]

[3]

Gestern war Vergangenheit – und du maßest dir das Recht an, zu vergessen? Morgen ist Zukunft – und du traust dir die Kraft zu, ein neues Leben zu beginnen? Heute ist Gegenwart – und du wähnst, von einem festen Punkte aus vor und hinter dich zu schauen? Was dächtest du von einem Schwimmer, der in einem reißenden Fluß dahintreibt und bei jedem Tempo sich einbildete, es sei ihm gelungen, ihn in drei Abschnitte zu teilen?

[4]

[Tagebuch] 7 / 5 [1885] Donnertag Abd. – Ich vergesse ganz, was und wer ich bin. Dadurch spür' ich, dass ich nicht in der richtigen Bahn bin. Ich glaube nicht, dass mir meine Objektivität verloren gegangen wäre durch den leicht begreiflichen Widerwillen gegen die Examina (übermorgen hab' ich wieder eins zur Abwechslung und zwei drei Wochen später – hoffentlich! – mein letztes) – aber ich habe das entschiedene Gefühl, dass ich, abgesehen von dem wahrscheinlichen materiellen Vortheil, ethisch einen Blödsinn begangen habe, indem ich Medizin studirte. Nun gehör' ich unter die Menge. Kommt dazu noch erstens meine Faulheit. – Ein zweiter und wohl noch ärgrer Nachtheil: die schändliche Hypochondrie, in die mich dies jämmerliche Studium – jämmerlich in Beziehung auf das, wo es hinweist und was es zeigt – gebracht hat. Ich fühle mich häufig ganz niedergebögelt! Mein Nervensystem ist dieser Fülle deprimirender und dabei aesthetisch niedriger Affecte nicht gewachsen. Ich weiss es noch nicht, weiß es heute, wo ich wohl in der Blüte geistiger Jünglingskraft stehen sollte, noch nicht, ob in mir ein wahres Talent für die Kunst steckt – dass ich aber mit allen Fasern meines Lebens, meines höheren Denkens – dahin gravitire, dass ich etwas, wie ich öfter schon in diese Blätter geschrieben, etwas wie Heimweh nach jenem Gebiet empfinde – das fühl ich deutlich – und hab es nie deutlicher gefühlt als jetzt, wo ich bis in den Hals in der Medizin drinstecke. – Ob ich elastisch genug bin, – wieder aufzuschnellen über kurz und lang ...? Es entwickelt sich was in mir, das so aussieht wie Melancholie ... und doch, ich habe so ne gewisse Sympathie für den Menschen, der mein Ich repraesentirt, dass ich manchmal denken mag: es wär doch Schade um ihn. –

Aber es ist auch nichts um mich, das mich irgendwie hinaufbringen könnte. Ich muss gestehen: meine Eitelkeit sträubt sich manchmal recht intensiv dagegen, wenn ich sehe, wie so 'ne ganze Menge von Leuten, die der Zufall, mein Lebens- und Studienwandel in meine Nähe, ja an meine Seite gebracht hat, sich ganz verwandt mit mir fühlt, und gar nicht daran denkt, dass ich vielleicht doch einer andern Klasse angehören könnte. Fiel einem von diesen (manchen recht lieben Leuten) durch Zufall dieses Blatt in die Hände: er würde denken: »Der Kerl ist *noch* arroganter, als ich bisher glaubte« – und doch! woher sollen sie denn nur wissen, dass in mir vielleicht was vorgeht, wovon sie nie und nimmer eine Ahnung haben können; vergess' ichs ja in der letzten Zeit schier selbst – – und am End' ists wirklich nichts als eine Art von Größenwahn. –

Ja wenn ich nur schon wieder zurück! wäre! ... Und es ist nicht Ehrgeiz (obzwar man sagt, der Ehrgeiz sei eine edle Eigenschaft) – nein kein Strebertum, das in meinem Herzen sein Spiel treibt – es ist einfach eine unbeschreibliche Hinneigung zu jenem Berufe, der mir so einzig schön dünkt – –

– Da schreib ich mich wieder hinein in alles mögliche – und habe doch oft ganze Tage überhaupt nicht an dergleichen gedacht. Es ist unglaublich, wie man sich selbst verlieren kann. Ich tappe sozusagen nach mir herum –

... Sind das lauter Phrasen ... die mir von der selbstverständlichen siebzehn- und achtzehnjährigen Poetasterzeit übriggeblieben sind und jetzt herausmüssen – wie die eingefrorenen Töne aus dem Posthorn Münchhausens – wenns thaute – oder klingen da echte, frische neue Töne – Ich bin heute unklarer noch, als ich es seinerzeit war, denn das, als was ich heute gelte, bin ich ja doch nicht – – Am Ende ... noch weniger ...

Nun es kommt bald die Zeit, in welcher ich mir Gewissheit über mich selbst verschaffen werde. Warte Kerl, ich muss dir noch auf den Grund kommen!

[5]

Gar oft seit diesen Tagen, auf der Fahrt über dunkle Lebensfluten, war ich versucht, das Senkblei oder gar den Anker auszuwerfen – ohne daß mir Gewißheit wurde, ob er auf den Grund meines Wesens gegriffen, sich in eine trügerische Sandbank eingegraben oder gar nur in rätselvolles Pflanzenschlingwerk verstrickt hatte.

[6]

Verehrteste gnädige Frau!
Sylvester! – Ich aber sitze mutterseelenallein in meinem Spitalszimmer und habe »Dienst«. In diesem Augenblicke unterhalten Sie sich köstlich und haben keine Ahnung, daß ich mit Ihnen rede. Es liegt etwas recht erbärmliches darin, daß man so viele typische Dinge erleben muß. Z. B. daß es vor meinen Fenstern schneit, daß die Bäume im Hof kahl sind und daß keine Seele in den Alleen umherwandelt außer dem vermummten Nachtwächter – daß gerade hier in meinem »Stübchen« die Lampe brennt und eine halb geleerte Cognacflasche vor mir auf dem Tische steht – wie lächerliche Schablone ist das alles. Auch meine weihevolle Stimmung ist Schablone, und doch kann ich mich nicht recht von ihr befreien! Und wie viele Millionen haben vor mir dasselbe gefühlt und wie viele Millionen werden dasselbe nach mir fühlen – Auch Sie erleben in diesem Momente sicherlich Schablonen. Man stößt mit Ihnen an! man trinkt auf Ihr Wohl, man wünscht Ihnen ein glückliches neues Jahr. Hören Sie mein kleines Gläschen dazwischen klirren –?
[An Olga Waissnix, 31. Dezember 1887]

[7]

Und schaute in dieses hundertfach zerstreute Dasein eines jungen Arztes, Dichters und Lebemanns, der in Medizin, Poesie und Leben in bösen Stunden stümperte, in guten bestenfalls dilettierte, dessen Wesen von niemandem gekannt, von ihm selbst kaum geahnt wurde, – der, umgeben von Dutzenden von Freunden, deren keinem er ganz, zwischen vielen Mädchen und Frauen, deren keine ihm völlig gehörte, der, zwar zweifellos unzufrieden, aber nicht ohne selbstgefällige Regungen, sich fast ausschließlich mit sich selber beschäftigte, – fiel in dieses innerlich von so vielen flackernden Lichtern unsicher erhellte Dasein kein mächtiger Schein von draußen, vor dem jene kleinen Lichterchen wenigstens für Minuten verlöschten? Rührten ihn die großen, die ewigen Fragen nicht an? Und wenn es schon keinen Gott gab, in dem man sich beruhigt und beschlossen fühlte, gab es nicht eine Heimat, aus deren Boden man Kraft und Leben sog, kein Vaterland, als dessen Bürger man sich, ob nun mit oder ohne Stolz, fühlen durfte, gab es nicht Geschichte, Weltgeschichte, die ja niemals stillstand und die um unsere Ohren bläst, während wir durch die Zeit rasen? Freilich gab es all das, aber die Heimat war eben nur Tummelplatz und Kulisse des eigenen Schicksals; das Vaterland, ein Gebild des Zufalls, – eine völlig gleichgültige, administrative Angelegenheit, – und das Weben und Walten der Geschichte drang doch nur, wie es uns Gegenwärtigen meist passiert, in der mißtönigen Melodie der Politik ans Ohr, der man nur ungern lauschte, wenn man nicht gerade zu denjenigen gehörte, die beruflich oder geschäftlich an den politischen Ereignissen interessiert waren.

[8]

Für den *positiven Typus* ist der *Raum* bedeutungslos, da er ins Ewige und ins Unendliche wirkt. Der *negative Typus* lebt ohne das Gefühl von Zusammenhängen; das Gestern ist tot für ihn, das Morgen unvorstellbar, nur im Raume vermag er sich auszubreiten, er *hat im wah-*

ren Sinn des Wortes »keine Zeit«; daher seine Ungeduld, seine Unruhe und seine Unbedenklichkeit in der Wahl seiner Mittel.

[9]

Mein Vater stand meinen schriftstellerischen Versuchen (er bekam natürlich nicht alle zu Gesicht) nach wie vor ohne Sympathie gegenüber, und mit Rücksicht auf meinen ärztlichen Ruf, der sich aus guten Gründen noch immer nicht befestigen wollte, wünschte er damals, daß ich als Belletrist mindestens nicht unter meinem Namen hervortreten sollte. Daß er meinem ganzen Treiben in Literatur, Medizin und Leben ohne Freude zusah, war ihm wahrhaftig nicht übelzunehmen. Insbesondere meine Beziehungen zum weiblichen Geschlecht, über die er natürlich nur vage unterrichtet war, erfüllten ihn mit wachsender Sorge. Zu dieser oder einer etwas späteren Zeit geschah es, daß ich einmal mit ihm nach dem Theater im Restaurant zusammensaß und wir in eine vertrautere Unterhaltung gerieten, als sie sonst zwischen uns üblich war. Im Verlauf unseres Gesprächs drängte sich mir die Frage auf die Lippen, wie es denn eigentlich ein junger Mensch anstellen solle, um nicht entweder mit den Forderungen der Sitte, der Gesellschaft oder der Hygiene in Widerspruch zu geraten. Verführung, Ehebruch seien unerlaubt, Verhältnisse mit Kokotten und Schauspielerinnen bedenklich und kostspielig, dann gab es noch eine gewisse Sorte von sozusagen anständigen Mädchen, die zwar schon vom Pfade der Tugend abgewichen waren, bei denen man aber geradeso wie bei einer Verführten nach dem Ausdruck meines Vaters »hängenbleiben« könne; so blieben also wirklich nur Dirnen übrig, was immer, selbst wenn man sich gesundheitlich zu schützen wisse, eine recht widerwärtige Angelegenheit zu bedeuten habe. Und ich stellte an meinen Vater das Ansinnen, mir selber einen Rat zu geben. Mein Vater ließ sich auf Erörterungen nicht ein, sondern mit einer erledigenden Handbewegung bemerkte er einfach und dunkel zugleich: »Man tut es ab.« Damit war mir freilich wenig geholfen, und er mochte wohl selbst fühlen, daß ich zum »Abtuer« in diesem und in jedem Sinn nicht geboren sei.

[10]

Nicht ungestraft habe ich meine Kindheit und meine erste Jünglingszeit in einer Atmosphäre verbracht, die durch den sogenannten Liberalismus der 60er und 70er Jahre bestimmt war. Der eigentliche Grundirrtum dieser Weltanschauung scheint mir darin bestanden zu haben, daß gewisse ideelle Werte von vornherein als fix und unbestreitbar angenommen wurden, daß in den jungen Leuten der falsche Glaube erweckt wurde, sie hätten irgendwelchen klar gesetzten Zielen auf einem vorbestimmten Wege zuzustreben, um dann ohneweiters ihr Haus und ihre Welt auf sicherem Grunde aufbauen zu können. Man glaubte damals zu wissen, was das Wahre, Gute und Schöne war, und das ganze Leben lag in großartiger Einfachheit da. So war mir auch in jenen Tagen der Gedanke noch fern, daß jeder von uns gewissermaßen in jedem Augenblick in einer neuen Welt lebt und daß, wie Gott die Welt, sich jeder Mensch sozusagen jeden Tag sein Haus von neuem bauen muß.

Beziehungen und Einsamkeiten

I

Der Wunsch, der Drang oder gar die Leidenschaft, eine seelische Beziehung zu erleben, zu erfahren, zu erleiden, ist regelmäßig primär vorhanden, noch ehe das würdige oder ersehnte Objekt sich dafür gefunden hat. Und in den seltensten Fällen bringt eine menschliche Seele die Geduld auf, das richtige Objekt zu erwarten.

Ob im Einzelfalle das ideale Objekt überhaupt vorhanden ist, ob also z. B., um vorerst von der populärsten Gefühlsbeziehung, der Liebe, zu reden, zwei Menschen füreinander bestimmt sind, in dem Sinne, daß der eine oder der andere oder beide niemals geliebt hätten, wenn nicht zufällig eine Begegnung zwischen ihnen erfolgt wäre, das ist höchst zweifelhaft.

Der Mensch *will* lieben, *will* hassen, ebenso wie er Schadenfreude, Entrüstung, Neid, Bewunderung empfinden *will*, und so wird er das Objekt im allgemeinen in der Richtung des geringsten Widerstandes, wenn auch wahrscheinlich nie das ideale Objekt, zu finden wissen. Darum genügt oft ein ganz unbeträchtlicher Anlaß, um eine Verliebtheit hervorzubringen und die Verliebtheit in Leidenschaft ausarten zu lassen, und ebenso stellt sich häufig genug aus den nichtigsten Gründen eine Antipathie ein, die sich unter gewissen Umständen rasch zu Haß steigert oder steigern läßt.

Der Genius des Hasses auf Erden ist vielleicht noch ein gewaltigerer als der Genius der Liebe. Und gewiß ist innerhalb von Gruppen, also z. B. in Völkerschaften, die Bereitschaft zum Haß stets größer als die zur Liebe.

Es kann wohl vorkommen, daß eine Menschengruppe zu einem einzelnen eine schwärmerische Verehrung faßt; daß sich aber zwei Gruppen schwärmerisch verehrend zu einander verhalten, und insbesondere daß hieraus irgendwelche Konsequenzen gezogen werden, ein solcher Fall wird wohl nie beobachtet worden sein. Und daß ein Volk sich an ein anderes anschließt, oder gar begeistert anschließt, es sei denn aus gemeinsamem Haß gegen ein drittes, ist im Verlaufe der Weltgeschichte noch niemals erlebt worden. Daher haben auch, wie sich in der Politik immer wieder zeigt, Völkerbündnisse stets nur ephemeren Wert.

2

Nie wieder gut zu machen ist ein Begebnis, das zwischen zwei Menschen vorfiel, erst dann, wenn es aufgehört hat, ein Geheimnis zwischen diesen beiden zu sein. Denn kaum ist ein Dritter, kaum sind – wie es dann nicht fehlen kann – weitere Unbeteiligte eingeweiht, so hebt für jenes Begebnis, das eben noch eine Angelegenheit zwischen zwei Menschen war, in fremden Seelen ein neues Leben an; es erhält eine neue Form, bekommt einen neuen Sinn, wirkt fort und immer weiter und endlich in geheimnisvoller Weise zurück auf die beiden Menschen, zwischen denen es geschah.

3

Das Wesen eines Menschen läßt sich durch drei schlagkräftige Anekdoten aus seinem Leben vielleicht mit gleicher Bestimmtheit berechnen, wie der Flächeninhalt eines Dreiecks aus dem Verhältnis dreier fixer Punkte zueinander, deren Verbindungslinien das Dreieck bilden.

4

Das Talent eines Menschen versöhnt uns oft mit der Fragwürdigkeit seines Charakters, wenn wir nicht gerade unter diesem persönlich irgendwie zu leiden haben. Niemals aber sind wir geneigt, uns durch die Vortrefflichkeit eines Menschen gegenüber seiner Talentlosigkeit milder stimmen zu lassen.

5

Die Seele mancher Menschen scheint aus einzelnen gewissermaßen flottierenden Elementen zu bestehen, die sich niemals um ein Zentrum zu gruppieren, also auch keine Einheit zu bilden imstande sind. So lebt der kernlose Mensch in einer ungeheuren und ihm doch niemals völlig zu Bewußtsein kommenden Einsamkeit dahin. Die große Mehrzahl der Menschen ist in diesem Sinne kernlos, doch erst an merkwürdigen und bedeutenden Menschen fällt uns eine solche Kernlosigkeit auf, die übrigens vorzugsweise bei reproduzierenden Talenten, vor allem bei genialen Schauspielern, insbesondere Schauspielerinnen, zu beobachten ist.

6

Das sind die ewig unbefriedigten Naturen, die mitten in einem noch so bedeutenden Erlebnis von einer ungeheuren Langeweile erfaßt werden, weil sie es im Geiste längst zu Ende gelebt haben. Der wahre Lebenskünstler ist aber den bescheidenen Überraschungen dankbar, die ihm auch innerhalb des gleichgültigsten Erlebnisses immer wieder zu begegnen pflegen oder die er zumindest wieder erwarten darf.

7

Deine schlimmsten Feinde sind keineswegs die Leute, die anderer Ansicht, sondern die der gleichen sind wie du, aber aus verschiedenen Gründen, aus Vorsicht, Rechthaberei, Feigheit verhindert sind, sich dieser Ansicht zu bekennen.

8

Das Herz ist geschaffen, zu lieben und zu hassen, sich zu freuen und zu leiden, zu jubeln und zu klagen. Wenn es sich aber müht, zu verstehen – was allein dem Geiste zukommt, so versündigt es sich gegen seine Natur; und wenn es endlich zu verstehen glaubt, belügt es sich immer nur selbst, und daran geht es zugrunde.

9

Wie es hysterische Liebe gibt, so gibt es auch hysterischen Haß, und er hat alle Kennzeichen, die andern hysterischen Affekten eigen sind: die teils willkürliche, teils unwillkürliche Übersteigerung des Gefühls, das Komödiantische im Ausdruck des Gefühls und den Zwang zu diesen beiden: zur Übersteigerung sowohl als zum Komödiantischen.

10

Mancher gilt als vornehmer Charakter nur darum, weil er Haltung genug zu bewahren versteht, um einer vielleicht wohlbegründeten Verbitterung gegenüber Glücklicheren nicht allzu lebhaften Ausdruck zu geben. Bricht über einen solchen Menschen plötzlich ein Glück herein, so merkt man meistens bald, daß er immer ein Schubiak gewesen ist.

11

Schlimmer betrogen, wer aus Angst vor Enttäuschung immer wieder sein Glück versäumte, als wer jede Möglichkeit eines Glücks ergriff, selbst auf die Gefahr hin, es könnte wieder nicht das wahre gewesen sein.

12

Du bildest dir ein, durch deine erzieherischen Talente einen Menschen gewandelt zu haben, und doch hast du meist nur einen Komödianten, einen Heuchler oder einen Feigling aus ihm gemacht.

13

Goethe: Selig, wer sich vor der Welt ohne Haß verschließt ...
Unselig aber, wer den Drang fühlt, in allem Haß ihr dennoch seine ganze Seele aufzutun.

14

Die Liebe zu den Kindern ist immer eine unglückliche, im Grunde die einzige, die diese Bezeichnung mit Recht verdient. Haben wir doch nur den Mut, uns zu erinnern. Auch in unserer Liebe den Eltern gegenüber, so groß sie war, – war in ihr nicht auch ein wenig Mitleid, vielleicht sogar etwas Widerwillen, war nicht am Ende in dieser Liebe etwas vorhanden, das dem Grauen verwandt ist?

15

Der Snob ist ein Mensch, der scheinbare Selbsterhöhung auf dem Wege tatsächlicher Selbsterniedrigung anstrebt. Er ist im eigentlichen Sinne der Masochist der Gesellschaftsordnung.

16

Die Verfälschung des Gefühls zu demjenigen Seelenzustand, den wir Sentimentalität nennen, geht in einer dreifachen Steigerung vor sich: im ersten Grade schwächt sich das Gefühl ab durch das allzu klare Wissen darum, im zweiten Grade wird es getrübt durch die Unfähigkeit, dieses Wissen zu verbergen, im dritten wird es überdies entwürdigt durch den Stolz auf diese Unfähigkeit, – womit es endgültig das Recht verwirkt hat, Gefühl zu heißen.

17

Nichts trübt das Bild der Welt so sehr als die eingebildete Verpflichtung zu Solidaritäten. Dieser Irrglaube schafft Beziehungen zwischen Leuten, die nicht zueinander gehören, und verhindert solche zwischen Leuten, die einander finden sollten. Überdies nötigt er anständige Menschen, die Partei von Wichten zu ergreifen und dadurch selbst zu Wichten zu werden.

18

In den Beziehungen zwischen Menschen gibt es so wenig einen Stillstand wie im Leben des einzelnen. Es gibt Beginn, Entwicklung, Höhepunkt, Abstieg und Ende, und gerade so wie beim Individuum selbst Erkrankungen der verschiedensten Art: Unpäßlichkeiten, angeborene Krankheiten, Erschöpfungszustände, Alterserscheinungen; – und auch an Hypochondrien fehlt es keineswegs. Manche Beziehungen gehen schon an Kinderkrankheiten zugrunde, auch solche, die durch Sorgfalt, gute Pflege, kurz, durch eine vernünftige Hygiene erhalten werden können; andere schwinden in der Blüte ihrer Jahre durch interkurrente Krankheiten dahin, andere wieder sterben früher oder später an konstitutionellen Leiden, die selten rechtzeitig diagnostiziert wurden; einige altern rasch, andere langsam, manche sind scheintot und können durch Geduld, durch Anwendung der richtigen Mittel, durch guten Willen wieder zum Leben erweckt werden. Aber auch darin gleichen die menschlichen Beziehungen den Menschen selbst, daß nur wenige sich in das Unvermeidliche zu fügen, Leiden und Alter mit Würde zu tragen und in Schönheit zu sterben zu wissen.

19

Menschliche Beziehungen, die auf großem Fuße eingerichtet waren, lassen sich nur unter schmerzlichen und beschämenden Opfern in kleinem Stile weiterführen; und klüger ist der Entschluß, einen gemeinsamen seelischen Haushalt einfach aufzulösen, als der Versuch, ihn mühselig zu beschränken.

20

In einer kranken Beziehung haben wir wie in einem kranken Organismus auch das scheinbar Nichtigste als Symptom der Krankheit zu deuten.

21

Innerhalb der Ökonomie menschlicher Beziehungen ist eine Verbindung von Unverläßlichkeit und Herzenswärme einer solchen von Herzenskälte und Verläßlichkeit immer noch vorzuziehen. Denn während es gegen Unverläßlichkeit einen Schutz gibt: Menschenkenntnis, macht Herzenskälte jedes menschliche Verhältnis so rettungslos erstarren, daß es zur Unfruchtbarkeit verurteilt bleibt.

22

Wenn du den »Jardin secret«, den heimlichen Garten deiner Seele allzu zärtlich hegst, so geschieht es leicht, daß er gar zu üppig zu blühen, über den ihm zugemessenen Raum hinauszuwuchern beginnt und allmählich auch Gebiete deiner Seele in Besitz nimmt, die gar nicht bestimmt waren, geheim zu bleiben. Und so kann es endlich geschehen, daß deine ganze Seele zu einem verschlossenen Garten wird und in all ihrem Blühen und Duften an ihrer Einsamkeit zugrunde geht.

23

Jedes wahrhaft große Gefühl kann edel und fruchtbar sein, der Haß geradeso wie die Liebe; er muß nur frei sein von den unsaubern Elementen der Selbstsucht, des Neides, der Rachsucht und der Feigheit. Von wie viel Elementen aber muß erst die Liebe gereinigt werden, um als wahrhaft selbstlos gelten zu dürfen?

24

Sind wir auf einer gewissen Höhe des Lebens, der Erfahrung und der Menschenkenntnis angelangt, so hat jeder Verkehr, auch mit den klügsten und liebenswertesten unserer Freunde, fast nur mehr eine atmosphärische Bedeutung, und alle unsere Gespräche, auch die sogenannten tiefen, vermögen uns kaum mehr in geistiger, sondern meistens nur in gleichsam rhythmischer oder musikalischer Weise zu bereichern und zu beglücken.

25

Es gibt mehr Arten von Einsamkeit, reinere, schmerzlichere, tiefere, als die wir so zu benennen pflegen. Ist es dir noch nie begegnet, daß plötzlich in einer großen Gesellschaft, nachdem du dich eben noch ganz wohl und vergnügt befunden, alle Anwesenden dir wie Gespenster und du selbst dir als der einzig Wirkliche unter ihnen allen erschienest? Oder wurdest du noch nie mitten in einem höchst anregenden Gespräch mit deinem Freund der völligen Unsinnigkeit all Eurer Worte und der Hoffnungslosigkeit bewußt, einander jemals zu verstehen? Oder ruhtest du noch nie selig in den Armen deiner Geliebten und spürtest mit einem Male untrüglich, daß hinter ihrer Stirne Gedanken spielen, von denen du nichts ahnst? All dies ist schlimmere Einsamkeit als das, was wir gewöhnlich so zu nennen pflegen: das Alleinsein mit uns selbst. Denn dieses, gemessen an all jenen andern wirklichen Einsamkeiten, in denen Unheimlichkeit,

Gefahr und Verzweiflung ist, bedeutet einen so harmlos-beschaulichen Zustand, daß wir dies Zusammensein mit uns selbst eher als die mildeste und bequemste Form der Geselligkeit empfinden sollten.

26

Auch die Einsamkeit hat ihre Gecken, und sie verraten sich meist dadurch, daß sie sich als Märtyrer aufspielen.

27

Wie köstlich ist die Einsamkeit, wenn wir wissen, daß von irgendwoher in der Welt, wäre es auch aus weiter Ferne, Sehnsucht nach uns ruft. Aber ist dies denn auch noch Einsamkeit? Ist es nicht vielmehr jene bequemste und verantwortungsloseste Art von Geselligkeit, die nur zu fordern und zu nehmen versteht, ohne jemals etwas herzugeben, ja ohne sich auch nur zu ihrer Schuldigkeit zu bekennen?

28

Wenn zwei Menschen einander bis ins Tiefste verstehen wollen, so ist das geradeso, wie wenn zwei gegenübergestellte Spiegel sich ihre eigenen Bilder immer wieder und von immer weiter her wie in verzweifelter Neugier entgegenwerfen, bis sie sich endlich im Grauen einer hoffnungslosen Ferne verlieren.

29

Oft glauben wir, einen Menschen zu hassen und hassen doch nur die Idee, die sich in ihm verkörpert. Und tritt uns das Individuum leibhaftig entgegen, das uns in der Entfernung unleidlich oder gar gefährlich schien, so erblicken wir mit einem Male nur eine armselige Kreatur, die von Geburt an verdammt ist zu Sünde, Leid und Tod;

und unser Haß wandelt sich in Ergriffenheit, Mitleid, vielleicht selbst in Liebe.

30

Kommt eine Wahrheit, die du einmal aus erfüllter Seele sprachst, von anderen Lippen, gleichsam als geflügeltes Wort zu dir zurück, so wirst du manchmal versucht sein, sie zu empfangen wie der Vater den verlorenen Sohn, der einst mit Reichtümern in die Welt entfloh und, endlich heimgekehrt, als Bettler an deine Türe klopft.

31

Dein unversöhnlicher Todfeind, das ist wahrscheinlich der einzige Mensch, mit dem du dein Leben lang in einem ganz reinen Verhältnis zu stehen vermöchtest, – vorausgesetzt, daß ihr einander niemals persönlich kennenlernt.

32

Von allen seelischen Verschwendungen die nutzloseste ist die Gerechtigkeit. Was man an Liebe verausgabt, erhält man immerhin manchmal, wenn auch in bescheidenem Maße, zurückerstattet. Für die Gerechtigkeit, die man erwies, erhält man nichts wieder als Mißverstehen, Undank und am Ende noch Hohn dazu.

33

Wenn du dich zur Versöhnlichkeit geneigt fühlst, so frage dich vor allem, was dich eigentlich so milde stimmte: schlechtes Gedächtnis, Bequemlichkeit oder Feigheit.

34

Die sogenannten impulsiven Menschen sind meistens nicht Verschwender, sondern nur Ungeduldige ihres Gefühls.

35

Der Geschmack einer Speise, eines Dings, eines Menschen kann täuschen, denn er trägt zu viele Möglichkeiten des Irrtums in sich. Er kann verfälscht werden durch unseren Appetit, unsere Neugier, unsere Sehnsucht, durch das Moment der Überraschung so gut wie durch das der Gewöhnung. Im Nachgeschmack erst ist der wirkliche Geschmack zwar verdünnt, aber auch gereinigt enthalten; am Nachgeschmack erst erweist sich die Idee des Menschen, des Dings, der Speise, die wir genossen haben.

36

Es kommt nicht selten vor, daß Theaterstücke vor dem Publikum mangelhaft gespielt werden, nicht weil zu wenig, sondern weil zu viele Proben stattgefunden haben. So gibt es auch eine Art von überspielten Menschenkennern, die darum, weil sie gar zu viel Erfahrungen sammelten, endlich immer die Genarrten bleiben.

37

Wenn dir ein Unglück widerfährt, so wird die erste Regung deines Freundes nicht etwa Mitgefühl sein oder gar das Bedürfnis, dir zu helfen, sondern die Befriedigung darüber, daß er für seinen Teil dein Unglück längst kommen sah – und seine nächste: die Überzeugung, daß du selber daran schuld bist.

38

Wenn einer sagt, daß er die Menschen liebe, so spricht er das kaum jemals ohne Rührung über seine Herzensgüte aus; behauptet ein anderer, er verachte sie, so erklärt er das selten ohne Stolz auf seine Weisheit. Wie immer einer sich zu den Menschen stelle, es werden manchmal die Menschen, aber die eigene Eitelkeit wird niemals dabei zu kurz kommen.

39

Wenn du dich in Gefahr glaubst, an einem Menschen zugrunde zu gehen, so rechne es ihm nicht gleich als Schuld an, sondern frage dich vorerst, wie lange du schon nach solch einem Menschen gesucht hast.

40

Die Anteilnahme der Nebenmenschen an unserem Schicksal ist Schadenfreude, Zudringlichkeit und Besserwisserei in wechselndem Gemisch.

41

Mag ein Mensch dich betrogen, bestohlen oder verleumdet haben – es könnte immer noch die Möglichkeit einer Versöhnung, ja selbst eines späteren reinen Verhältnisses zwischen dir und ihm bestehen. Ja, selbst mit deinem Mörder könntest du dich nach geschehener Tat vielleicht trefflich verstehen – am ehesten vielleicht mit ihm. Nur zu einem Menschen, der *nicht weiß*, was er dir getan hat, führt – selbst wenn du persönlich sein Tun längst verschmerztest – in aller Ewigkeit kein Weg zurück.

42

Für die meisten Menschen bedeutet eine Wohltat, die sie erfahren haben, nicht so sehr eine Gelegenheit, ihre Dankbarkeit, als vielmehr eine, ihre Unbestechlichkeit zu beweisen. Das kommt ihnen nicht nur seelisch beträchtlich billiger zu stehen, sondern erhöht überdies ihr Selbstgefühl manchmal so sehr, daß sie sich bald über ihren Wohltäter erhaben dünken.

43

Nichts tragen wir einem Menschen unversöhnlicher nach, als wenn er, ob auch absichtslos, uns in die Gelegenheit versetzte, gerade in unserer Beziehung zu ihm die üblen Seiten unserer Natur zu entwickeln – oder uns gar erst Anlaß gab, sie zu entdecken.

44

Es scheint eine einzige Art von Enttäuschung zu geben, die zu erleben uns in jedem Falle erspart bleibt: das ist die, die uns von der Nachwelt kommen könnte, – wenn wir sie erlebten. Aber wer die Anlage dazu hat, ahnt auch die voraus, und so fehlt es keineswegs an Verbitterten der Unsterblichkeit.

45

Das sind unangenehme Leute, die, statt dem Führer dankbar zu sein, der sie an einen schönen Aussichtspunkt geleitete, sich gebärden, als hätten sie diesen Punkt soeben erst selbst entdeckt, und am Ende gar ihrem Führer, wenn er nicht laut genug in ihre Begeisterung einstimmt, seinen Mangel an Naturempfindung vorwerfen.

46

Aus Menschenverachtung in die Einsamkeit flüchten oder sich völlig auf und in sich selbst zurückziehen, ist selten ein Zeichen von Kraft oder Größe, weit öfter von Trägheit oder Hochmut. Menschenliebe predigen – keineswegs immer ein Beweis von Güte oder Weisheit, sondern öfter von Rührseligkeit, wenn nicht gar Geistesschwäche. Würdiger des einzelnen, als zu verachten, nützlicher für die Gesamtheit, als sie zu lieben, ist es, daß jeder seiner naturgewollten Dazugehörigkeit und der hieraus folgenden Pflichten sich bewußt werde und danach handle.

47

Je mehr uns ein Mensch, den wir im Grunde unserer Seele nicht leiden mögen, Anerkennung, Bewunderung, ja – so paradox es klingen mag – Liebe abzuringen weiß, umso höher pflegt in uns zugleich jene ursprüngliche Abneigung gegen ihn anzuwachsen; – und so findet und sucht der Haß oft genug seine Nahrung gerade in dem, was seiner Natur am heftigsten zu widerstreben scheint – in der Gerechtigkeit.

48

So mancher glaubt, immer noch einem verlorenen Glücke nachzuweinen und es ist längst nur mehr der abgeschiedene Schmerz darum, dem seine Tränen fließen.

49

Es ist immer noch besser, wenn sich zwei Menschen über den tiefen Abgrund ewiger Fremdheit hin kühl die Hände reichen, als wenn sie einander über den trügerischen Wirbeln des Verstehens gerührt in die Arme sinken.

50

Daß wir *enttäuschen,* das mag uns oft genug ohne eigene Schuld begegnen; – es genügt dazu, daß Menschen, die uns überschätzt oder auch nur nach Verdienst gewürdigt haben, sich von uns fort oder über uns hinaus entwickeln, oder daß sie sich das auch nur einbilden. *Bestätigen* aber müssen wir uns immer wieder aufs neue, mit jedem Tag – aus eigner Mühe und mit eigner Kraft.

51

Die Eigenschaften unserer Nebenmenschen sind uns immer nur ihrer qualitativen Bedeutung nach offenbar; und es ist nie vorherzusehen, bis zu welchem Grad irgendeine Eigenschaft unter bestimmten Umständen sich zu entwickeln vermag. Wenn sich uns also das Bild eines Wesens durch solche unvorhergesehene Entwicklung zu verändern, sich manchmal geradezu in sein Widerspiel zu verwandeln scheint, dürfen wir nicht von *Enttäuschungen,* sondern müßten eher von *Bestätigungen* reden; und es ist im Grunde seltsam, daß solche Bestätigungen, die unserer Menschenkenntnis doch nur schmeicheln sollten, uns viel schmerzlicher berühren, als es die eigentlichen Enttäuschungen zu tun pflegen.

52

Wir sind in jedem Falle verdammt, unsere Nebenmenschen auszunützen; nicht nur aus sogenannten egoistischen Gründen, sondern in einem tieferen Sinne: zur Erfüllung unseres durch unsere Anlagen bedingten Schicksals. Die Menschen, die wir zu diesem Zwecke nicht brauchen können, entfernen wir unwillkürlich aus unserer Nähe, und mit unbewußtem Scharfblick wählen wir aus der Menge der uns Begegnenden eben diejenigen aus, die *ihrem* Wesen nach dazu geschaffen sind, uns das *unsere* entdecken und entfalten und so unser Schicksal erfüllen zu lassen.

53

Wie der Astronom aus der geringsten Abweichung eines Gestirnes von seiner Bahn mit mathematischer Sicherheit die Einwirkung eines fremden Himmelskörpers von irgendwoher im Weltenraum berechnen, ja vielleicht nun erst die Existenz dieses Himmelskörpers festzustellen vermag – ebenso wird der Seelenkenner aus dem Blick, der Miene, der Gebärde, dem Tonfall eines ihm vertrauten menschlichen Wesens – aus den geringfügigsten Veränderungen also, die dem Laien entgehen – auf das Vorhandensein eines neuen, fremden Einflusses schließen dürfen, lange ehe jenes Wesen selbst, ja auch wenn es sich überhaupt *niemals* der Abweichung von seiner Bahn bewußt werden sollte.

54

Solidarität der Bestrebungen knüpft Euch mit Bindfäden, Solidarität der Schicksale schnürt Euch mit Stricken, Solidarität der Verantwortungen schmiedet Euch mit Ketten aneinander.

55

Warum uns doch die Gutmütigkeit unserer Nebenmenschen meist als Dummheit und unsere eigene als Güte – die Güte der andern als Schwäche und die unsere als ein Zeichen von Seelenadel erscheint?

56

Alles verstehen heißt alles verzeihen; – das wäre sehr edel gedacht und gesagt. Nur schade, daß das Verzeihen neunundneunzig Mal unter hundert aus Bequemlichkeit und höchstens einmal aus Güte geschieht; und daß die Güte unter hundert Fällen neunundneunzig Mal keineswegs in Reichtümern des Herzens, sondern vielmehr in Mängeln des Verstandes ihre Ursache zu haben pflegt.

57

Lebenskunst: Die besonderen Gesetze seines Wesens den allgemeinen der Natur, des Staates und der Gesellschaft unterzuordnen und sein ureigenes Selbst über ihnen allen zu behaupten wissen.

58

Dem wahrhaft liebenswürdigen Menschen gegenüber fühlen wir uns immer schuldlos, auch wenn wir ein Unrecht gegen ihn begangen haben; – dem Unliebenswürdigen gegenüber stets von Verantwortung bedrückt, auch wenn uns an einer Unannehmlichkeit, die ihm begegnet, nicht die allergeringste und ihn selbst vielleicht alle Schuld trifft.

59

Herabgekommene menschliche Beziehungen, Liebesbeziehungen ganz besonders, haben zuweilen wie verarmte Adelige ihren lächerlichen oder auch rührenden Bettlerstolz, den wir in jedem Falle achten, am wenigsten aber durch eine zur Schau getragene Teilnahme verletzen sollen.

60

Die Liebe einer Frau kannst du dir durch mancherlei verscherzen: durch Vertrauen und durch Mißtrauen, durch Nachgiebigkeit und durch Tyrannei, durch zu viel und durch zu wenig Zärtlichkeit, durch alles und durch nichts.

61

Wir mögen eine Frau noch so sehr für eine Canaille halten, wir werden immer empört sein, wenn wir diese Überzeugung zu unseren Ungunsten – und immer angenehm berührt, wenn wir sie zu unserem Vorteil bestätigt finden.

62

Aus einem bestimmten Anlaß betrügen, heißt beinahe schon treu sein.

63

Jede Liebesbeziehung hat drei Stadien, die unmerklich ineinander überfließen: das erste, in dem man auch schweigend miteinander glücklich ist; das zweite, in dem man sich schweigend miteinander langweilt, und das dritte, in dem das Schweigen, gleichsam Gestalt geworden, zwischen den Liebenden steht, wie ein boshafter Feind.

64

Kein Gespenst überfällt uns in vielfältigeren Verkleidungen als die Einsamkeit, und eine ihrer undurchschaubarsten Masken heißt Liebe.

65

Daß wir uns gebunden fühlen mit der steten Sehnsucht nach Freiheit – und daß wir zu binden versuchen, ohne die Überzeugung unseres Rechts dazu, das ist es, was jede Liebesbeziehung so problematisch macht.

66

Wenigen Frauen ist persönlicher Gerechtigkeitssinn eingeboren; den meisten fehlt sogar jedes Verständnis für das Vorhandensein eines solchen Sinns bei andern Menschen – wenn er ihnen nicht geradezu lächerlich erscheint; was öfter der Fall ist als sie zugestehen werden.

67

Nicht früher darfst du dich von einer Frau geliebt glauben, ehe du nicht sicher bist, ihre ganze erotische Sehnsucht auf dich allein vereinigt und alle anderen Möglichkeiten ihres Wesens, auch die ungeahntesten, zur Wirklichkeit erlöst zu haben.

68

Zwei Männer mögen wegen einer Frau in einen noch so erbitterten Streit geraten sein, – es kommt immer ein Augenblick, in dem sie nahe daran sind, einander – wie über einen Abgrund – die Hände zu reichen.

69

Du hast verstanden? Du hast verziehen? Du hast vergessen? Welch ein Mißverständnis! Du hast nur aufgehört zu lieben.

70

Das Beste, was Liebende im Laufe der Zeit einander werden können, das ist: Surrogate ihrer Träume oder Symbole ihrer Sehnsucht.

71

Was einer Frau an Courage zum Selbstmord fehlen mag, ist sie entsprechenden Falls ohneweiters in der Lage, durch Bosheit zu ersetzen.

72

Manches gestehen, das bedeutet meist einen hinterhältigeren Betrug als *alles* verschweigen.

73

Im Verlaufe erotischer Beziehungen steigt der eine Teil für den andern seelisch immer entschiedener zum Individuum empor und sinkt körperlich immer unrettbarer zum Prinzip herab.

74

Die Frauen sind zugleich naturgebundener und sozial bedingter als die Männer; dies ist der Widerspruch, in dem die Problematik der meisten Liebesbeziehungen begründet ist.

75

Eine kluge Frau sagte mir einst: Die Männer sind sich ohneweiters klar darüber, was sie bei uns erreicht haben; aber was sie alles bei uns *nicht* erreicht haben, davon haben sie meistens keine Ahnung.

76

Die Frau, die betrügt, hat im Gegensatz zu den Männern ein Bedürfnis; sich nachher, wäre es auch nur vor sich selbst, zu rechtfertigen: darum läßt sie es sich selten am Betrug genügen, sie verleugnet und verrät zugleich.

77

Auf hundert Frauen, die sich nicht in den Mann verlieben, sondern in dessen Ruhm, in dessen Reichtum oder auch in dessen verbrecherische Anlagen, kommt noch nicht *ein* Mann, der eine Frau darum begehrte, weil sie berühmt, weil sie reich oder weil sie eine Verbrecherin wäre. Jede dieser Eigenschaften wird ihm vielleicht einen Reiz mehr bedeuten, aber niemals den eigentlichen Anlaß, eine Frau zu lieben. Es ist eine Eigentümlichkeit der Frauen, daß auch ein *Begriff* genügt, um ihre Sinne zu entflammen.

78

Ein Liebeszank endet selten mit einem wirklichen Frieden; meist ist es nur ein Waffenstillstand, während dessen die Gegner einander eben Zeit lassen, ihre Toten zu begraben. Aber beginnt der Kampf aufs Neue, so zerren sie auch die Toten wieder ans Licht empor und von Verwesungsdüften umweht kämpfen sie weiter.

79

Nicht Übermaß an Vertrauen, sondern Schwäche der Phantasie macht es dem Manne so schwer, an die Untreue eines geliebten Wesens zu glauben.

80

Ein tragikomisches Schicksal: sein Leben zerstört zu wissen und niemand haben, an dessen Brust man sich darüber ausweinen möchte als allein das Wesen, von dem es zerstört wurde.

81

In Hinsicht auf Liebesschulden gilt die Regel: lieber verfallen lassen als zu spät einkassieren.

82

Wenn Treue nicht ein Gegengeschenk ist, dann ist sie die törichteste aller Verschwendungen.

83

Es gibt keine erotische Beziehung, in der von den Liebenden die Wahrheit nicht immer gefühlt und nicht immer wieder jede Lüge geglaubt würde.

84

So vertraut darfst du dich mit keiner Geliebten glauben, daß du ihr deine geheimsten Regungen gestehen dürftest. Und wenn du es dennoch tust, so sei gewiß, daß sie sich rächen wird, entweder, indem sie dir die ihren gleichfalls gesteht – oder indem sie sie dir verschweigt.

85

Du wirst deine Geliebte erst dann richtig beurteilen können, wenn du dich als denjenigen zu denken vermagst, der dein Nachfolger sein wird.

86

Es bedeutet zuweilen einen schlimmeren Betrug an der Geliebten, sie selbst, als eine andere in den Armen zu halten.

87

Fällt von einem immer noch geliebten Wesen der Zauber des Geschlechts allmählich für dich ab, so erlebst du zuweilen das neue Wunder, daß das Kind wieder vor dir steht, das jenes Wesen war, bevor du es als Frau umarmtest, und du liebst es besser als zuvor.

Über Krieg und Frieden

[1]

Als Juden (als einen, der jüdischer Rasse entstammt) ist es mir im Lauf der Jahre oft genug begegnet, daß ich mich zu der Frage gedrängt fühlte: Warum kennt ihr uns nicht? Warum wollt ihr uns nicht kennen? Die, an die sich diese Frage richtete, eher ergrimmt und angeekelt als kummervoll, waren die Deutschen, unter denen ich lebte. Ich habe sie niemals laut ausgesprochen, denn sie konnte leicht mißverstanden werden. Mir fehlt jedes Bedürfnis, nicht nur in solchem Fall, mich an Leute anzuschließen, die mich nicht suchen. Ich habe mich nicht einsamer gefühlt, weil in dem Kreise, der sich um mich sammelte, Leute fehlten, die mich hätten verstehen können, ja, die mich ohne weiteres verstanden hätten und gern verstanden hätten, wenn ihnen zufällig unbekannt geblieben wäre, daß ich ein Jude bin.

Und nun erlebe ich als Deutscher, als Angehöriger des deutschen Volkes, mit Millionen anderen Deutschen, mit Hunderttausenden, die mich nicht zu den ihren rechneten, und die es vielleicht auch heute noch nicht tun, trotz der Zusammengehörigkeit, die von gemeinsam erduldeter Feindseligkeit stärker geschmiedet wird als von gemeinsam geatmeter Luft, gemeinsam geliebten Werken und Menschen; nun erlebe ich es wieder, daß ich mich frage, zusammen mit jenen, die mich nicht zu den Ihren rechneten: Warum kennt ihr uns nicht? Warum wollt ihr uns nicht kennen? Und diese Frage geht weit in die Welt hinaus, nach allen Himmelsrichtungen in denen die Nationen, die Völker, die Staaten leben, die sich nicht nur mit kriegerischem Haß, nein, auch mit lang genährtem bürgerlichen Widerwillen gegen das große Deutschland wenden, in dem ich, ein Abkömmling jüdischer Rasse, ein Österreicher, mich jederzeit als dazugehörig, gleichberechtigt und mitverantwortlich gefühlt habe. Und ich frage nun die Deutschen, die gleich mir diese Frage nicht an die Feinde, nicht an die stellen, mit denen wir im Frieden leben, nein, die diese Frage zum wahrhaft neutralen Himmel aufsenden, die Frage: Warum kennen sie uns nicht? Warum wollen sie uns nicht kennen? Warum vergelten sie unser Verstehen mit Mißverstehen? Unsere Sympathie mit Abneigung? [unleserlich] schon frage ich, ob ihnen nun vielleicht eine Ahnung aufsteigt von [dem,] was all die Jahrzehnte in den Juden vorgegangen ist, die unter ihnen lebten, verstehend mit einer von manchen, für mein Gefühl, allzu demütig zur Schau getragenen Neigung, und in denen sie sich immer wieder fragen mußten: Warum kennt ihr uns nicht? Warum wollt ihr uns nicht kennen?

Januar 1915

[2]

Welches ist denn das Charakteristikum für den Krieg? Der Tod? Jeder erfährt ihn, auch wer nie im Krieg gewesen ist. Heroismus? Dafür gibt es innerhalb der menschlichen Kultur unzählige bessere Gelegenheiten. Leiden? Armut? Brutalität? In allen ihren verschiedenen Formen? Nur quantitativ ist hier das Ergebnis des Krieges dem der friedlichen Epochen voranzustellen.

Das einzige, was dem Krieg eignet, ist die Wunde, die sinnlose Wunde im Körperlichen, und die Feindseligkeit, die sinnlose Feindseligkeit, d. h. die Feindseligkeit zwischen Menschen, die einander als Individuen ohne Haß, ja, vielleicht mit Liebe gegenüberständen.

Januar 1915

[3]

Wodurch werden Kriege möglich?

1. durch die Schurkerei der Mächtigen, 2. die Dummheit der Diplomatie und 3. die Phantasielosigkeit der Völker.

Diese letzte wird unterstützt durch die in Geschichte und Politik übliche Flucht ins Abstrakte.

Schon die Mehrzahl an sich hat die geheimnisvolle Kraft, das Konkrete ins Abstrakte umzuzaubern.

Tausend Verwundete stellen sich für die Phantasie keineswegs so schlimm dar wie ein Verwundeter. Sie bedeuten nicht tausendmal eins, auch nicht eins, auch nicht einen Bruchteil von eins, sondern sogar etwas qualitativ anderes.

Es liegt im Interesse des Staates, diesen Denkfehler aufrecht zu erhalten, vom einzelnen abzusehen. Er selbst geht ja mit schlechtem Beispiel voran.

Die Unfähigkeit der Menschen, selbst der phantasievollen, sich etwas »vorzustellen«, ihre Phantasielosigkeit ist eine außerordentliche, immer wieder von neuem überraschende. Zu erklären ist sie nur als eine im Laufe der Zeiten allmählich entstandene innerliche Abwehr gegenüber der von den menschlichen Sinnen nicht zu ertragenden Grauenhaftigkeit der Welt. Könnte man sich den Tod vorstellen, so wäre das Leben gewissermaßen unmöglich. Und ebensowenig wie den Tod stellt sich jemals der Mensch Ende, Trennung, Leid wirklich vor. Was er gewohnt ist, als »Vorstellung« zu bezeichnen, ist Erinnerung, und zwar nicht einmal Tatsachenerinnerung, sondern Wort- oder Bilderinnerung. Daß alles, was geschieht, schon im nächsten Augenblick Erinnerung ist, macht das Dasein erst möglich. Manches, was wir Wahnsinn nennen, ist zweifellos nichts anderes, als eine durch angeborene oder erworbene Gefühlsintensität hervorgerufene Fähigkeit, den Augenblick festzuhalten, ihn nicht sofort zur Erinnerung werden zu lassen. Und Phantasie in ihrer höchsten Ausbildung bedeutet nichts anderes als Fixierung eines hohen Augenblicks; mit anderen Worten: Vergangenes, in manchen Fällen auch Zukünftiges, als Gegenwart zu empfinden. Wäre diese Fähigkeit eine allgemeine oder bei gewissen Menschen eine ununterbrochen wirkende, so wäre damit gewissermaßen der im menschlichen Verkehr übliche (keineswegs der philosophische) Begriff der Zeit aufgehoben.

Wie aber die Herrschaft der Phantasie letzten Endes Wahnsinn bedeuten müßte, so bedeutet der vollkommene Mangel an Phantasie Schwachsinn. Und dieser Schwachsinn, ganz in der pathologischen

Bedeutung des Wortes gebraucht, ist der geistige Zustand der Menschheit, an dem nicht nur die große Masse, sondern selbst diejenigen Leute teilnehmen, die durch Anlage, Beruf und Entwicklung als verpflichtet gelten könnten, mit wachem Bewußtsein die Geschichte der Menschheit zu begleiten oder selbst zu beeinflussen.

Februar 1915

[4]

Ein ungeheures Mißverhältnis besteht zwischen der Empfindung, die den Soldaten bewegt, und dem Ausdruck, der Geste, die er ihr notgedrungen geben muß. Er lädt ein Gewehr, drückt ab, hat gewiß nicht das Bewußtsein, daß er nicht nur ein Menschenleben zerstört (oder als Artillerist hundert), Dutzende von Beziehungen vernichtet usw., sondern er hat jedenfalls eine Empfindung, die dem Sportlichen viel mehr verwandt ist als dem Menschlichen oder gar Philosophischen. Auch hier, wie in allem, was mit Politik nur entfernt zusammenhängt, kommt es darauf an, die Leute im Unklaren zu lassen. Die ganze Weltgeschichte ist eine Intrige der Mächtigen gegenüber dem Bewußtsein und der Phantasie des einzelnen, oder vielmehr der Masse.

Mai 1915

[5]

Kriegsgreuel: Ein wehrloser Verwundeter wurde auf dem Schlachtfeld geblendet, verstümmelt, von einem Feind natürlich.

Ich weiß noch Ärgeres zu erzählen: ein Dutzend Soldaten saßen in einem Schützengraben, ein Schrapnell kam, der eine wurde blind, dem anderen wurde der Bauch aufgeschlitzt, dem dritten der Kehlkopf zerfetzt, dem vierten das ganze Gesicht weggerissen, dem Fünften zwei Arme und ein Bein zerschmettert und so weiter. Die nicht gleich tot waren, lagen stundenlang da in Durst, Martern, Höllenschmerzen, Todesangst. Auch sie waren wehrlos gewesen, vollkommen wehrlos. Es gab keine Möglichkeit, sich gegen das Schrapnell zu verteidigen. Auch davonlaufen durften sie nicht, dann wären sie mit Recht wegen Feigheit erschossen worden. Die Wehrpflicht hatte sie wehrlos gemacht. *1915*

[6]

Ihr wollt den Krieg menschlicher machen?

Da müßte man ja die Menschen menschlicher machen. Und das scheint unmöglich.

Nicht die Grausamkeit, die doch immer nur gewissermaßen als eine akute Krankheit auftritt, sondern die Gleichgültigkeit ist das furchtbare, weil gefährlichere und unüberwindlichere Übel. Denn gleichgültig sind wir im Grunde alle mehr oder weniger. Diese Gleichgültigkeit hat sich wahrscheinlich im Kampf ums Dasein entwickelt, da nur durch sie das Leben, das Weiterleben überhaupt möglich wurde. Die Mitleidigen im wahren Sinn des Wortes (nicht die Sentimentalen) mußten aussterben. In Wirklichkeit sind wir alle ohne Mitleid. Was kümmern uns hunderttausend, die ein Erdbeben in Australien vernichtet? Was kümmern uns die zwanzigtausend Feinde, die gefallen sind? Was kümmern uns die zehntausend gefallenen Landsleute, wenn wir ganz ehrlich sein wollen, die Landsleute, die wir nicht kennen, die uns nichts bedeuten? Unser Herz sieht gerade zehn Schritte weit. Ja, unser Sohn, unser Bruder, unser Neffe, unser Freund, meinetwegen unser guter Bekannter, um den tut es uns leid, aber der Herr X. aus Schärding, der als schwerverwundet auf der Liste steht – schlägt unser Herz darum stärker? Ja, der Krüppel, der eben an uns vorbeihinkte, der Blindgeschossene, den sie eben vorüberführen, der treibt uns vielleicht die Tränen ins Auge, aber weinen wir tausendmal mehr, wenn wir von tausend Krüppeln lesen? – Nein, nicht einmal soviel, wie wir beim Anblick des einen geweint haben. Wir sind völlig ohne Vorstellungsgabe. Eher haben wir noch Phantasie. Die Phantasie ist zuchtlos und geht ins Irre; daher sind wir ihr gewachsen. Wir haben das Recht, an ihre Bilder nicht zu glauben. Aber die konkrete Vorstellung wehren wir ab, wahrscheinlich auch darum, um überhaupt weiterleben zu können. Wieviel sind gestern gefallen? Vierzigtausend. Entsetzlich! Am nächsten Tag kommt die Korrektur: es waren einundvierzigtausend. Schlägt unser Herz um diese tausend lauter? Und hierin liegt ein Teil der Erklärung, daß nichts geschieht, daß in einem höheren Sinne nichts geschehen kann, was die Welt von Grund auf änderte. Denn ich rede nur von denen, die eine Art von Gewissen haben, die des Mitgefühls nicht ganz bar sind und die sogar den redlichen Willen haben, die Welt zu ändern. Diese Leute, es ist nicht daran zu zweifeln – ganz abgesehen von dem, was jedem privat begegnet –, leiden auch unter dem allgemeinen Übel und Grauen. Aber wie unbestimmt, wie vage, wie unsäglich schwach ist dieses Mitleid. Nun aber bedenke man, daß die große, die ungeheure Mehrzahl der Menschheit so gut wie gefühllos ist, was die Allgemeinheit anbelangt, daß die ungeheure Mehrzahl der Menschen um Ehre, um Ruhm, um Karriere, für einen Orden, um Geld zu verdienen, in jedem Augenblick bereit ist, Tausende, Hunderttausende Menschen in der jämmerlichsten Weise zugrunde gehen zu lassen, wenn sie nicht selber darunter sind, ja manche nehmen sogar dieses Risiko auf sich, worin sie eben durch jenen Mangel an Vorstellungsgabe unterstützt werden. *März 1916*

[7]

Nicht auf die Grenzregulierungen kommt es an, sondern darauf, daß eine Zeit kommt, in der es vollkommen gleichgültig ist, wo die Grenzen verlaufen, wo Grenzen nur mehr eine administrative Bedeutung haben, ganz in der gleichen Weise, wie heute etwa eine Grenzlinie zwischen zwei italienischen Städten, die vor Jahrhunderten im Kampf miteinander gelegen sind, nicht mehr die Bedeutung hat, daß die Bürger dieser Städte einander hassen und totschlagen dürfen und sich manchmal einbilden, es tun zu müssen. *1918*

[8]

Niemals ist um irgendeine Idee Krieg geführt worden, es hat sich nie um etwas anderes als um Machtkämpfe gehandelt, doch waren die Ideen als Vorwände, geglaubte oder ungeglaubte, niemals zu entbehren.

Es ist eine historische Fälschung, daß der 30jährige Krieg ein Religionskrieg war. Beweis dagegen, daß schon wenige Jahre nach Beginn Protestanten im Heere des Kaisers und Katholiken bei seinen Gegnern kämpften. Und in der zweiten Hälfte war das perzentuelle Verhältnis geradezu verschoben.

Es läßt sich nicht nur beweisen, daß die Ideen, um die Kriege geführt wurden, den Völkern oder den Heeren vorgespiegelt wurden, es läßt sich sogar beweisen, daß die Führer, die Entfeßler selbst entweder nicht an die Idee geglaubt haben, für die sie angeblich kämpften, oder daß sie Monomanen waren.

Hier spielt natürlich die insbesondere bei Politikern zu hoher Vollendung ausgebildete Kunst, die eigene Seele gebietsweise freiwillig ins Dunkel zu versetzen, eine große Rolle. *1919*

[9]

Man sagt, er ist den schönen Heldentod gestorben. Warum sagt man nie, er hat eine herrliche Heldenverstümmelung erlitten? Man sagt, er ist für das Vaterland gefallen. Warum sagt man nie, er hat sich für das Vaterland beide Beine amputieren lassen?

(Die Etymologie der Machthaber!)

Das Wörterbuch des Krieges ist von den Diplomaten, den Militärs und den Machthabern gemacht. Es sollte von denen richtiggestellt werden, die aus dem Krieg heimgekehrt sind, von den Witwen, den Waisen, den Ärzten und den Dichtern.

[10]

So lange der Krieg als eine Möglichkeit überhaupt in Betracht kommt, d. h. also, so lange es Berufszweige gibt, die auf die Möglichkeit eines Krieges gestellt sind, ferner so lange es auch nur einen Menschen gibt, der durch den Krieg seinen Reichtum vergrößern oder solchen erwerben kann und der zu gleicher Zeit die Macht hat oder den Einfluß, einen Krieg herbeizuführen, genau so lange wird es Kriege geben. Und hier ist die Frage des Weltfriedens anzupacken, nirgends anders. Weder in religiösen, noch in philosophischen, noch in ethischen Motiven. Diese spielen absolut keine Rolle. Weder die Vernunft, noch das Mitleid, noch die Ehre dürfen wir mit der geringsten Aussicht auf Erfolg anrufen. Es handelt sich ausschließlich darum, die Ordnung der Welt so umzugestalten, daß kein Mensch, auch nicht ein einziger, weder in Freundes- noch in Feindesland, die geringste Aussicht hat, seine persönlichen Verhältnisse durch einen Krieg zu verbessern. Unmöglich? So lange das unmöglich ist, hat die Friedensbewegung nicht die entfernteste Aussicht auf Erfolg. Mit Tiefsinn und mit Sentimentalitäten werdet Ihr weder die Herzen der Diplomaten, noch die der Attachés, noch die der Generäle, noch die der Heereslieferanten rühren.

Zur Frage des Schlüsselromans

Vor ungefähr einem Jahr erschien ein Roman, für den eine bisher in schriftstellerischen Kreisen ungewohnte Reklame gemacht und gegen den zugleich der Vorwurf erhoben wurde, daß er Zustände und Menschen schildere, die dem Autor sehr genau bekannt seien. Den Roman habe ich bis heute nicht gelesen, den Vorwurf öfters und ich wunderte mich immer von neuem darüber. Der gegenteilige Vorwurf – daß nämlich ein Autor Dinge und Menschen schildere, die ihm nicht bekannt seien –, wäre mir einleuchtender erschienen. Vor wenigen Tagen nun fand ich in einer Kritik über den gleichen Roman die folgenden Worte:

»Erdichtet sind zunächst nur die Personennamen, im übrigen aber sind die Menschen und Situationen nach Ort und Zeit fast alle der Wirklichkeit entnommen und für den kundigen Leser ganz genau bezeichnet. Dabei verfolgt aber der Verfasser die Praxis, daß er nicht etwa nur vorhandene Schwächen seiner Umgebung in indiskreter Weise ans Tageslicht zieht, sondern daß er fast alle Personen seines Romans in schärfstem Gegensatz zur Wahrheit entstellt, verlästert und verleumdet, während er andererseits in maßloser Eitelkeit und in gleich offenkundigem Gegensatz zum wirklichen Tatbestand seine Person und sein Handeln zu verherrlichen bestrebt ist. Und diese treulose und unwahrhaftige Entstellung der Personen und Tatsachen ist umso abscheulicher, als sie vorzugsweise solche Personen betrifft, mit denen der Autor durch die Bande der Pietät verbunden war oder doch hätte verbunden sein müssen. Nicht nur die Mitschüler, die Couleurbrüder, die Verwandten werden in diesem Buche teils lieblos, teils geradezu hämisch entstellt, sondern – man kann es kaum fassen – der Busenfreund, der eigene Vater, ja, sogar die eigene Braut!«

Der Kritiker selbst räumt an anderer Stelle ein, daß die Privatverhältnisse eines Künstlers den Leser nichts angehen und daß persönliche Betrachtungsweise eines Kunstwerkes unangebracht sei. Trotzdem hält er es in diesem Falle für geboten, die unwahrhaftige und treulose Verwendung persönlicher Motive bei der wachsenden Reklame für dieses Zeitbild ins rechte Licht zu stellen.

Ich frage nun, wer hat in diesem Fall die beanstandete Büberei begangen, d. h. den Roman sozusagen erst zum Schlüsselroman gemacht? Niemand von den Fernerstehenden wußte, daß der Autor in einzelnen Gestalten des Romans seinen Vater, seine Braut, seine Couleurbrüder geschildert oder doch gemeint hat. Erst der Kritiker hat diesen Umstand einer weiteren Öffentlichkeit mitgeteilt. Woher nahm er das Recht dazu? Kennt er für seinen Teil den Vater, die Braut, die Couleurbrüder des Autors so genau, daß er für die Identität der wirklichen Personen mit den Figuren des Romans durchaus einzustehen den Mut findet? Ist seine Menschenkenntnis so außer Zweifel, daß er eine solche Identität in jedem Falle tatsächlich beschwören könnte? Und wenn es so wäre, wie darf er es sich anmaßen, der ganzen Welt anzuvertrauen: Nicht nur der in dem Roman genannte Herr X., sondern ein mir bekannter Herr Y., welcher als Herr X. im Roman erscheint, ist ein Saufbruder; nicht nur Herr M., der im Roman vorkommt, ist ein Schuft, sondern sein Modell, Herr O.; nicht das Fräulein Z. hat Herrn T., sondern eine junge Dame, auf die ich hiermit mit den Fingern weise, hat den Autor des Romans betrogen? War der Autor vielleicht indiskret, weil er hätte vermuten können, daß einige mit den Verhältnissen vertraute Leute in seinen Romanfiguren einige wirklich existierende Menschen, in einigen im Roman angedeuteten Schicksalen solche erkennen würden, die sich tatsächlich zugetragen haben, so hat der Kritiker diese Indiskretion gewissermaßen verhundert- und vertausendfacht. Ohne den mildernden Umstand, der dem Autor vielleicht zuzubilligen war: der unwiderstehliche Drang, ein persönliches Erlebnis dichterisch zu gestalten und sich von ihm zu befreien.

Ist es denn überhaupt schon jemals geschehen, daß ein Autor Menschen zu schildern unternommen hätte, die er nicht kennt oder wenigstens zu kennen glaubt? Und hat man jemals einem Autor einen Vorwurf daraus gemacht, wenn in einer seiner Figuren mit glänzenden Eigenschaften ein lebendiges Modell wiedererkannt wurde? Immer aber nimmt man es ihnen übel, wenn sie Individuen von minderer Trefflichkeit oder gar Bösewichte dem Leben nachzuzeichnen versuchen. Dabei wird es sich schon aus technischen Gründen niemals um einen Vorgang handeln, den man, wie es gerne geschieht, dem Portraitieren gleichsetzen könnte. Während es sich bei der Photographie um die Anwendung eines physikalischen Gesetzes handelt, wonach die Umrisse eines Gegenstandes oder einer Person mit mathematischer Genauigkeit auf einer lichtempfindlichen Platte reproduziert werden, ist der Vorgang, nach dem das Konterfei eines lebendigen Menschen in einem Roman entsteht, ein so unendlich komplizierter, daß ein Dutzend Romanportraits von dem gleichen Individuum innerhalb eines Dutzend verschiedener künstlerischer Rahmen sich alle zwölf wesentlich voneinander unterscheiden würden. Dies träfe auch zu, wenn ein Autor tatsächlich einmal versuchte, ein Individuum mit vollkommener, portraitähnlicher Treue in sein Werk hineinzustellen.

Gewiß gibt es skandal- oder rachsüchtige Autoren, die gelegentlich eine mäßige schriftstellerische Begabung zur Befriedigung ihrer häßlichen Gelüste benützen. Doch wenn es geschieht, fallen die aus einem solchen Einzelfall entstehenden Nachteile gar nicht ins Gewicht gegenüber dem allgemeinen Vorteil, der in der unbehinderten Freiheit des Schaffens liegt.

Jedem Schriftsteller ist es schon begegnet, daß man in irgendeiner seiner Figuren einige ganz verschiedene wirkliche Menschen zu erkennen geglaubt hat. Es kann auch irgendeinmal ein Schauspieler eine Figur kopieren, an die der Autor überhaupt nicht gedacht hat.

Zuweilen auch führt der Autor eine Figur weiter, als ihr Vorbild innerhalb des Lebens sich zu entwickeln vermochte. Er ist es, der den Sinn einer bestimmten menschlichen Erscheinung erst in Wahrheit erfüllt. Er vermag es, Figuren in erfundene Situationen hineinzustellen, in die das Urbild niemals geraten könnte und statuiert so gleichsam ein Exempel, zu dem es dem Schöpfer an der nötigen Konsequenz gefehlt hat.

Antwort auf eine Rundfrage

Enquete über Pornographie.
 1. Frage: Inwiefern Werke der Literatur und Kunst sexuell zu irritieren vermögen?
 2. Frage: Inwiefern eine solche Wirkung berechtigt ist?
 3. Frage: Pornographie.

Ob ein junger Mensch sinnlich erregt die Tizianische Venus verläßt und sich eine Stunde darauf bei einer Prostituierten oder einem andern weiblichen Wesen infiziert oder ob er mit seiner Geliebten oder Frau unter der Nachwirkung derselben Erregung einen neuen Shakespeare zeugt – oder seinen eigenen Mörder –, das ist schließlich nur eine Glücksfrage.

Und zweifellos kann jede dieser Möglichkeiten eintreten, auch wenn es nicht die Tizianische Venus war, sondern eine völlig kunstfremde Aktphotographie oder irgendeine obszöne Darstellung.

Die Frage, inwiefern die sexuelle Wirkung von Kunstwerken berechtigt sei, scheint mir so müßig wie die Frage nach der »Berechtigung einer sexuellen Erregung«, die durch den Anblick einer schönen lebendigen Gestalt hervorgebracht würde, was ja auch zuweilen vorkommen soll. Die Kunst ist hinsichtlich ihrer Wirkungen so unbekümmert wie die Natur und selbst wenn einmal ein großes Kunstwerk geschaffen würde, von so ungeheurer sexueller Reizkraft, daß eine Flutwelle von Sinnlichkeit sich über die gesamte Menschheit ergösse, so wäre das ebensowenig Anlaß, die Ausstellung, die Weiterverbreitung zu verbieten, wie bisher behördlicherseits der Versuch gewagt worden ist, die körperliche Schönheit zu untersagen.

Sicher ist jedenfalls, daß die sexuell irritierenden Bildwerke und Druckschriften, sowohl künstlerischer als unkünstlerischer Natur, prozentuell gegenüber den vielfachen Verlockungen im täglichen Leben und dem steten physiologischen Wirken der Geschlechtlichkeit auch in ihrer gelegentlichen schädlichen Wirkung gar nicht in Betracht kommen.

Meine Bedenken gegen die Pornographie sind ausschließlich ästhetischer Natur, und meine Abneigung gegen pornographische Produkte beruht nicht darauf, daß manchen von ihnen die Eigenschaft innewohnt, sexuelle Erregungen auszulösen – was sie bekanntlich auch mit manchen wirklichen Kunstwerken gemeinsam haben –, sondern darauf, daß pornographische Produkte des künstlerischen Wertes ermangeln und in erster Linie, ja oft ausschließlich, nicht auf ästhetische Wirkung ausgehen, sondern auf Wirkungen, die a priori mit Kunst nichts zu tun haben.

Es ist nicht richtig, daß die Grenze zwischen Pornographie und Kunstwerk schwer zu bestimmen ist. Der Kenner, wenn er zugleich ein ehrlicher Mensch ist, wird diese Grenze ebensogut festzustellen imstande sein, wie jede andere Grenze zwischen Kunst und Nichtkunst (welch letztere auch bekanntlich außerhalb der Pornographie vorzukommen pflegt). Mißlich bleibt nur, daß dieser Grenzfrage gegenüber nicht nur solche Leute versagen, denen überhaupt die Fähigkeit ästhetischen Urteils mangelt – also die überwiegende Mehrzahl aller Menschen –, sondern auch manche Leute, denen eine solche Urteilsfähigkeit wohl gegeben wäre, die aber – sei es durch falsche Erziehung, sei es durch Unfähigkeit logisch zu denken, sei es durch eine krankhaft gesteigerte sexuelle Erregbarkeit, sei es endlich aus Gründen berufs- oder gewerbsmäßiger Heuchelei – geneigt sind, jedes Werk der Kunst oder der Nichtkunst vor allem auf seinen sexuellen Irritationskoeffizienten hin anzusehen.

Es scheint mir überhaupt kein Anlaß vorzuliegen, die Frage der Geschlechtskrankheiten von der Frage der geschlechtlichen Erregung aus in Angriff zu nehmen, gegen die ja zum Glück für die Erhaltung des Menschengeschlechtes jede staatliche und jede kirchliche Maßnahme vollkommen machtlos bleiben wird; die Frage der Geschlechtskrankheiten ist nur von den Gesichtspunkten der allgemeinen Bildung, der wissenschaftlichen Aufklärung und der Wahrheit anzugehen. Und so sei der Kampf gegen die Geschlechtskrankheiten und ihre Verbreitung ein Kampf gegen Unbildung, falsche Schamhaftigkeit, Heuchelei und Gewissenlosigkeit, arte aber nicht aus in einen Kampf gegen die Sinnlichkeit, die nicht nur ein lebenverschönerndes Prinzip, sondern auch eine lebenschaffende Kraft bedeutet.

»Jedes Wort hat sozusagen fließende Grenzen«

[1]

Theurer Papa!
Mit frohem Herzen begrüß' ich den heutigen festlichen Tag. Gefühle des Dankes und der Liebe erwachen stärker denn je in meiner Brust, und als Worte überschreiten sie meine Lippen, – freilich haben sie auf dem Wege viel von ihrer Wärme und Innigkeit verloren.
[An den Vater, 10. April 1875]

[2]

Das Reinigungswerk des Geistes, am Geiste, muß bei der Sprache beginnen. Jedes Wort hat sozusagen fließende Grenzen, umso fließender, je mehr es einen Begriff bezeichnen soll. Diese Grenzen müssen, so weit es überhaupt möglich ist, reguliert werden. Immer wieder staunt man bei der Lektüre philosophischer, besonders aber religiöser Schriften, also überall dort, wo es sich um schwer Faßbares, gleichsam Unkontrollierbares handelt, welche nichtssagende, scheinbar vieldeutige, sentimentale, pathetische Sätze hingeschrieben worden sind. Und immer wieder müssen wir uns dabei ertappen, daß wir selbst solche Sätze, wenn auch zuweilen ärgerlich und ablehnend, doch mit einem gewissen Respekt lesen, als ob schon das Abstrakte an sich uns mit einem ehrfürchtigen Schauer erfüllte.

[3]

Symbole, Abstrakta, ja schon die Pluralia – das sind ebensoviele Fluchtversuche aus der erschütternden und verwirrenden Realität der Dinge in Spekulation, Metaphysik oder zu Gott.

[4]

Jedes Wort hat fließende Grenzen; diese Tatsache zu ästhetischer Wirkung auszunützen ist das Geheimnis des Stils.

[5]

Er hat nicht die Dinge, er hat nur die Worte. Doch nein, wenn er sie wirklich hätte, so hätte er ja die Dinge auch. Die Worte haben ihn. Die Worte spielen mit seinem Geist, nicht der Geist mit Worten. Zuweilen kommt es vor, daß die Worte durch seinen Mund auch Wahres, sogar Tiefsinniges aussprechen.

[6]

Worte noch so klug und noch so wohlgesetzt, sie bleiben Geschwätz, wenn sie nur von der Freude am Wort eingegeben sind und nicht vom Glauben an die Sache.

[7]

Die drei Kriterien des Kunstwerks: Einheitlichkeit, Intensität, Kontinuität.

[8]

Die Wirkungen der Kunst beruhen nicht auf *Illusion*, sondern auf *Ideenassoziationen*. Das, was wir Illusion nennen, ist ein durchaus sekundäres Moment, das unter Umständen auch völlig fehlen kann. Gerade diejenigen Menschen, denen ein Kunstwerk die vollkommene Illusion des Lebens gibt, haben das Kunstwerk nicht als solches auf sich wirken lassen. Bei ihnen hat der Eindruck, den sie von einem Werk empfangen, mit dessen künstlerischem Werte nichts zu tun, umso weniger, je mehr ihr Eindruck mit dem Eindruck verwandt ist, den ein wirkliches Geschehnis gleicher Art auf sie gemacht hätte. Man müßte denn glauben, daß der Zuschauer, der die Kanaille Franz mit faulen Äpfeln bewirft oder dem Darsteller am Bühnenausgang auflauert, um ihn zu prügeln, einen stärkeren künstlerischen Eindruck empfangen habe als ein anderer, der in aller Bewunderung und Erschütterung keinen Augenblick vergaß, daß er noch am selben Nachmittag mit dem Darsteller des Franz im Kaffeehaus Tarock gespielt hat.

Haben wir denn wirklich auch bei großartigster Regie jemals die Illusion, daß eine Bühnenschlacht eine wirkliche Schlacht, ein Bühnentod, und wäre er noch so meisterhaft dargestellt, einen wirklichen Tod bedeute? Hängt der höhere oder niedere Grad unserer Erschütterung auch nur im geringsten davon ab, ob wir der Einbildung, daß hier ein Mensch wirklich den Tod erleide, näher oder ferner sind? Unsere Erschütterung, die Tiefe unseres künstlerischen Erlebnisses, beruht nur darauf, daß eine Bühnenschlacht, ein Bühnentod oder, um gleich ein anderes Beispiel mitzunehmen, eine Umarmung auf der Bühne eine Reihe gesetzmäßiger sowohl als individuell bedingter Ideenassoziationen von anderen Küssen, Schlachten und Untergängen in uns auslöst. Und der Grad der Erschütterung, die Bedeutung unseres künstlerischen Erlebnisses hängt ab von der Geschwindigkeit, mit der diese Assoziationen auftreten und ablaufen, von deren Intensität im einzelnen und von ihrer eigentümlichen Reihenfolge. Und die Reihe der Assoziationen, die sich z. B. an den Tod des Helden knüpft, wird umso dichter, umso kontinuierlicher, umso rascher und im einzelnen umso intensiver ablaufen, mit je größerer Vollendung der Dichter das Schicksal seines Helden gestaltet und je vollendeter der Schauspieler diesen Helden dargestellt hat. So lebenswahr ein Kunstwerk oder eine Kunstleistung auch wirken mag, niemals geben sie uns die Illusion des Lebens. Sie haben eben nur die Kraft, eine größere oder geringere Menge von Erinnerungen verschiedenster Art mit größerer oder geringerer Intensität in uns wach zu rufen. Und wenn wir uns gelegentlich des Ausdrucks bedienen, eine Sterbeszene habe mit ungeheurer Wahrheit, also gewissermaßen so auf uns gewirkt, als hätte ein Held tatsächlich vor unsern Augen sein Ende gefunden, so sagen wir damit doch nichts anderes, als daß wir uns bei dieser Szene einer ungeheueren Fülle von Todestatsachen erinnert haben: solcher, die uns berichtet wurden, solcher, die wir miterlebt haben, solcher, die uns historisch überliefert, solcher, die uns aus anderen Kunstwerken bekannt sind, und endlich, daß in uns die Vorstellungen anderer in näherer oder fernerer Umgebung bevorstehender Todestatsachen, sowie die des eigenen, für uns unentrinnbaren Endes erweckt wurden.

Die Reihenfolge dieser Assoziationen ist nur bis zu einem gewissen Grad eine gesetzmäßige, da sie modifiziert wird durch die Individualität und die augenblickliche Disposition desjenigen, der das Kunstwerk auf sich wirken läßt, des Genießenden also. Je nachdem wird z. B. die erste Assoziation, die der Tod des Hamlet auslöst, entweder der Tod einer anderen Bühnenfigur, z. B. des Lear oder des Wallenstein sein – oder der Tod einer geschichtlichen Persönlichkeit – oder der Tod des eigenen Vaters oder Bruders – oder der Gedanke an die Möglichkeit eines solchen Todes – oder der Gedanke an den eigenen Tod usw. Von da aus aber laufen die Assoziationen, freilich unter der Schwelle des Bewußtseins, in größerer oder geringerer Tiefe nach den verschiedensten Richtungen weiter, ohne daß sie später im einzelnen erinnert werden können. Zurück bleibt nur der künstlerische Totaleindruck.

Oft genug (bei zerstreuten Zuhörern) wird die Kette der Assoziationen unterbrochen durch eine Vorstellung, die aus einer anderen Assoziationsreihe ins Bewußtsein emporsteigt, mit deren einem Glied ein Glied der ursprünglichen Assoziationsreihe von früher her in engerer Verbindung stand.

Äußere Ausstattung der Szene, historische Treue, glückliche Maske, all dies dient nicht dazu die Illusion zu steigern, sondern dazu, Intensität und Raschheit der Assoziationen zu fördern, und dazu, das Abreißen der Assoziationskette zu verhindern.

Was wir also als Eindruck eines Kunstwerks empfinden, das ist das Resultat aus einer Summe von Ideenassoziationen in ihrer eigentümlichen Intensität, eigentümlichen Reihenfolge, eigentümlichen Ablaufsgeschwindigkeit, die durch das Kunstwerk in uns ausgelöst wurde. Und dieser Eindruck hängt in keiner Weise ab von dem Grad der Täuschung, in die wir durch das Kunstwerk versetzt worden sind; kann davon gar nicht abhängen, weil bei vollsinnigen Menschen eine solche Täuschung nie und nimmer entstehen kann.

[9]

Nicht das Unwahre, doch das Unwahrscheinliche kann Inhalt einer Novelle sein. Doch darf das Unwahrscheinliche nie als Willkür des Autors wirken. Hier hat der persönliche Geschmack, wenn nicht gar das individuelle Talent des Dichters einzusetzen. Der Zufall kann natürlich nie ganz ausgeschieden werden, aber er darf nur so weit wirken, als die Idee durch ihn nicht geschädigt oder gar paralysiert wird. Ja, es ist oft Aufgabe des Dichters, das Zufällige zu eliminieren. Freilich, was für den Mitlebenden noch als Zufall erscheint, weil er zu nahe ist, um alle Kausalitätsketten zu überblicken, ist es für den Späterkommenden nicht mehr, sondern fügt sich als Notwendigkeit ins Ganze. Darum erscheint Geschichte nie so sinnlos wie Gegenwart, resp. Politik.

Andererseits kann auch das Zufällige in der Idee des Kunstwerks liegen, und gänzlich fehlen darf es niemals. Die kleinen Störungen und Schwankungen, in denen sich das Weiterrollen der Welt kundgibt, machen erst ein Werk lebendig. Fehlt dieses Zufällige vollkommen, so empfinden wir mit Recht ein Werk als konstruiert.

[10]

Nur derjenige Künstler vermag ein reines Dasein in der Welt zu führen und zugleich reinliche, künstlerische Arbeit zu leisten, der sich zu den von ihm geschaffenen Gestalten in ein menschliches und zu den Menschen, mit denen er lebt, in ein künstlerisches Verhältnis zu setzen weiß.

[11]

Jede Art von künstlerischer Produktion fordert mit Notwendigkeit Kritik heraus. Denn es liegt im Wesen der Produktion, sich Schöpferwillen und Schöpferkraft – und damit in gewissem Sinne Göttlichkeit anzumaßen. Und da das Göttliche ein *Absolutes*, doch jede Art, auch die höchste der künstlerischen Produktion immer nur ein *Relatives* vorstellt, so hat die Kritik im Prinzip immer recht; doch in der Praxis oft auf eine recht wohlfeile Weise, und beinahe stets an der unrechten Stelle.

[12]

Nur still geschwiegen, Autor – und keine Erwiderung! Die einzige, die du allen Angriffen entgegenstellen darfst, hast du schon vorweggenommen: – *dein* Werk. Wenn es dauert, hast du recht behalten.

Nachweise und Anmerkungen

Dramen

Reigen
Druckvorlage: Arthur Schnitzler, Reigen/Liebelei. 37. Aufl. Frankfurt am Main: Fischer Taschenbuch Verlag 2004, S. 23–102. Geschrieben Winter 1896/97. Erste Buchausgabe: Privatdruck 1900. Erste öffentliche Buchausgabe: Wiener Verlag, Wien und Leipzig 1903.

Der grüne Kakadu
Druckvorlage: Arthur Schnitzler, Das Vermächtnis. Dramen 1897–1898. Frankfurt am Main: Fischer Taschenbuch Verlag 1994, S. 237–280. Erstmals in ›Neue Deutsche Rundschau‹, Jg. 10, H. 3, Berlin, März 1899. Aufgenommen in Arthur Schnitzler, ›Der grüne Kakadu – Paracelsus – Die Gefährtin‹, S. Fischer Verlag, Berlin 1899.

Erzählungen

Spaziergang
Druckvorlage: Arthur Schnitzler, Komödiantinnen. Erzählungen 1893–1898. 4. Aufl. Frankfurt am Main: Fischer Taschenbuch Verlag 2000, S. 66–71. Erstmals in ›Deutsche Zeitung‹, Wien, 6. Dezember 1893, Morgenausgabe. Aufgenommen in Arthur Schnitzler, ›Entworfenes und Verworfenes. Aus dem Nachlaß‹. Hrsg. Reinhard Urbach. Frankfurt am Main: S. Fischer Verlag 1977.

Leutnant Gustl
Druckvorlage: Arthur Schnitzler, Meistererzählungen. Frankfurt am Main: Fischer Taschenbuch Verlag 2003, S. 49–84. Erstmals unter dem Titel ›Lieutenant Gustl‹ in ›Neue Freie Presse‹, Wien, 25. Dezember 1900, Nr. 13 053, S. 34–41 (beim Druck wurde allerdings Seite 41 der Zeitung durch ein technisches Versehen mit der Druckplatte der Seite 47 verwechselt und diese zweimal verwendet; der Text endet deshalb auf Seite 40 mit den Worten »... ah, so leicht sollt' der doch nicht davonkommen! – Ah was, ist das nicht [...]«. Erste Buchausgabe: Lieutenant Gustl. Novelle von Arthur Schnitzler. Illustriert von M[oritz] Coschell. Berlin: S. Fischer Verlag 1901.

Fräulein Else
Druckvorlage: Arthur Schnitzler, Meistererzählungen. Frankfurt am Main: Fischer Taschenbuch Verlag 2003, S. 251–319. Erstmals in ›Die Neue Rundschau‹, Berlin, 35. Jg., H. 10, Oktober 1924. Erste Buchausgabe: Paul Zsolnay Verlag, Berlin–Wien–Leipzig 1924.

Ich
Druckvorlage: Arthur Schnitzler, Ausgewählte Werke in acht Bänden. Hrsg. v. Heinz Ludwig Arnold. Bd. 3: Spiel im Morgengrauen. Erzählungen 1923–1931. 2. Aufl. Frankfurt am Main: S. Fischer Verlag 1999, S. 304–311. Der 1927 entstandene Text erschien erstmals u. d. T. ›Novellette‹ in ›[S. Fischer] Almanach. Das zweiundachtzigste Jahr‹, Frankfurt am Main 1968, S. 53–61. Aufgenommen in Arthur Schnitzler, ›Entworfenes und Verworfenes. Aus dem Nachlaß‹. Hrsg. v. Reinhard Urbach. Frankfurt am Main: S. Fischer Verlag 1977.

Vermischtes

Bei den beiden in Anführungszeichen gesetzten Überschriften handelt sich je um ein Zitat aus einem der anschließenden Texte. ›Beziehungen und Einsamkeiten‹ lautet ein Kapitel des Aphorismen-Bandes ›Buch der Sprüche und Bedenken‹, das 1927 im Wiener Phaidon Verlag erschien. ›Über Krieg und Frieden‹ ist der Titel eines posthum erschienenen Bandes mit ausgewählten Aphorismen zum Thema Krieg, erschienen im Bermann-Fischer Verlag, Stockholm 1939.

Zusätze des Herausgebers stehen in eckigen Klammern.
Die Sigle ›AuB‹ verweist auf: Arthur Schnitzler, Aphorismen und Betrachtungen. Hrsg. v. Robert O. Weiss. Frankfurt am Main: S. Fischer Verlag 1967.

»Selbstbeobachtung«
Druckvorlagen:
[1] AuB, S. 279.
[2] Arthur Schnitzler, Tagebuch 1913–1916. Wien: Verlag der Österreichischen Akademie der Wissenschaften 1983, S. 179.
[3] AuB, S. 28
[4] Arthur Schnitzler, Tagebuch 1879–1892. Wien: Verlag der Österreichischen Akademie der Wissenschaften 1987, S. 178 f.
[5] Arthur Schnitzler, Jugend in Wien. Eine Autobiographie. Hrsg. v. Therese Nickl und Heinrich Schnitzler. Frankfurt am Main: Fischer Taschenbuch

Verlag 1981, S. 190. Erste Buchausgabe: Verlag Fritz Molden, Wien–München–Zürich 1968.
[6] Arthur Schnitzler, Briefe 1875–1912. Hrsg. v. Therese Nickl und Heinrich Schnitzler. Frankfurt am Main: S. Fischer 1981, S. 17.
[7] Schnitzler, Jugend in Wien, S. 271f.
[8] AuB, S. 142.
[9] Schnitzler, Jugend in Wien, S. 279f.
[10] Schnitzler, Jugend in Wien, S. 319.

Beziehungen und Einsamkeiten
Druckvorlage: AuB, S. 52–70.

Über Krieg und Frieden
Druckvorlagen:
[1] AuB, S. 198f.
[2] AuB, S. 200.
[3] AuB, S. 201f.
[4] AuB, S. 203.
[5] AuB, S. 205.
[6] AuB, S. 212f.
[7] AuB, S. 216.
[8] AuB, S. 216.
[9] AuB, S. 220.
[10] AuB, S. 226.

Zur Frage des Schlüsselromans
Druckvorlage: AuB, S. 318–321.

Antwort auf eine Rundfrage
Druckvorlage: AuB, S. 324f.

»Jedes Wort hat sozusagen fließende Grenzen«
Druckvorlagen:
[1] Schnitzler, Briefe 1875–1912, S. 1.
[2] AuB, S. 26.
[3] AuB, S. 27.
[4] AuB, S. 368.
[5] AuB, S. 250.
[6] AuB, S. 266.
[7] AuB, S. 96.
[8] AuB, S. 96–98.
[9] AuB, S. 366f.
[10] AuB, S. 109.
[11] AuB, S. 116.
[12] AuB, S. 125.